基金项目：国家社科基金年度项目（项目号：22BJY107）；河南省科技厅软科学项目（项目号：242400411059）；河南省高等教育教学改革研究与实践项目（研究生教育类）（项目号：2023SJGLX358Y）；河南省高等学校重点科研项目计划（项目号：24A630008）

绿色技术创新助推黄河流域企业高质量发展的影响机制与路径研究

杨 乐 著

中国财经出版传媒集团
中国财政经济出版社
·北京·

图书在版编目（CIP）数据

绿色技术创新助推黄河流域企业高质量发展的影响机制与路径研究 / 杨乐著. -- 北京：中国财政经济出版社，2024.5

ISBN 978 -7 -5223 -3042 -6

Ⅰ.①绿… Ⅱ.①杨… Ⅲ.①无污染技术－影响－黄河流域－企业发展－研究 Ⅳ.①F279.27

中国国家版本馆 CIP 数据核字（2024）第 072155 号

责任编辑：段　钢　　　　责任印制：史大鹏
封面设计：孙俪铭　　　　责任校对：徐艳丽

绿色技术创新助推黄河流域企业高质量发展的影响机制与路径研究
LÜSE JISHU CHUANGXIN ZHUTUI HUANGHE LIUYU QIYE GAOZHILIANG FAZHAN DE YINGXIANG JIZHI YU LUJING YANJIU

中国财政经济出版社 出版

URL：http：//www.cfeph.cn
E－mail：cfeph@cfeph.cn

社址：北京市海淀区阜成路甲 28 号　邮政编码：100142
营销中心电话：010－88191522
天猫网店：中国财政经济出版社旗舰店
网址：https：//zgczjjcbs.tmall.com
中煤（北京）印务有限公司印刷　各地新华书店经销
成品尺寸：170mm×240mm　16 开　14.75 印张　211 000 字
2024 年 5 月第 1 版　2024 年 5 月北京第 1 次印刷
定价：78.00 元
ISBN 978－7－5223－3042－6
（图书出现印装问题，本社负责调换，电话：010－88190548）
本社图书质量投诉电话：010－88190744
打击盗版举报热线：010－88191661　QQ：2242791300

前　言

党的十八大以来，习近平总书记多次实地考察黄河流域生态保护和经济社会发展情况，就三江源、祁连山、秦岭、贺兰山等重点区域生态保护建设作出重要指示批示。习近平总书记强调黄河流域生态保护和高质量发展是重大国家战略，要共同抓好大保护，协同推进大治理，着力加强生态保护治理、保障黄河长治久安、促进全流域高质量发展、改善人民群众生活、保护传承弘扬黄河文化，让黄河成为造福人民的幸福河。2023 年 10 月习近平总书记在山东省济南市主持召开深入推动黄河流域生态保护和高质量发展座谈会并发表重要讲话，会议指出要科学分析当前黄河流域生态保护和高质量发展形势，把握好推动黄河流域生态保护和高质量发展的重大问题，咬定目标、脚踏实地，埋头苦干、久久为功，确保“十四五”时期黄河流域生态保护和高质量发展取得明显成效，为黄河永远造福中华民族而不懈奋斗。

黄河流域是我国重要的水源补给区、生态功能区、粮食以及能源生产区，其上市公司中资源型企业数量约占 50%，主要由有色金属、石油开采等产业构成，在国家经济发展体系中占据重要地位。但其“高污染、高耗能、高排放”的工业发展模式严重制约了流域生态经济绿色协调发展。伴随着“生态文明”和“美丽中国”建设总目标的提出，我国愈加重视环境治理，尤其是产业结构的绿色循环发展及生态责任的履行。黄河流域企业绿色创新责任履行和经济协调发展是推动黄河流域生态保护和高质量发展的重要支撑，坚决贯彻“黄河流域生态保护与高质量发展”战略是提高流域生态环境协调度的唯一途径。

全书从分析困境、发现影响因素、探究影响机制、制定发展路径四条路径依次展开，系统构建了绿色技术创新助推黄河流域企业高质量发展的研究框架。本书内容共分为七个部分：第一部分，黄河流域企业绿色技术创新的困境分析；第二部分，黄河流域企业绿色技术创新的影响因素分析；第三部分，财政补贴对黄河流域资源型企业绿色技术创新的影响机制；第四部分，财政政策对黄河流域企业绿色创新投入的影响效果；第五部分，政府补助与税收优惠对企业绿色技术创新影响的对比分析；第六部分，黄河流域资源型企业绿色创新责任影响经济高质量发展的机制研究；第七部分，黄河流域企业绿色技术创新的评价与高质量发展路径。

参与各章编写的老师有：第一章张悦和许蔓菁老师参与了编写，第二章邱保印和周鹏老师参与了编写，第四章、第五章崔璨和胡书雅老师参与了编写。

在出版过程中，中国财政经济出版社的编辑们提出了宝贵的修改意见，为提高本书质量、保证修订工作顺利完成、协助本书顺利出版，付出了辛勤劳动，谨向他们表示衷心的感谢。

目　录

第1章

黄河流域企业绿色技术创新的困境分析

1.1 引　言

1.1.1 研究背景及意义

20世纪40年代开始，发达国家开始出现一系列由水体、大气污染而引发的公害事件，与此同时，广大发展中国家也出现了环境问题。为了解决恶劣的环境状况，人类需要寻求一种更为先进的技术体系，以实现人类的可持续发展。在此背景下，绿色技术应运而生。新中国成立之初，百废待兴，大力发展经济是首要任务。伴随我国工业化的发展，生态破坏、环境污染的问题逐步显现，生态保护越来越受到党和国家的重视。20世纪50年代，随着我国环境保护运动的持续低迷，毛泽东同志提出"一定要把淮河修好"，把中国大面积的治淮建设工程推向了高潮，并启动了新中国初期治理的长江工程、荆河分洪工程、官厅水库工程等水利工程建设。自此，我国高度重视绿色科技研究在我国科学发展战略中的重大影响。1995年，中国科学院的创建被誉为中国科学技术研究的重要起点。改革开放以来，中国的绿色科技发展领域日益扩大，与全球绿色科技研究逐渐接轨。

至今，我国的环保脚步从未停下。2020年9月22日，中国在第75届联合国大会上宣布，中国将力争2030年前二氧化碳排放达到峰值，2060年前实现碳中和目标。“双碳”目标倡导绿色低碳的生活方式，实现“双碳”目标，是以习近平同志为核心的党中央经过深思熟虑做出的重大决策，事关中华民族永续发展和构建人类命运共同体。

而黄河流域是我国重要的经济地带。2019年9月，习近平总书记在河南郑州举办的黄河流域生态保护和高质量发展座谈会发表重要讲话，着眼全国发展大局，明确提出黄河流域在国家经济建设和环境安全领域有着非常关键的作用，深入阐述黄河流域自然资源环境保护与高质量建设的重要性，做出了完善黄河流域环境治理、促进黄河流域高水平建设的重要决策。因此，加快这一地区的开发建设，实现绿色技术创新，对改善生态环境，实现经济重心由东部向中西部转移的战略部署具有重大意义。本章试图通过问卷调查的方法收集黄河流域企业的数据并进行分析，研究“双碳”目标下黄河流域企业绿色技术创新现状及目前黄河流域企业绿色技术创新所面对的困境，剖析其内在原因，对如何化解问题做出一定探究。

（1）理论意义。

目前，对于绿色技术创新的实施与发展，我国企业并没有完善详尽地披露报告，所以当前对企业绿色技术创新的实证研究文献较少，而结合“双碳”目标研究黄河流域企业的文献更加缺乏，基于黄河流域企业对我国经济发展的重要性，研究该区域目前所面对的困境并进行化解是十分必要的。本章综合考虑了黄河流域企业地区、环境的特殊性，以及“双碳”目标的要求，探究了其绿色技术创新发展困境并对解决困境提出建议。这些均是对现有文献的有益补充。

（2）现实意义。

虽然治理黄河已成为高质量发展的必要战略，但由于流域省区众多，生态环境已在早年的改革发展中遭到严重破坏，同时还存在流域内部经济条件差异大的问题。绿色技术创新作为一种基于生态原则，致力于在绿色环保目标下实现技术选择和技术完善的发展方式，将成为未来黄河流域经济发展的重要举措（孙勇等，2022）。当前我国仍处于“双碳”战略发展的前期，绿色低碳技术创新的顶层设计需要进一步完善（刘仁厚等，2022）。综上所述，探究“双碳”目标下黄河流域企业绿色技术创新的困境并进行化解越来越成为不可忽视的研究方向。

1.1.2　国内外研究现状

1.1.2.1　国外研究现状

（1）对“双碳”的研究。

环境恶化不是中国面临的困难，而是世界面临的困难。全球变暖、海平面上升、森林资源的减少，改善、治理环境迫在眉睫。“碳中和”这一概念在1997年被提出后，在西方迅速获得关注和支持。为应对全球环境恶化，中国、美国、日本、韩国等130多个国家表态，于21世纪中叶实现碳中和的目标，但这并非易事。在影响碳排放的因素方面，预期寿命、教育和政治稳定性的系数显著为负，治理有效性是实现碳中和的障碍（Aziz Ghazala et al.，2022）。中国的能源结构以煤为主、结构单一、非化石能源比重小、对外依存度高的挑战，而且还面临碳排放基数大、低碳清洁能源技术发展不成熟、产业结构不合理等问题，中国应在2025年前达到能源系统二氧化碳排放峰值，以争取时间并缓解碳中和的紧迫性（Ma Y et al.，2023）。

（2）对绿色技术创新的研究。

绿色技术创新是前瞻性的，需要协调社会、环境和企业可持续发展之间的关系（Elmawazini Khaled et al.，2022）。绿色技术创新是在传统技术创新的过程中，通过引入生态环境、绿色发展等概念，更加强调技术创新的“绿色理念”而发展起来的，企业在进行传统的技术创新活动时，往往忽略了创新对环境的影响，与普通技术创新不同，绿色技术创新表现出显著的“双重外部性”（Klaus Rennings，2000）。而绿色技术创新在中国实现也并不容易，环境规制会挤压企业的自发创新资金，削弱个体企业的技术创新激励，与此同时，具体的环境、资源问题和产业结构都会对绿色技术创新产生具体的要求。企业绿色技术创新主要受环境规制的影响，缺乏积极的创新动力，所以绿色技术创新政策在企业中的实施效果并不理想。

（3）对“双碳”目标下绿色技术创新的研究。

Du K 和 Li J L（2019）在调查了 71 个面板经济体通过绿色技术创新产生的二氧化碳排放趋势后，其研究结果表明，生态创新并不能显著减少碳排放，特别是在低于收入门槛水平的经济体中。与此同时，还有其他学者持有不同看法。从长期估计来看，能源消费和绿色技术创新对中国经济碳排放具有正/负作用。更具体地说，能源消费和绿色技术创新每变化 1%，就会导致中国碳排放分别上升/下降 47.1% 和 34.1%（Lau Chi Keung Marco，2022）。

1.1.2.2 国内研究现状

（1）“双碳”目标下企业绿色创新方面的研究。

①与企业绿色技术创新。

无论是“双碳”目标，还是绿色技术创新，最终目的都是改善生态，实现环保，所以两者是相互促进、共同发展的关系。绿色技术创新是实现“双碳”目标的重要出路，是绿色发展的核心动力（李幸和奚宾，2022）。“双碳”目标的本质是实现经济高质量发展，绿色技术创新则是推进经济高质量发展的重要支撑。伴随着我国经济结构改革与发展面临的巨大压力，要想实现“双碳”目标，迫切需要绿色技术创新去为经济社会的高质量发展提供动力（王波等，2022）。

②与企业绿色金融创新。

“双碳”目标倡导绿色、环保、低碳的生活方式，有利于发展绿色金融，与此同时，绿色金融的发展也有助于“双碳”目标的实现。“双碳”目标的达成需要绿色金融的鼎力支持，同时倒逼绿色金融体系进行变革（孙秋枫等，2022）。我国是全球首个由政府推动并构建绿色金融体系的国家，“双碳”目标下绿色金融政策支持更加健全有力，在绿色金融政策的推动下，证券行业充分发挥了证券机构业务优势，在绿色债券、绿色股权融资、绿色投资等领域多方面地推动绿色金融发展，助力“双碳”目标的实现（杨华辉等，2022）。

③与企业绿色转型发展。

企业是经济活动中的主要参与者，可以推动社会经济技术进步，市场经济活动的顺利开展离不开企业的生产和销售活动，所以“双碳”目标也应引起各企业的关注。但在这项新战略的实施与应用上还有待提高。于法稳和林珊（2022）提出，现阶段企业绿色转型发展还面临一系列瓶颈需要破解，在后疫情时代，推动企业绿色转型发展，实现企业的蝶变，是实现“双碳”目标的关键所在。绿色低碳转型显著提高了制造业企业的盈利能力；异质性检验发现，绿色低碳转型对民营企业盈利能力提升效果比国有企业更加突出；中介效应表明，创新投入和融资约束是绿色低碳转型影响制造业企业盈利能力的重要作用机制（徐枫等，2022）。

（2）绿色技术创新的经济后果研究。

①绿色技术创新对政府的经济后果。

严重的资源环境危机是中国经济高速发展所遇到的最大突出困难。绿色壁垒是国际贸易保护组织的一种新形式，发达国家或者拥有高科学技术的国家出台高标准的环境要求，或者提高那些对环境造成影响的产品关税，以此来限制发展中国家的产品进入本国，阻碍企业全球化发展进程。由于国际绿色壁垒技术门槛的日益提高，对中国绿色环保发展的压力也逐渐加大。因此采用针对中国传统产业的绿色环保化提升、绿色产业化等方法，提升产业的绿色化程度，才能更有效突破发达国家的限制，并推动中国产业的快速转型（王迪，2022）。与此同时，地方政府也显著正向影响着企业绿色产品创新和绿色工艺创新，这证实了地方政府在执行国家环境政策和促进企业绿色技术创新中扮演着一个重要的角色（王锋正等，2018）。

②绿色技术创新对企业的经济后果。

绿色技术创新提高了企业的声誉，既包括绿色方面的声誉也包括技术方面的声誉。随着消费者绿色环保意识的逐渐提高以及国家对环境问题重视程度的上升，绿色声誉为企业提高了品牌竞争力。另外，技术创新形成了企业自身技术优势，为企业带来新的业务领域，拓展业务范围。并且在如今全球均日益重视环境问题的背景下，绿色技术创新为企业带来了更多国内外项目机遇，增加在同行中的竞争力，赢得更多的产品市场份额，以此创造经济效益（臧丽，2021）。同时，员工作为企业中重要的利益相关者，企业绿色创新行为很可能会增强员工对企业的信任。实行绿色创新的公司员工数量也会相对较多，而且这一现象在自愿进行绿色创新的公司中更加显著，这表明绿色技术创新不仅有益于社会，也可增强公司员工的信任（吴德军，2019）。

（3）绿色技术创新困境方面的研究。

①绿色技术创新中企业缺乏实施动力。

企业是重要的绿色技术创新主体，可独立研发或与科研机构一起合作，推进和落实绿色技术产业化发展。但目前企业对绿色技术创新的动力和对绿色技术的需求力明显不足。对多数企业而言，往往更注重短期扩大经营规模以提高经济效益，很少从绿色技术创新方面提升企业的核心竞争力。同时，部分企业也基于成本压力减少了绿色技术的使用。其原因在于，我国大多数企业的环保社会责任感还不够强甚至非常欠缺，这直接制约着我国绿色技术创新工作的开展（孙育红和张春晓，2018）。

②绿色技术所需的社会基础尚不充分。

目前，我国绿色技术中有关环境和经济关系的研究仍处于经验研究阶段（孙越，2013）。绿色技术发展往往伴随着高新技术发展，高新技术发展往往又伴随着机械自动化的发展，并且使用绿色技术不可避免地需要淘汰传统污染项目，这就意味着失业率上升和GDP下降，从而带来社会的不稳定，所以有些政府会因此暂缓绿色技术（杜丽花，2016）。

③高能耗、高排放的经济特征限制绿色发展。

近些年来，特别是党的十八大以来，我国政府在解决经济增长从粗放型向集约型转型的问题上下了不少功夫，虽然已取得了显著的成效，但由于长期粗放式发展造成的各类顽疾，使得经济转型期望值和目标之间仍有相当大的差距，而导致这一状况的原因主要归咎于我国经济增长方式的粗放型惯性难以在短期内很快得以改观（雷青松，2016）。

1.1.2.3 研究评述

综上所述，我国学者对于“双碳”目标下的企业绿色创新、绿色技术创新的经济后果、绿色技术创新的困境均进行过一定的理论研究和实证分析，但针对“双碳”目标下黄河流域绿色技术创新所面临的挑战与困境方面的研究却较为匮乏。国外有部分学者分别对中国“双碳”目标、绿色技术创新及两者间的联系有所研究，但对绿色技术创新的影响并未取得一致结论，所以导致“双碳”下的绿色技术创新在指导政府制定政策以及企业的具体实施方面还稍显不足。

因此本章将基于黄河流域企业的实际情况，结合“双碳”目标分析黄河流域企业的绿色技术创新所面临的困境并提出化解困境的对策，以期丰富相关文献，为黄河流域企业的发展提供一定的新思路。

1.2 相关概念与样本描述

1.2.1 相关概念

“双碳”是“碳达峰”与“碳中和”的简称，中国在第75届联合国大会上正式提出了2030年实现“碳达峰”、2060年实现“碳中和”的目标，“双碳”目标是中国向世界做出的庄严承诺，彰显了中国积极应对气候变化、推动全人类共同发展的坚定决心。

“碳达峰”指二氧化碳的排放总量在未来某一个时期达到历史最高值，之后逐步降低，其目标为在确定的年份实现碳排放量达到峰值，形成碳排放量由上涨转向下降的拐点。“碳中和”即二氧化碳净零排放，指的是人类活动直接或间接产生的二氧化碳排放量与二氧化碳吸收量在一定时期内达到平衡。

在过去的200年中，人类向大气层排放了数万亿吨二氧化碳，造成温室效应、臭氧层空洞等一系列问题，而其导致的气候变化在全球范围内造成规模空前的影响，全球生态平衡遭到了严重破坏。在这一背景下，中国首次提出了“碳达峰”和“碳中和”概念，并提出2030年实现“碳达峰”、2060年实现“碳中和”的目标，保护生态环境、控制温室气体排放，为推动全球的气候和环境治理贡献中国力量。

绿色技术是遵循生态原理和自然、生态经济规律，节约资源和能源，避免、减轻或消除环境污染和破坏，使生态负效应最小的无公害化或少公害化的技术、工艺和产品的总称。

绿色技术创新是以保护环境为目标的管理创新和技术创新的统称。从产品生命周期的角度来看，绿色技术创新是指在创新过程的每一阶段整合环境原则，以实现产品生命周期成本总和最小化为目的的技术创新，是绿色技术从思想形成到推向市场的全过程。

此外，也有学者将绿色管理创新独立出来研究，此时绿色生产技术创新主要包括绿色产品设计、绿色工艺、绿色设备、绿色回收处理、绿色包装等技术的创新；绿色生产管理创新包括制定绿色企业管理机制、绿色成本管理创新，建立绿色营销机制、建立绿色网络化供应链、建立环境评价与管理系统。

1.2.2 样本描述

1.2.2.1 调查基本情况

3月16日，开始通过网络推送问卷，截至3月25日，共收集到来自27个省区市的有效问卷256份（见表1-1）。

表1-1 样本基本信息

名称	选项	数量	比例（%）
职位	公司投资人	11	4.30
	高级管理人员	28	10.94
	中级管理人员	32	12.50
	基层管理人员	46	17.97
	员工	139	54.30

续表

名称	选项	数量	比例（%）
年龄	25 岁及以下	119	46.48
	26～30 岁	66	25.78
	31～35 岁	27	10.55
	36～40 岁	29	11.33
	41～50 岁	9	3.52
	51～60 岁	5	1.95
	61 岁及以上	1	0.39
学历状况	大专及以下	26	10.16
	本科	183	71.48
	硕士	43	16.80
	博士	4	1.56
企业所在地	青海	4	1.56
	四川	23	8.98
	甘肃	12	4.69
	宁夏	8	3.13
	内蒙古	25	9.77
	陕西	13	5.08
	山西	7	2.73
	河南	99	38.67
	山东	15	5.86
	非黄河流域地区	50	19.53
合计		256	100.00

如表 1－1 所示，本次问卷调查受访者中，员工 139 人，基层管理人员 46 人，中级管理人员 32 人，高级管理人员 28 人，公司投资人 11 人，占比分别为 54.3%、17.97%、12.5%、10.94% 和 4.3%。

从年龄区间来看，25 岁以下受访者占比为 46.48%；26～30 岁受访者占比为 25.78%；31～35 岁受访者占比为 10.55%；36～40 岁受访者占比为11.33%，40岁以上受访者占比仅为5.86%。

从学历水平来看，博士占比为1.56%，硕士占比为16.8%，本科占比为71.48%，大专及以下占比为10.16%。

从受访者的企业所在地来看，来自河南地区的回复最多，占比为38.67%；其次是非黄河流域地区，占比为19.53%；而黄河流域地区除河南地区外其他八省区，内蒙古、四川、山东、陕西、甘肃、宁夏、山西和青海占比分别为9.77%、8.98%、5.86%、5.08%、4.69%、3.13%、2.73%和1.56%。

如表1-2所示，从单位性质来看，民营企业最多，占比达到42.19%；其次是国有企业，占比为18.75%；行政事业单位占比为12.89%；个体工商户占比为12.5%；集体企业占比为10.16%；外资企业占比仅仅为3.53%。

表1-2　样本基本信息

名称	选项	数量	比例（%）
行业	教育业	47	18.36
	采矿业	8	3.13
	制造业	42	16.41
	电力、燃气及水的生产和供应业	7	2.73
	建筑业	16	6.25
	物流业	8	3.13
	信息技术、计算机和软件业	16	6.25
	批发和零售业	13	5.08
	水利、环境和公共设施管理业	12	4.69
	农林牧渔业	3	1.17
	金融证券业	25	9.77
	社会服务业	35	13.67
	其他	24	9.38
合计		256	100.00

受访企业所属不同的行业，其中教育业和制造业较多，占比分别为18.36%和16.41%；其次，社会服务业、金融证券业占比分别为13.67%和9.77%；建筑业、计算机和信息技术相关行业占比均为6.25%；批发和零售业、环境及公共设施管理业占比分别为5.08%和4.69%；采矿业和物流业占比均为3.13%；电力、燃气及水的生产和供应业占比均为2.73%；农林牧渔业占比均为1.17%。

1.2.2.2　信度分析

信度分析是一种主要应用于定量数据研究中的工具，尤其适用于对态度量表题进行分析。该分析的步骤包括以下几点：首先，评估α系数的值。如果该系数高于0.8，则说明数据可信度较高；如果值介于0.7~0.8，则表示数据可信度良好；如果值介于0.6~0.7，则可接受。但是，如果α系数小于0.6，则说明可信度较低，不适宜进一步研究分析。其次，如果CITC（校正项总计相关性）的数值低于0.3，则可以考虑删除该项数据。再次，如果已删除选项的α系数值比原始α系数值明显高，则可以考虑删除该项后重新分析数据。最后，需要对分析过程进行总结。

如表1-3所示，总问卷及各部分问卷的信度状况均表现较好，问卷总体的α系数为0.918，"双碳"目标下黄河流域企业绿色技术创新实际行动部分和困难与障碍，以及对策及建议部分的α系数值分别为0.784、0.783和0.798。所研究的各部分数据的α系数值均介于0.7~0.8，那么由此可知，所分析的数据的可信度较好，可以继续进行进一步研究分析。

表1-3　　问卷信度分析

问卷	信度α
问卷总体	0.918
实际行动部分	0.784
困难与障碍部分	0.783
对策与建议部分	0.798

1.3 黄河流域企业对绿色技术创新的认识及行动分析

1.3.1 对“双碳”及绿色技术创新的认识

1.3.1.1 企业对“双碳”目标的认识

为获取黄河流域企业对“双碳”目标了解程度的状况，问卷设置了相关问题。由图1-1可知，对“双碳”目标“有所了解”的情况中，甘肃达83.33%，内蒙古、山东以及非黄河流域地区均占80%，青海占比最少，达25%；在对其“非常了解”的情况中，青海占比最高，达75%，其次是宁夏，占比62.5%；“没听说过”占比较少，其中山西达28.57%，其次是河南，达21.21%。

由此可知，目前多数受访者对“双碳”目标这一概念仅处于“有所了解”的状态，且黄河流域中下游地区企业的了解状况比较好，上游相对偏远的省区对此了解程度较低，所以应该进一步加强针对黄河流域上游地区的“双碳”目标相关内容的普及。

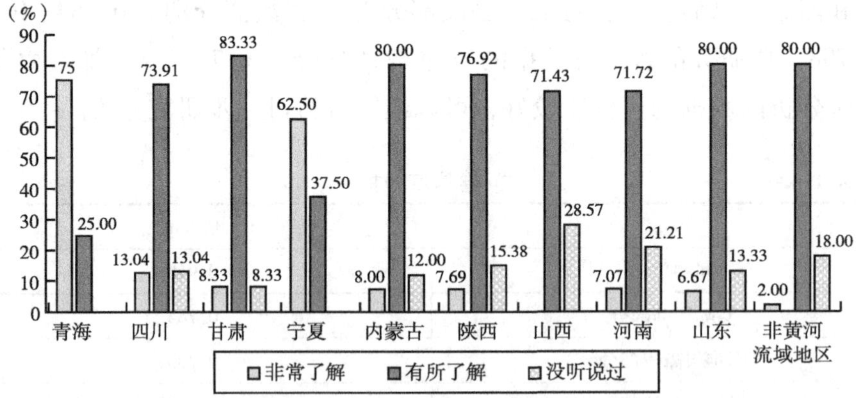

图1-1 对“双碳”目标的认识（基于区域差异）

由图1－2可知，基于行业差异，多数受访者仍旧选择了“有所了解”这一选项，其中电力、燃气及水的生产和供应业以及批发和零售业占比均高于80%，社会服务业占比达80%，采矿业和建筑业占比最少，达到62.5%；“非常了解”的情况中，采矿业占比最高，达25%；“没听说过”的选项中，农林牧渔业占比最高，达33.33%。

总体来看，电力、燃气及水的生产和供应业，水利、环境和公共设施管理业及采矿业等资源消耗型行业对“双碳”目标的关注度更高，了解程度也更为深刻，而所属第三产业的行业对此关注度较低，且很少有受访者表示对“双碳”目标的掌握“非常了解”。这说明非资源消耗型的行业对“双碳”目标的关注度较低。

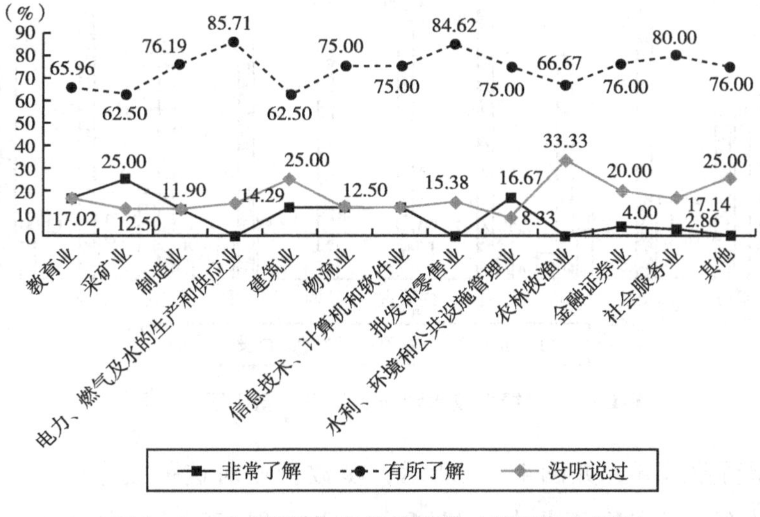

图1－2 对“双碳”目标的认识（基于行业差异）

1.3.1.2 企业对绿色技术创新的认识

（1）企业对绿色技术创新的了解程度。

为获取企业对于绿色技术创新的了解状况，问卷设置了相关问题。由图1－3可知，在“有所了解”的情况中，宁夏、山东、陕西、内蒙古占比均高于80%，青海占比最少，达50%。在“非常了解”这一情况中，青海占比为50%。而“没听说过”这一选项，河南占比最高，为24.24%。

由此可知，对于绿色技术创新这一概念，多数黄河流域企业仅达到“有所了解”的程度。总体来看，位于黄河流域上游的省区对于绿色技术创新的关注度较中下游省区而言更高。值得注意的是，位于黄河流域中下游的山东、河南及四川作为我国的工业强省，更应该注重绿色发展，响应“双碳”目标，积极发展绿色技术创新，以期实现企业绿色环保，降低社会成本，保障高质量发展。因此，应该加大对黄河流域中下游地区有关绿色技术创新的引导及宣传力度，让更多的黄河流域企业认识到绿色技术创新的重要性，并尽快投入发展企业绿色技术创新的工作中来。

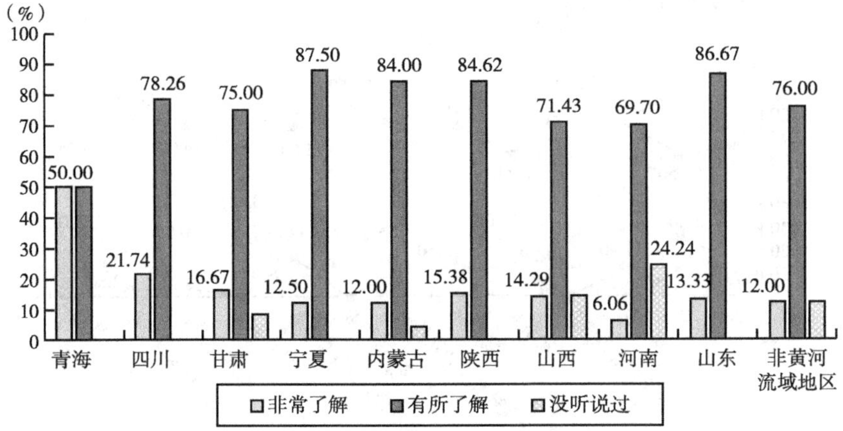

图1-3　对绿色技术创新的认识（基于区域差异）

基于行业差异，如图1-4所示，多数行业对这一概念处于“有所了解”的状态。其中物流业占比最高，占比达81.5%，农林牧渔业占比最低，为66.67%；对绿色技术创新“非常了解”的行业中，采矿业及建筑业占比最高，达25%；农林牧渔业有33.33%的受访者表示没有听说过绿色技术创新，其次是电力、燃气及水的生产和供应业，占比达28.57%。

由此可见，对于绿色技术创新的了解程度受行业差异的影响比较大，但依旧是资源消耗型行业对此关注更多一些。同时，由问卷反馈可知，第一产业对绿色技术创新的关注度比较低，应该有针对性地加强对相关企业的引导。结合区域差异下的结果可知，绿色技术创新的普及还需要进一步加强。

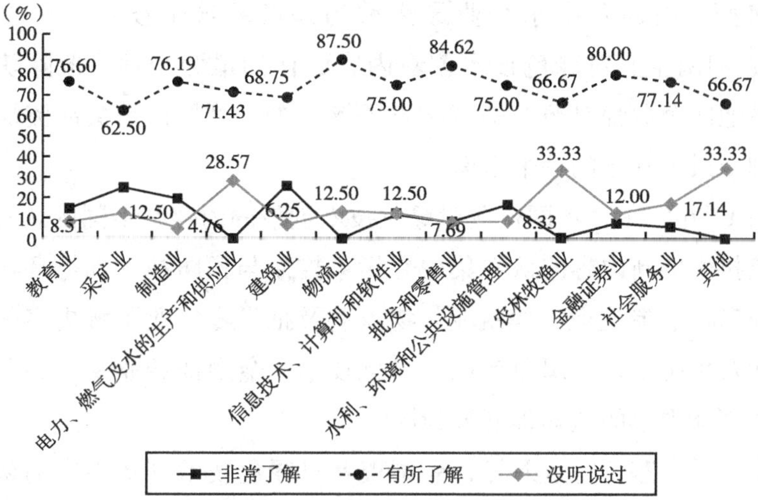

图 1-4 对绿色技术创新的认识（基于行业差异）

根据绿色技术创新的内容（污染控制和预防技术；废物最少化技术；循环再生技术；生态工艺、绿色产品、净化技术；源头削减技术），问卷设置了“你认为绿色技术创新所体现的方面”这一问题，针对受访者对于绿色技术创新的认知程度进行调查。如图 1-5 所示，基于区域差异，青海企业比较注重污染控制与预防技术；四川企业集中在生态工艺、绿色产品、净化技术上（73.91%）；甘肃企业对各项技术的认知比较均匀，宁夏、内

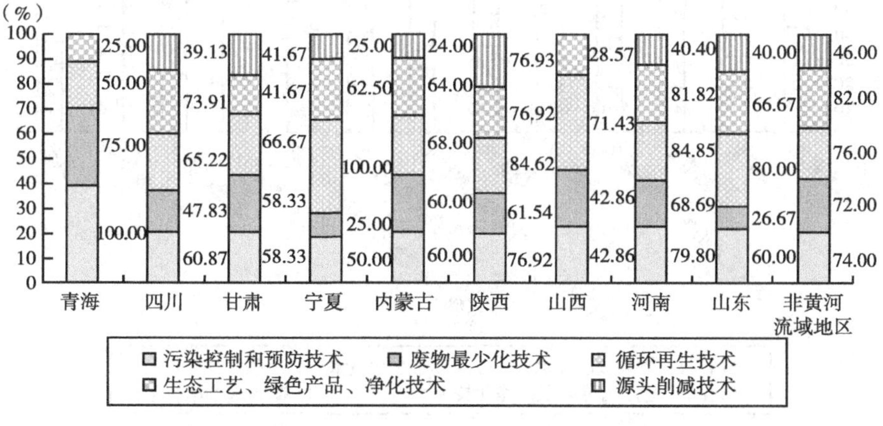

图 1-5 绿色技术创新内容的认识（基于区域差异）

蒙古、陕西、山西及山东企业最注重的是循环再生技术，平均占比达80.81%；河南企业对绿色技术创新内容的认知最为全面，但除陕西企业外，多数地区企业都对源头削减技术了解较少，可见这是黄河流域企业绿色技术创新最为缺乏的一个方面。

如图1-6所示，不同行业对绿色技术创新的内容有不同的认知。教育业对绿色技术创新内容的认知集中在污染控制与预防技术和循环再生技术上（80.85%）；制造业、建筑业、物流业及批发零售业了解更多的是循环再生技术及生态工艺、绿色产品、净化技术；金融证券业及社会服务业对绿色技术创新内容的认知程度最为周详。

总体来看，基于行业差异，受调查者对绿色技术创新内容的认知主要集中在污染控制和预防技术，循环再生技术和生态工艺、绿色产品、净化技术这三个方面，对源头削减技术的了解状况最差。究其原因，可能是由于如教育业、物流业、农林牧渔业等多数行业在日常经营活动中并不涉及该项技术，但从问卷的反馈来看，采矿、制造相关行业对此了解状况同样较差，可见应该对绿色技术创新的内容投入更加广泛的宣传。

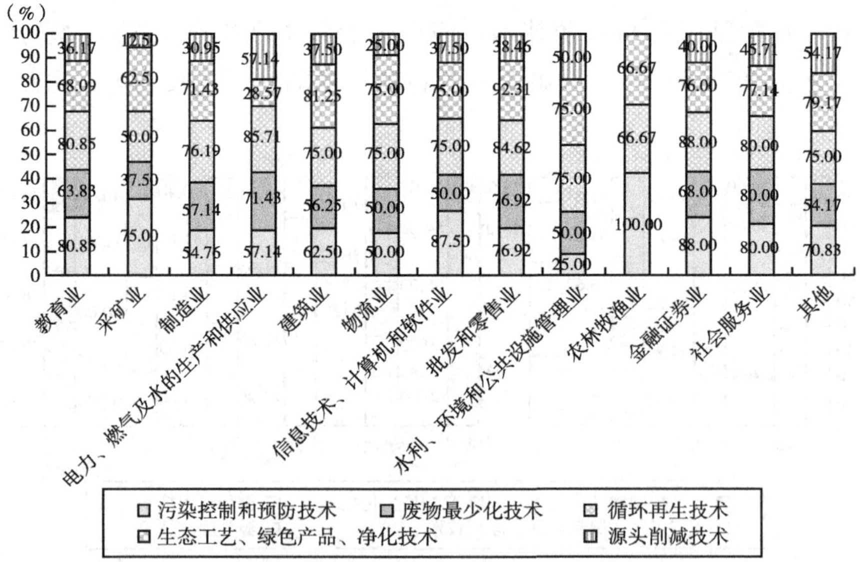

图1-6 对绿色技术创新内容的认识（基于行业差异）

（2）企业对进行绿色技术创新动因的认识。

如图1－7所示，在企业进行绿色技术创新的动因中，青海、四川、内蒙古、河南及非黄河流域地区的受调查者认为绿色技术创新是企业的社会责任，理应进行投资；而甘肃、宁夏、陕西、四川以及山东认为它们进行绿色技术创新投资是为了开发生产绿色环保产品，提高企业社会形象；内蒙古、山西、河南以及非黄河流域地区的受调查者表示是为了实现企业经济利益和环境效益的“双赢”。

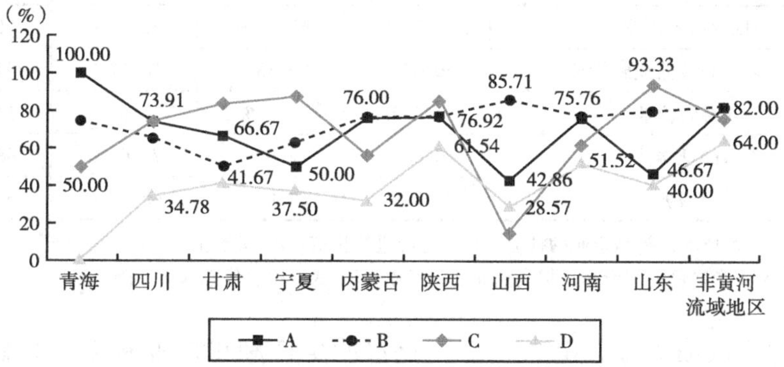

图1－7 对绿色技术创新动因的认识（基于区域差异）

由此可见，位于黄河流域中下游的省区进行绿色技术创新的动因更多地建立在经济利益与环境效益的“双赢”上，而上游省区的企业则是认为绿色技术创新是企业本该履行的社会责任，并且表示希望能够通过绿色技术创新来提升企业形象。那么各地方政府就可以针对不同地区的不同需求，去进一步激励黄河流域企业进行绿色技术创新。

如表1－4所示，从行业差异来看，所属电力、燃气及水的生产和供应业的受调查者均选择了绿色技术创新是企业的社会责任；所属水利、环境和公共设施管理业的受调查者有83.33%选择了为实现经济利益与环境利益的“双赢”；选择开发绿色产品，提高企业社会形象最多的是物流业，占比为87.5%；为获取优惠政策，降低经营成本最多的是金融证券业，占比为68%。

表 1-4　对绿色技术创新动因的认识（基于行业差异）

行业	A	B	C	D
教育业	74.47%	82.98%	70.21%	48.94%
采矿业	75.00%	50.00%	50.00%	50.00%
制造业	71.43%	80.95%	69.05%	35.71%
电力、燃气及水的生产和供应业	100.00%	28.57%	71.43%	28.57%
建筑业	62.50%	75.00%	62.50%	43.75%
物流业	75.00%	75.00%	87.50%	25.00%
信息技术，计算机和软件业	62.50%	62.50%	68.75%	43.75%
批发和零售业	69.23%	69.23%	76.92%	61.54%
水利、环境和公共设施管理业	50.00%	83.33%	66.67%	58.33%
农林牧渔业	33.33%	66.67%	66.67%	33.33%
金融证券业	80.00%	72.00%	72.00%	68.00%
社会服务业	88.57%	82.86%	68.57%	54.29%

注：A. 绿色技术创新是企业的社会责任，理应进行投资；B. 实现企业经济利益和环境效益的“双赢”；C. 开发生产绿色环保产品，提高企业社会形象；D. 获取税收优惠政策，降低企业经营成本。

由以上反馈可知，电力、燃气及水的生产和供应业社会责任感较强，相对而言没有特别注重税负与成本的问题；而水利、环境和公共设施管理业，教育业，社会服务业及制造业对经济利益有较高的追求，可见该类行业目前的经济利益状况可能较差；同时，金融证券业及批发零售业希望能够通过绿色技术创新来获取税收优惠，可见该类行业认为其承担的税负压力较大。

1.3.2 “双碳”目标下企业绿色技术创新的实际行动

1.3.2.1 企业资金投入

（1）投入比例。

如图 1-8 所示，投入比例在 0.5% 以下最多的为青海，占比为 50%；投入比例在 0.5% ~2% 占比最多的是四川，为 52.17%；投入比例达 2% ~5%，占比最多的为甘肃和宁夏，均为 50%；投入比例为 5% ~10%，占比最多的为内蒙古，为28%；投入比例在10%～20%，占比最多的为陕西，为30.77%；投入比例在20%以上，山东占比为6.67%，居于第一位。

从以上数据可知，黄河流域上游各地企业对绿色技术创新的投资总体较少，这些地区地理位置相对偏远，且经济条件状况较差，可能难以顾及企业绿色技术创新的发展。而下游地区企业对绿色技术创新的投资力度较大，可见对此较为重视，尤其是山东及陕西的企业，该地区经济条件比较发达，对企业绿色技术创新的投资比例也更胜一筹。同时可知，多数地区对于绿色技术创新的资金投入比例集中在0.5%～2%，所以总体来看，黄河流域企业针对企业绿色技术创新的投资力度还比较小，应该继续提升对绿色技术创新的重视。

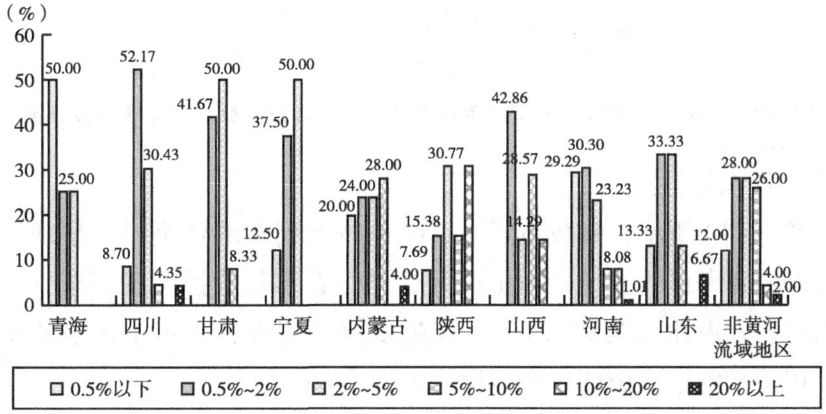

图1-8 企业对绿色技术创新的实际行动——资金投入比例（基于区域差异）

基于行业差异，如图1-9所示，投资比例在0.5%以下，占比最大的行业是采矿业；投入比例在0.5%～2%占比最多的是金融证券业，为40%；投入比例达2%～5%，占比最多的为电力、燃气及水的生产和供应业，为42.86%；投入比例为5%～10%，占比最多的为农林牧渔业，为33.33%；投入比例为10%～20%，占比最多的为批发零售业，为15.38%；投资比例在20%以上中占比最大的行业是水利、环境和公共设施管理业，为8.33%。由此可知，所有行业在对于绿色技术创新的投资比例在10%以上均呈现较低的比例，且多数集中在0.5%～2%，反映出除水利、环境和公共管理设施以外，各行业目前对于绿色技术投资力度都比较小。

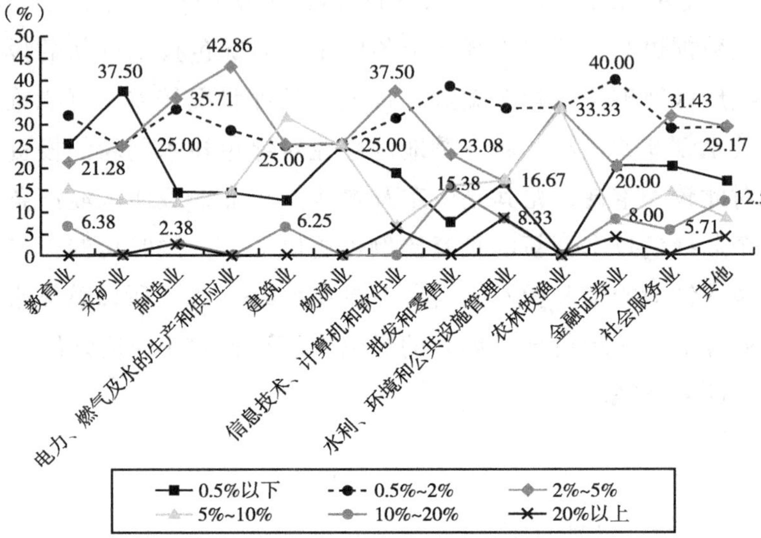

图 1－9　企业对绿色技术创新的实际行动——资金投入比例（基于行业差异）

（2）投入趋势。

如图 1－10 所示，多数地区对于绿色技术创新的资金投入呈现逐渐增多的趋势，青海最为突出；而山西的受调查者多数选择了逐渐减少和增减波动的趋势，占比均为 28.57%；甘肃多数受调查者表示呈逐渐减少的趋势；无相关投资中，山西企业占比最大，为 14.29%。

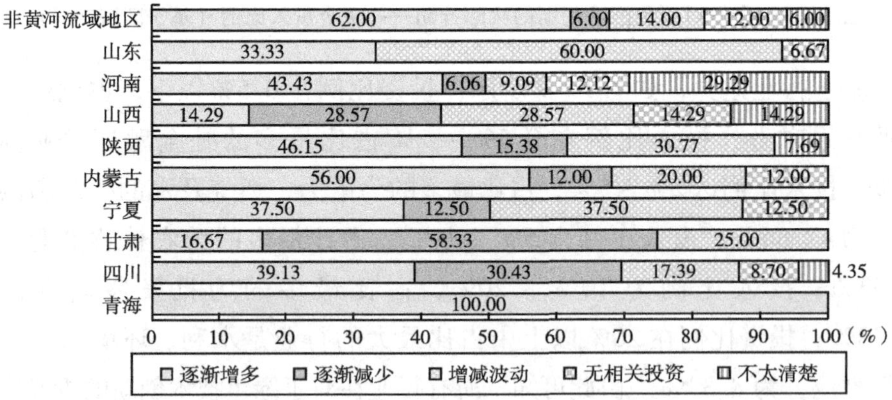

图 1－10　企业对绿色技术创新的实际行动——资金投入趋势（基于区域差异）

由此可见，目前黄河流域的企业越来越注重对绿色技术创新的相关投资。结合投资比例来看，青海虽然当前投资比例较小，但其投资方向总体呈逐渐增长的趋势；山东虽然资金投入力度大，但投入趋势不太稳定；而甘肃企业投资力度不强，且该地区受访企业多数表示对企业绿色技术创新的投资呈逐渐减少的趋势，所以针对甘肃企业的绿色技术创新投资困境应该引起重视，探究产生困境的根本原因。这可能是由于地区经济条件较差，无力投资绿色技术创新，那么就应该制订有针对性的帮扶政策，从根本上解决资金问题，为该地企业绿色技术创新注入活力。

基于行业差异，由表1－5可知，投资趋势逐渐增多的是教育业；逐渐减少的为采矿业和农林牧渔业，占比分别为37.5%和33.33%；增减波动占比最多的为水利、环境和公共设施管理业，达41.67%；而无相关投资占比最多的是建筑业，物流业以及水利、环境和公共设施管理业。结合投资比例来看，可知水利、环境和公共设施管理业投资力度大，但不稳定；采矿业及农林牧渔业投资力度小且有减少趋势。

表1－5　企业对绿色技术创新的实际行动——资金投入趋势（基于行业差异）

行业	逐渐增多	逐渐减少	增减波动	无相关投资	不太清楚
教育业	57.45%	4.26%	17.02%	6.38%	14.89%
采矿业	37.50%	37.50%	12.50%	0.00%	12.50%
制造业	47.62%	19.05%	28.57%	4.76%	0.00%
电力、燃气及水的生产供应业	14.29%	14.29%	28.57%	14.29%	28.57%
建筑业	37.50%	12.50%	12.50%	25.00%	12.50%
物流业	50.00%	25.00%	0.00%	25.00%	0.00%
信息技术、计算机和软件业	50.00%	25.00%	6.25%	6.25%	12.50%
批发和零售业	38.46%	7.69%	15.38%	23.08%	15.38%
水利、环境和公共设施管理业	16.67%	8.33%	41.67%	25.00%	8.33%
农林牧渔业	0.00%	33.33%	33.33%	0.00%	33.33%
金融证券业	52.00%	8.00%	12.00%	8.00%	20.00%
社会服务业	57.14%	8.57%	14.29%	8.57%	11.43%

总体来看，各行业对企业绿色技术创新投资多数呈逐渐增多的趋势，

但农林牧渔业以及电力、燃气及水的生产供应业却仅有少数受访企业表示对企业绿色技术创新的投资是逐渐增多的，可见基于行业差异，以上两类行业对此重视程度较低，或有较大的资金方面的困境。

1.3.2.2 治污减排

如表1-6所示，青海十分重视内部环保部门及减排制度的制定；四川注重专项环保资金的保障；甘肃、宁夏在建立环保专项资金及环境监测部门方面的落实状况较好；山东、山西及河南在环保资金方面的设立比较到位，可见位于黄河流域中下游的省区基于较发达的经济条件，大部分企业能够保证对绿色技术创新专款专用，而上游地区企业则在监管部门的设立及规章制度的制定方面更胜一筹。

总体来看，山东平均占比最高，为49.33%，其次是四川、陕西及内蒙古，分别达48.70%、47.69%和46.40%。从表1-6中可以看出，以上四个地区在治污减排方面的实际行动履行状况略优于其他地区。黄河流域的企业在专项环保资金的设立方面落实情况比较好，其次是企业内部环保部门及减排制度的确立，对于污染物的治理排放方面履行状况比较差，可见应该加强黄河流域企业针对污染物治理方面的监督与管理。

表1-6　企业对绿色技术创新的实际行动——治污减排方面（基于区域差异）

地区	A	B	C	D	E	均值
青海	100.00%	75.00%	0.00%	25.00%	0.00%	40.00%
四川	65.22%	73.91%	65.22%	39.13%	0.00%	48.70%
甘肃	33.33%	75.00%	75.00%	25.00%	0.00%	41.67%
宁夏	12.50%	75.00%	75.00%	37.50%	0.00%	40.00%
内蒙古	64.00%	60.00%	48.00%	52.00%	8.00%	46.40%
陕西	61.54%	38.46%	76.92%	61.54%	0.00%	47.69%
山西	14.29%	71.43%	57.14%	14.29%	0.00%	31.43%
河南	42.42%	53.54%	50.51%	37.37%	16.16%	40.00%
山东	40.00%	80.00%	73.33%	53.33%	0.00%	49.33%

注：A. 企业内成立环保部门，建立减排制度；B. 设立污染防治的专项环保资金，专款专用；C. 成立环境监测部门，对污染全过程监测；D. 污染物治理达标才对外排放；E. 其他。

基于行业差异，如图1－11所示，问卷设立了“A. 企业内成立环保部门，建立减排制度；B. 设立污染防治的专项环保资金，专款专用；C. 成立环境监测部门，对污染全过程监测；D. 污染物治理达标才对外排放；E. 其他”五项措施，以调查各行业在治污减排方面的实际行动。

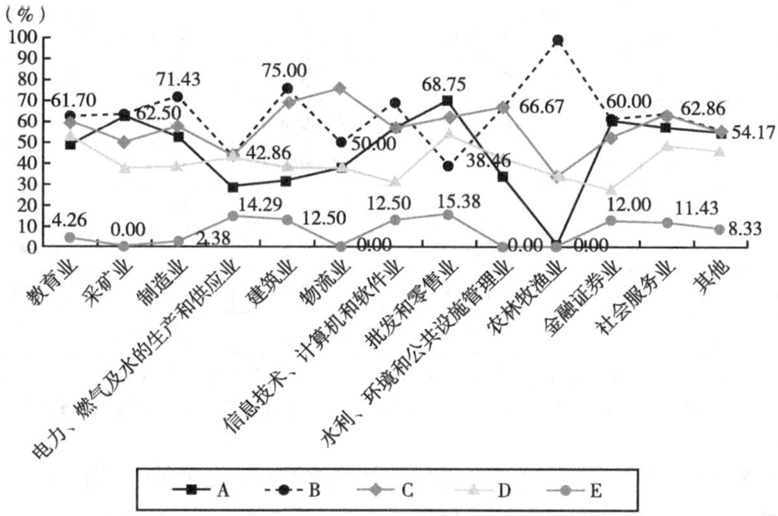

图1－11　企业对绿色技术创新的实际行动——治污减排方面（基于行业差异）

结果表明，在明确的四个方面中，各行业所差不大，且各项数据多数在60%上下。其中，农林牧渔业对于专项环保资金的设立领先于其他行业，而企业内环保部门及减排制度的设立则落后于其他行业。同时可以看出，各行业对于污染物的治理、排放情况总体实施状况劣于其他三项明确指标。这说明黄河流域企业的环保意识与社会责任感仍有待加强，同时缺乏有效的环保技术和设备也是该项指标处于低位的一大因素。

1.3.2.3　资源节约与利用

如表1－7所示，青海比较注重能源与材料的环保性；四川注重专项节能改造资金的保障及相关机构的设立及规章制度的制定；山东、甘肃、宁夏在建立节能改造专项资金方面的落实状况较好；山西企业在节能管理机构的设立及技能规章制度的制定方面比较突出，但其他三项措施的履行状况都较为欠缺；河南企业在各项措施的履行状况上较为均匀。

表1-7　企业对绿色技术创新的实际行动——资源节约与利用方面（基于区域差异）

地区	A	B	C	D	均值
青海	75.00%	50.00%	50.00%	25.00%	50.00%
四川	56.52%	73.91%	73.91%	39.13%	60.87%
甘肃	16.67%	83.33%	58.33%	75.00%	58.33%
宁夏	50.00%	87.50%	62.50%	50.00%	62.50%
内蒙古	64.00%	72.00%	64.00%	36.00%	59.00%
陕西	76.92%	61.54%	53.85%	76.92%	67.31%
山西	42.86%	14.29%	85.71%	14.29%	39.29%
河南	53.54%	55.56%	49.49%	45.45%	51.01%
山东	60.00%	86.67%	53.33%	46.67%	61.67%

注：A. 使用清洁、可再生能源和环保材料；B. 设立节能设备改造的专项资金，专款专用；C. 成立节能管理机构，制定有节能规章制度；D. 建有废弃物循环利用制度，实现资源多次利用。

总体来看，在黄河流域中，陕西企业平均指数最高，为67.31%，其次为宁夏、山东及四川企业，占比分别为62.50%、61.67%和60.87%。由此可知，以上四个地区的企业在资源节约与利用方面的实际行动履行状况较好。结合企业在治污减排方面的实际行动，可知陕西、山东及四川企业对黄河流域企业绿色技术创新贡献较高。同时可知，黄河流域企业在资源节约与利用方面的实际行动与区域内经济条件呈正相关，经济较发达的地区显然更加注重资源的节约与利用。

如图1-12所示，为获取各行业在资源节约与利用方面的实际行动，问卷设置了以下四项具体措施："A. 使用清洁、可再生能源和环保材料；B. 设立节能设备改造的专项资金，专款专用；C. 成立节能管理机构，制定有节能规章制度；D. 建有废弃物循环利用制度，实现资源多次利用。"

调查结果表明，针对资源的节约与利用，水利、环境和公共设施管理业的节能设备改造专项资金有较好保障；采矿业及水利、环境和公共设施管理业等对资源需求量较大的行业已经通过相关手段去提高资源的利用率，但在能源与材料的选择方面不太环保，由于该类行业的耗能需求较大，因

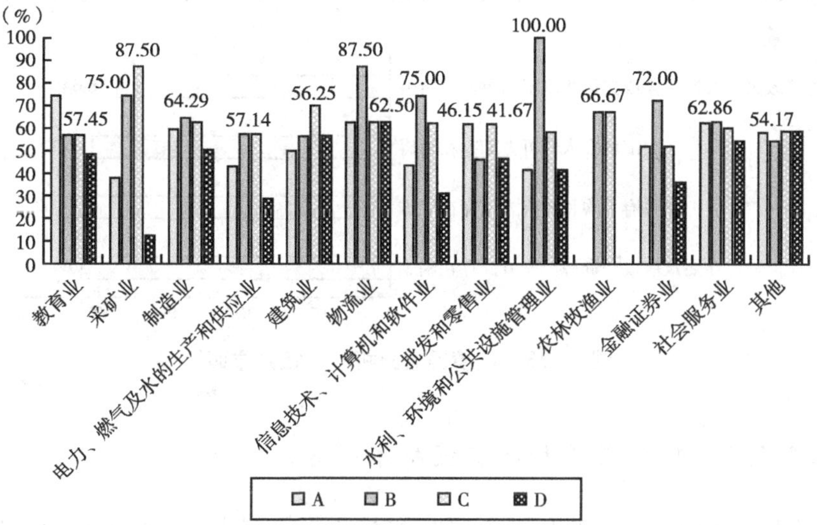

图1-12 企业对绿色技术创新的实际行动——资源节约与利用方面（基于行业差异）

此应该重视在生产过程中多用、善用可再生能源与环保材料，降低社会成本。同时，相较于其他具体的三项措施来看，各行业在建立废弃物循环利用制度方面履行状况较差，政府应该对此进行宣传引导，并加强对黄河流域企业废弃物循环利用制度的监督与管理。

1.4 影响黄河流域企业绿色技术创新的困境因素分析

1.4.1 社会层面因素分析

如图1-13所示，有67.19%的受访者认为在政府采购和招标方面存在困难；要素获取和资源分配方面存在困难，占比为64.06%；市场准入许可方面存在障碍，占比为61.72%；还有56.64%的受访者认为地区政策、舆论媒体或文化礼仪不注重环保指引。由此可知，在实践中，政府采购和招标以及要素获取和资源分配是受调查者认为的社会因素中的最大困境。

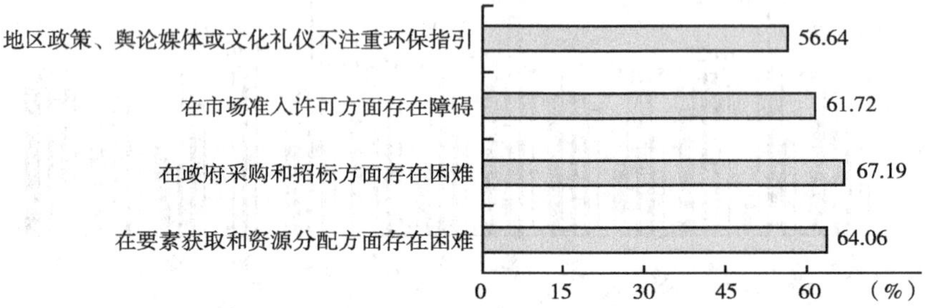

图 1－13　困境因素分析——社会方面

1.4.1.1　政府采购和招标投标不平等。

由图 1－14 可知，认为"双碳"目标下黄河流域企业绿色技术创新的社会障碍是"在政府采购和招标方面存在困难"的各行业中，水利、环境和公共设施管理业占比最大；其次是物流业和批发零售业，占比分别为 87.5% 和 84.62%；而电力、燃气及水的生产供应业占比最低，却仍旧达到 42.86%。

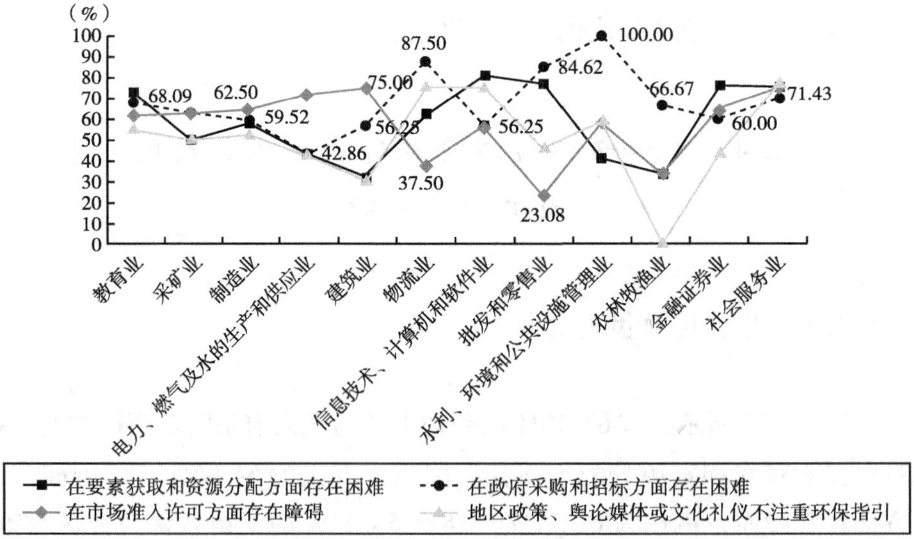

图 1－14　困境因素分析——社会方面（基于行业差异）

从以上数据可知，这一障碍对各类行业的影响都比较大。究其原因，可能是由于各地方政府采购及招标投标相关制度未能有效运行，政府采购预算与部门预算脱节，或存在绿色技术相关采购物品成本偏高，黄河流域各地方政府无力为企业绿色技术创新提供足够的资源等情况。

从图1－15可知，认为“双碳”目标下黄河流域企业绿色技术创新的社会障碍是“在政府采购和招标方面存在困难”的各地区企业中，甘肃的企业占比最大，为91.67%；其次是青海、河南和陕西，占比分别为75%、69.7%和69.23%；山西的企业占比最少，为42.86%。可见政府采购和招标方面的困难对黄河流域企业绿色技术创新的整体影响程度比较深，同时地处黄河流域上游较偏远的地区，面临着更大的障碍。

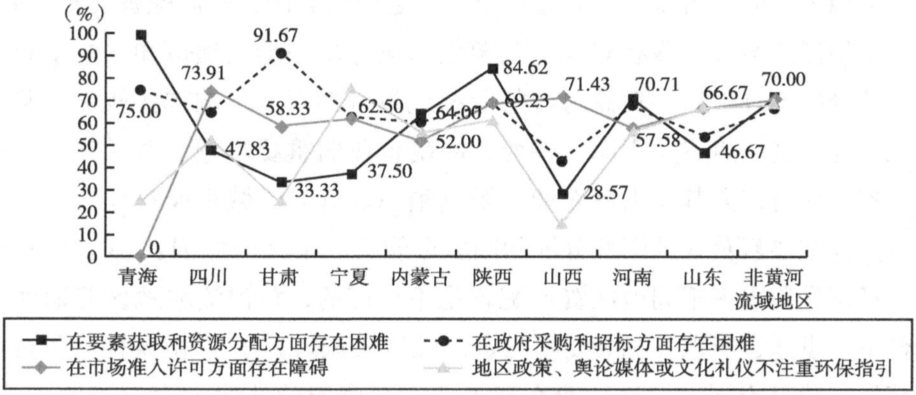

图1－15 困境因素分析——社会方面（基于区域差异）

具体有以下几个方面：(1) 信息障碍。政府通常仅公布笼统的环境政策，缺乏明确的实施细则与环境准则，导致采购人员难以把握采购活动应遵守的环保准则。(2) 经济障碍。已有的采购管理机制没有体现政府鼓励绿色采购的政策，尤其在编制采购预算、制订采购法规与政策、对政府采购事务进行协议与管理、进行采购统计分析与评估时，不能充分考虑绿色产品在其开发过程控制了环保、安全等方面的成本，因而在招标管理办法与程序中没有给予必要的价格倾斜。(3) 技术障碍。此类技术障碍主要体现在无法保障稳定的绿色产品供应链，以及绿色产品与现有设备的兼容性、产品供应稳定性、现存契约供应商无法供应绿色产品等。

1.4.1.2 要素获取和资源分配不合理

从图1－14可知，认为“双碳”目标下黄河流域企业绿色技术创新的社会障碍是“在要素获取和资源分配方面存在困难”的各行业中，信息技术、计算机和软件业占比最大，为81.25%；其次是批发零售业和金融证券业，占比分别为76.92%和76%；而建筑业占比最低，为31.25%。从图1－15可知，认为“双碳”目标下黄河流域企业绿色技术创新的社会障碍是“在要素获取和资源分配方面存在困难”的各地区企业中，青海占比高达100%；其次为陕西、河南和内蒙古，占比分别为84.62%、70.71%和64%；山西占比最低，为28.57%。

资源配置的本质就是资源在各个部门之间的分配，资源配置合理与否，对一个地区的经济发展有着极其重要的影响。从问卷反馈可知，要素获取和资源分配不合理这一障碍对各行业绿色技术创新的影响都比较大，基于区域差异，这一障碍是青海、陕西、河南企业的重要难题，而对其他黄河流域省区而言，尤其是山西企业，影响稍小。黄河流域企业在绿色技术创新方面存在要素获取及资源分配的问题可能有以下几个原因：（1）地理位置。经济发展水平不同地区资源配置是不均衡的，黄河流域地区普遍经济条件不算发达，所以其相关要素与资源配置较低。（2）经济条件。各行业经济发展状况不同，发达行业在相关要素与资源的获取上占有一定优势。（3）政策偏差。政府在投资、税收等方面有所偏向，相应地，企业相关要素与资源的配置也会有所偏差。

1.4.1.3 市场准入及许可方面不便利

从图1－14可知，认为“双碳”目标下黄河流域企业绿色技术创新的社会障碍是“在市场准入许可方面存在障碍”的各行业中，建筑业占比最大，为74.29%；其次是社会服务业和电力、燃气及水的生产供应业，占比分别为74.29%和71.43%；批发零售业占比最低，为23.08%。从图1－15可知，认为“双碳”目标下黄河流域企业绿色技术创新的社会障碍是“在市场准入许可方面存在障碍”的各地区企业中，四川企业占比最高，达

73.91%，其他黄河流域省区的企业受影响情况差异不大，除青海企业外，内蒙古占比最低，为52%。

由此可知，基于行业差异，除批发零售业外，该项障碍对黄河流域企业绿色技术创新均有较大影响；基于区域差异，该项障碍对黄河流域各地区企业的影响都比较大。市场准入及许可是国家对市场进行干预的行为，黄河流域企业普遍反映在企业绿色技术创新方面的市场准入及许可不便利，可见当前针对企业绿色技术创新的市场准入制度存在门槛过高、流程烦琐等问题。

1.4.2　企业外部因素分析

如图1－16所示，针对影响黄河流域企业绿色技术创新的外部困境因素，“环保指标、监管责任主体不明确”占比最大，为75.78%；其次，71.09%的受调查者表示“相关扶持政策不完善”；“环保考评体系有待强化”占比为56.64%；最后是“市场准入规则不合理”这一障碍，占比为53.91%。

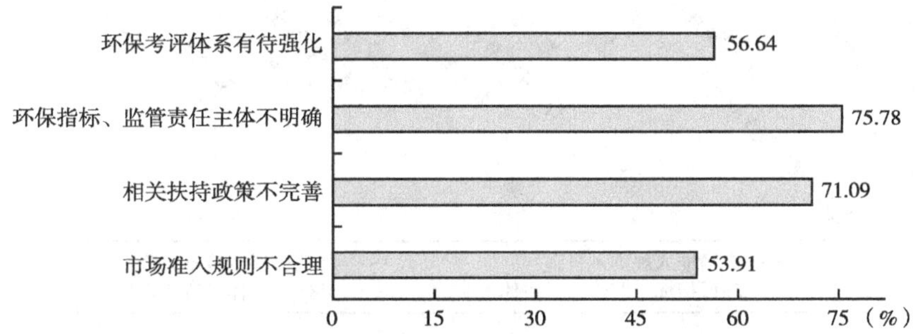

图1－16　困境因素分析——外部因素

1.4.2.1　对环保信息披露的监管不到位

从图1－17可知，认为“双碳”目标下黄河流域企业绿色技术创新的外部影响因素是“环保指标、监管责任主体不明确”的各行业中，受影响最大的是批发和零售业；其次是制造业及信息技术、计算机和软件业，占比分别为 83. 33% 和 81. 25%；占比最少的行业是水利、环境和公共设施管理业，为 58. 33%。

由此可见，针对黄河流域企业环保信息披露的监管不到位，对所有行业而言都是一项影响很大的困境因素。其中，所属第三产业的行业在环保信息披露的监管上更为缺乏，而水利、环境等在经营活动过程中存在较大环境成本的行业在环保信息披露的监管上更胜一筹。由此可知，针对第三产业的环保信息披露的监管制度需要尽快被建立，监管工作需要尽快被落实。同时，环境成本高的行业在监管方面的情况虽然优于其他行业，但也并非已做到能够助力企业绿色技术创新的程度，可见其环保信息披露的监管制度需要进一步完善，同时对环保信息披露的监管工作需要进一步加强。

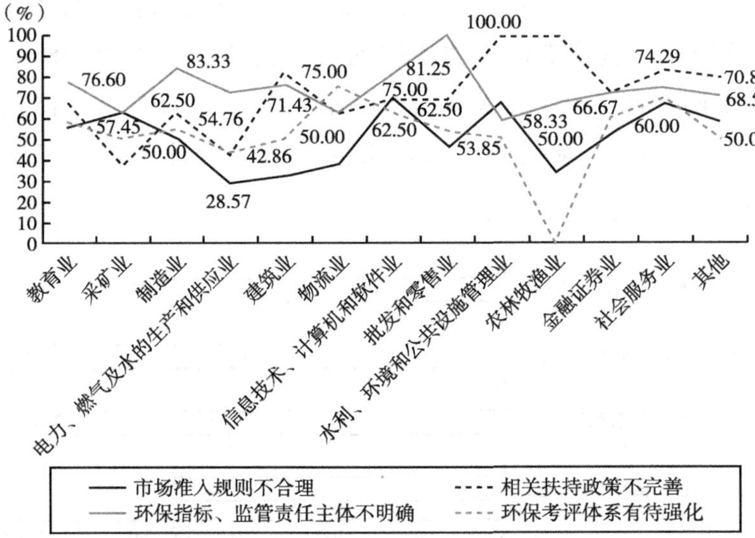

图 1-17 困境因素分析——外部因素（基于行业差异）

从图 1-18 可知，认为“双碳”目标下黄河流域企业绿色技术创新的外部影响因素是“环保指标、监管责任主体不明确”的各地区企业中，陕西受影响最大，占比为 92. 31%；其次是甘肃和山东，占比分别为 83. 33% 和 80%；除青海占比最小，为 25% 外，其他黄河流域地区企业占比均在 70% 左右。

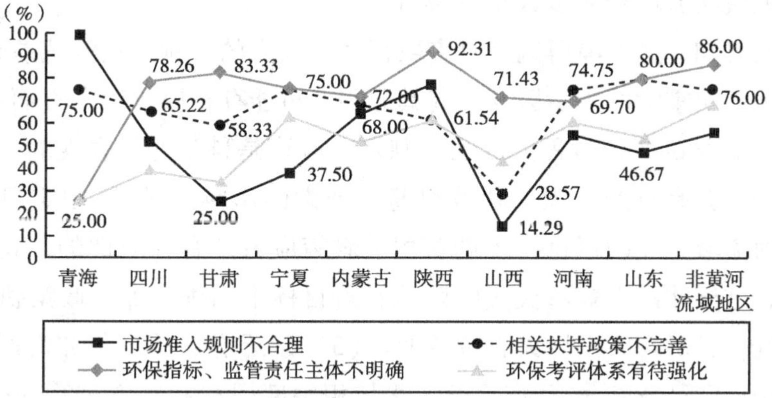

图1-18 困境因素分析——外部因素（基于区域差异）

从以上数据可知，该项障碍因素对除青海以外的其他黄河流域省区企业而言，是影响较大的一项重要障碍因素。针对黄河流域企业环保信息披露监管得不到位，缺乏独立审计是重要原因。一般公司环保信息的相关审计都是由政府部门来完成的，公司内部的审核由于专业人员少之又少，无法充分发挥其自身的功能，同时，极少的注册会计师能够对环保信息公开这一业务开展审核，因为其本身的特点，常常会忽视它的重要性，由此造成被公开的环境数据没有真实性，进而导致所披露的环保信息缺乏可信度，这也就注定了对企业环保信息披露的监管会不到位。

1.4.2.2 绿色技术创新相关政策不完善

从图1-17可知，认为“双碳”目标下黄河流域企业绿色技术创新的外部影响因素是“相关扶持政策不完善”的各行业中，水利、环境和公共设施管理业及农林牧渔业受影响最大；其次为社会服务业和建筑业，占比分别为82.86%和81.25%；电力、燃气及水的生产供应业和采矿业受影响较小，占比分别为42.86%和37.5%；除以上行业外，其他行业的占比集中在65%上下。从图1-18可知，认为“双碳”目标下黄河流域企业绿色技术创新的外部影响因素是“相关扶持政策不完善”的各地区企业中，山东企业占比最多，为80%，山西企业占比最少，为28.57%，除以上两省外，其他黄河流域企业多数在70%左右。

由此可知，这一障碍因素对多数行业有较大的影响，从区域差异来看，也是一项影响重大的困境因素。究其原因，可能存在以下三个方面的问题：（1）缺乏科学的决策过程。政策的制定，应该是科学的、客观的，但在现实情况中，会有政治干预、利益纠葛等因素的影响。（2）制定目标不明确。黄河流域企业的绿色技术创新相关政策应该是有针对性的、具有明确目的的，这样才能有效解决实际困境，若目标不明确，那么政策执行效果一定不佳，且对现实困境无有效帮助。（3）缺乏有效的参与和沟通。政策制定应该广泛征求各方面的意见，并与相关部门和利益方进行充分沟通，但现实中，政策制定过程缺乏广泛的参与和沟通，可能会导致政策制定的不健全。

1.4.2.3 技术创新环保考评体系不明确

从图1－17可知，认为“双碳”目标下黄河流域企业绿色技术创新的外部影响因素是“环保考评体系有待强化”的各行业中，物流业占比最大，为75%；其次是社会服务业，占比为68.57%；除对农林牧渔业影响较小外，其他各行业的比例均集中于50%～70%。从图1－18可知，认为“双碳”目标下黄河流域企业绿色技术创新的外部影响因素是“环保考评体系有待强化”的各地区企业中，青海企业占比最小，为25%；其次是甘肃和四川，占比分别为33.33%和39.13%；除以上三个地区外，其他黄河流域省区企业对此项因素的选择比例集中在55%左右。

由此可知，该项因素对多数行业的绿色技术创新工作的开展有较大的负影响力，且除了对青海、甘肃及四川企业影响稍小外，对其他黄河流域省区企业影响都比较大。企业环保考评体系的不明确一大原因基于环保考评指标的不明确，一般环保考评指标包括生态环境质量评估、污染治理效果评估及生态环境保护投入评估三个方面；同时难以确定合理的衡量标准也是环保体系不明确的原因。因此，当前黄河流域地区政府应该着重加强对黄河流域企业在以上三项指标的界定与监管，并积极开展实地调研工作，确定恰当的黄河流域企业环保衡量标准，健全黄河流域企业环保考评体系。

1.4.3　企业内部因素分析

如图1-19所示，有76.17%的受访者认为技术人才的缺失阻碍了黄河流域企业绿色技术创新的进程；75.39%的受调查者表示税收负担过重，生产成本高，绿色技术创新难以兼顾；60.16%的受调查者表示融资困难，难以开展绿色技术创新；“经济效益比绿色效益更直接、更重要”这一因素占比为46.88%。

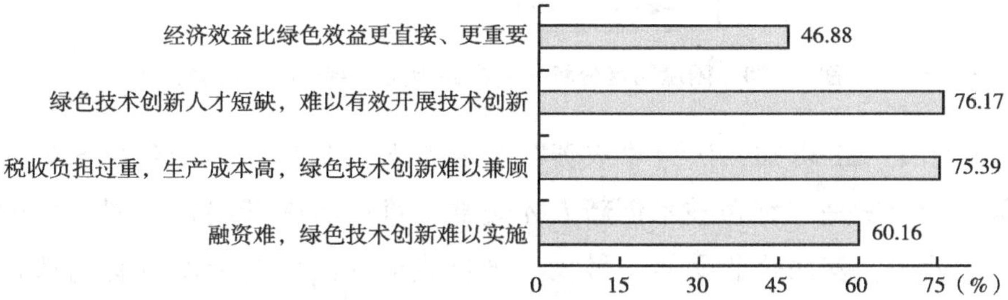

图1-19　困境因素分析——内部因素

1.4.3.1　人才短缺，绿色技术创新难以开展

问卷针对黄河流域企业绿色技术创新的内部因素进行调查，如图1-20所示，设置了以下方面的困难：“A. 融资难，绿色技术创新难以实施；B. 税收负担过重，生产成本高，绿色技术创新难以兼顾；C. 绿色技术创新人才短缺，难以有效开展技术创新；D. 经济效益比绿色效益更直接、更重要”。

从图1-20可知，认为“双碳”目标下黄河流域企业绿色技术创新的内部影响因素是“绿色技术创新人才短缺，难以有效开展技术创新”的各行业中，批发零售业占比最大，为92.31%；采矿业和物流业占比最小，均为62.5%。

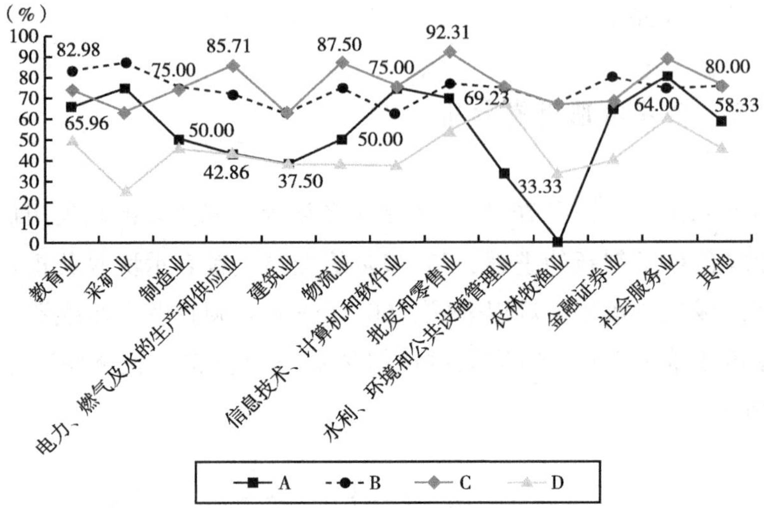

图1-20　困境因素分析——内部因素（基于行业差异）

从图1-21可知，认为“双碳”目标下黄河流域企业绿色技术创新的内部影响因素是“绿色技术创新人才短缺，难以有效开展技术创新”的各地区企业中，陕西企业受影响最大，来自该地区的所有受调查者均选择了该项因素；其次是山东，占比为93.33%；占比最少的地区为青海，占比为50%。

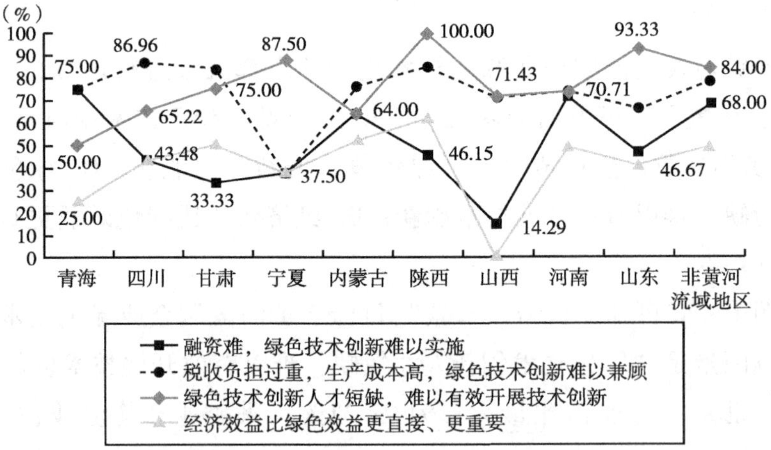

图1-21　困境因素分析——内部因素（基于区域差异）

由此可见，无论是基于行业差异还是区域差异，技术人才的短缺是一项影响较大的重要困境因素。这与我国目前的专业职业教育满足不了市场对人才的需求有很大的关系，高校学生理论知识体系不健全，研发能力不足，技术应用水平低下，那么就难以有效帮助企业开展绿色技术创新工作，为黄河流域企业绿色技术创新纾解困境。

1.4.3.2　负担过重，绿色技术创新难以兼顾

从图 1－20 可知，基于行业差异，选择“税收负担过重，生产成本高，绿色技术创新难以兼顾”这一选项作为阻碍“双碳”目标下黄河流域企业绿色技术创新的内部障碍因素情况中，所有行业的比例均处于高位。采矿业占比最高，为 87.5%；建筑业及信息技术、计算机和软件业占比最低，均为 62.5%。从图 1－21 可知，认为“双碳”目标下黄河流域企业绿色技术创新的内部影响因素是“税收负担过重，生产成本高，绿色技术创新难以兼顾”的各地区企业中，四川、陕西及甘肃企业占比较大，分别为 86.96%、84.62% 和 83.33%；仅宁夏占比较少，为 37.5%，其他黄河流域省区企业占比均在 70% 左右。

由此可见，根据现有的税收政策，各行业均有较大的税收负担，而绿色技术创新的工作对资金有较高的需求，所以这一因素严重影响到了各行业去开展绿色技术创新的工作，解决企业负担过重的问题应该提上日程。同时，基于区域差异，除宁夏外，其他黄河流域省区企业的税收负担较重，可见税负重的影响在黄河流域地区是比较广泛深远的。

1.4.3.3　融资困难，绿色技术创新难以实施

从图 1－20 可知，认为“双碳”目标下黄河流域企业绿色技术创新的内部影响因素是“融资难，绿色技术创新难以实施”的各行业中，社会服务业占比最大，为 80%；其次是采矿业和批发零售业，均占 75%；农林牧渔业受影响最小，其次是建筑业，占比为 37.5%。这说明，黄河流域企业在第二、第三产业中存在较为严重的融资问题，而第一产业中的融资问题较少。从图 1－21 可知，认为“双碳”目标下黄河流域企业绿色技术创新

的内部影响因素是“融资难，绿色技术创新难以实施”的各地区企业中，占比最高的是青海企业，为75%；其次是河南，占比为70.71%；山西企业占比最低，为14.29%。

一般来说，企业的主要外部融资来源包括私募股权和风险投资，但目前黄河流域企业绿色技术商业模式尚不成熟，市场规模有限，项目收益率较低，与国内私募股权和风险投资者的风险偏好也存在较大差异；且国内近些年的投资热点主要集中于互联网、生物医药、金融和物流运输行业，在绿色技术企业方面的投资规模较为有限；同时，由于缺乏绿色技术的相关界定或认证标准，在绿色技术的界定方面存在困难，故黄河流域企业在绿色技术创新方面的融资有很大的困境。

1.5 化解黄河流域企业绿色技术创新困境的对策建议

1.5.1 社会层面

(1) 放宽黄河流域企业绿色技术创新采购招标标准。

从对“政府采购和招标投标”这一因素的调查反馈来看，除电力、燃气及水的生产和供应业的比例在42.86%外，所有行业均占比超过55%，来自水利、环境和公共设施管理业的所有受调查者均选择了这一因素，表明政府采购和招标投标不平等的问题广泛、深刻地影响着企业绿色技术创新工作的开展，各行业对政府采购和招标投标的需求都比较强烈。基于区域差异，在政府采购和招标投标方面，黄河流域各省区都显示出较高的需求，尤其是甘肃、青海，可见对于经济较不发达的地区，其地方政府资金相对紧张，在这一方面的困境较其他地区而言更为严峻。

综上所述，在“双碳”目标下，黄河流域企业开展绿色技术创新亟待政府采购和招标投标的支持，对此可以根据本地区的具体情况，放宽对企业进行绿色技术创新的采购及招标标准，加强政企之间的沟通，切实掌握各企业的需求，让更多企业有机会获得采购、招标资格，并申请区域企业环保补贴资金，分担地区政府的资金问题，为区域企业绿色技术创新的采购与招标解决困境。

（2）加大黄河流域企业绿色技术创新要素资源力度。

从对“要素获取和资源分配”的调查问卷反馈可知，在要素获取和资源分配方面存在困难的企业中，青海及陕西企业的需求比其他地区企业更大，可知在经济相对不发达的地区，对绿色技术创新相关要素及资源的投入处于比较低的水平。基于区域差异，应该加大针对此类地区的绿色技术创新的财政投入，从而鼓励该地区社会加大对于企业绿色技术创新的要素及资源的投入力度，化解缺乏相关要素和资源的难题。

同时，基于行业差异可知，相较于其他行业，信息技术和软件业、批发零售业等第三产业对于要素获取和资源分配方面体现出较大的要求，可见目前社会对于该类行业的要素获取渠道及资源分配方案是不合理的，应该针对该类行业加大相关投入力度，同时打造资源流通的公开、便利的渠道，为要素及资源的供应提供公正高效的平台。

（3）简化黄河流域企业绿色技术创新市场准入规则。

从对“市场准入及许可”这一因素的困境分析可知，在市场准入许可方面存在障碍的企业中，四川和山西企业存在较大的困境，而青海企业则反馈市场准入状况良好。针对这一现象，可以重点关注困境较为严重的地区，简化企业市场准入许可规则，降低市场准入门槛，减少对黄河流域企业的市场准入限制，推动黄河流域企业绿色技术创新市场准入许可机制，规范市场秩序，同时应该打破地域壁垒，加强各区域的交流与沟通，学习借鉴各地优良机制与规则，打造适合本区域的市场准入许可机制。

基于区域差异，建筑业，社会服务业，电力、燃气及水的生产和供应业在市场准入许可方面存在比较大的困难，由此可见，以上三类行业较其他行业而言会面临更为严峻的市场准入许可困境，应该着重降低对其准入要求的限制，大力减少行政审批事项，打破行业垄断，同时完善市场退出机制，对违反法律法规禁止性规定的市场主体，及时依法予以取缔，吊销相关证照，让更多企业有机会走上绿色技术创新的发展道路，进而推动黄河流域企业绿色技术创新的进程。

1.5.2 政府层面

（1）强化对黄河流域企业环保信息披露的监管。

从企业外部困境因素分析可知，对于企业环保信息披露的监管，批发和零售业、社会服务业等第三产业的需求最为强烈，可知目前针对第三产业环保信息披露的履行状况较差；同时河南及内蒙古企业环保信息披露的监管相较其他地区而言落实状况比较差。

真实、准确、完整的企业环境信息是推进绿色技术创新发展的基础，这就要求政府对以上情况重点关注。建立环境信息披露制度，加强实施能力建设，开展持续跟踪评估，明确不同主体的环境信息披露重点，形成规范统一的披露形式与渠道，建立严格的监督与惩戒机制，因地制宜，及时对监管不到位的行业及地区进行强化管理，明确地方责任，引入第三方监督治理模式，重视独立审计在企业环保信息披露方面的监管与参与，形成部门合力，细化工作安排，从而推进企业环保信息披露监管的有效落实。

（2）健全黄河流域企业绿色技术创新政策体系。

黄河流域企业绿色技术创新的政策体系的调查结果表明，黄河流域各地区、各行业均对针对绿色技术创新的政策体系有强烈的要求，其中山东企业需求最强，占93.33%；从行业差异来看，教育业与社会服务业最为突出。总体来看，无论是基于行业差异还是区域差异，均对绿色技术创新政策体系有很大的需求，这就要求政府应该高度重视，及时将针对黄河流域企业绿色技术创新的政策体系进行进一步的补充和完善。

政府可以从以下几个方面完善对黄河流域企业绿色技术创新的政策体系：首先要因地制宜，制定有区域差别、行业差异的绿色技术创新引导政策。其次应该进一步优化政企在相关方面的战略合作，明晰责权利关系；加强信息平台建设，畅通信息沟通渠道；提供向绿色技术创新方面倾斜的税费减免和优惠政策。最后完善绿色技术创新相关规制、补偿、监察管理及奖惩绩效考评体系。在一系列绿色技术创新政策的引导下，定会为黄河流域企业绿色技术创新纾解困境。

（3）建立对黄河流域企业税收优惠减免的制度。

从问卷的反馈中可知，许多企业表示所承受的税收负担过重，那么为了保证更高的经济效益，企业往往就会选择抛弃环境效益，进而抑制了黄河流域企业绿色技术创新的进一步发展。

在表示税负过重、无力兼顾绿色技术创新的企业中，陕西对税收优惠减免的要求最强烈；基于行业差异，建筑业和社会服务业最希望得到税收优惠减免的支持。同时，多数属于第二产业的企业对此表现出较强需求，因为这些企业的加工流转环节较多，每一环节都有相应的税负，因此减税降费措施应该优先针对这些行业，切实减轻企业负担。现阶段应该持续推动减税降费政策的完善与落实，通过降低企业的税收负担进而增加企业税后利润，为企业开展绿色技术创新工作提供资金保障；政府适当提高针对黄河流域企业绿色技术创新补助，缓解企业的财务压力与绿色技术创新中存在的风险，为黄河流域企业绿色技术创新增添动力。

1.5.3　企业层面

（1）大力培养绿色技术创新人员。

从企业内部困境因素调查分析可知，针对人才短缺这一问题，除农林牧渔业占比为33.33%外，所有行业都表达了对此的强烈要求；而基于区域差异，黄河流域所有地区企业占比均处于高位。由此可见，绿色技术人才的缺失是黄河流域企业难以开展绿色技术创新的共有问题。

这一结果表明，企业应该高度重视对绿色技术创新相关技术人才的培养与发展。首先，黄河流域本身环境基础条件差，在进行绿色技术创新的同时要兼顾、响应“双碳”目标，拥有专业的技术人员去参与到技术创新的实际工作中是非常必要的。这包括对于技术人才的招纳、技术人才的培训、搭建技术人才的交流平台以及办公便利通道。其次，针对绿色技术创新人才的相关办公制度也应该在企业内部被建立，有了明确的规章制度，做好责任分配，才能够保证技术人才的工作是公开可控、井然有序、高效运转的。最后，不断提高企业人力资本水平，加强与科研机构、高校组织等合作，有目的地培养人才，完善后备人才储备工作。

（2）建立健全公司绿色治理制度。

从图1－22可知，无论是基于行业的角度，还是基于区域的差异，所有受调查者均表达出了企业内部应该设立相关机构，建立健全相关机制这一诉求。这表明目前黄河流域企业内部针对绿色技术创新的相关规章制度是不完善，甚至是缺乏的，没有明确的制度去管理和监督，当然是影响企业绿色技术创新的重要障碍因素。

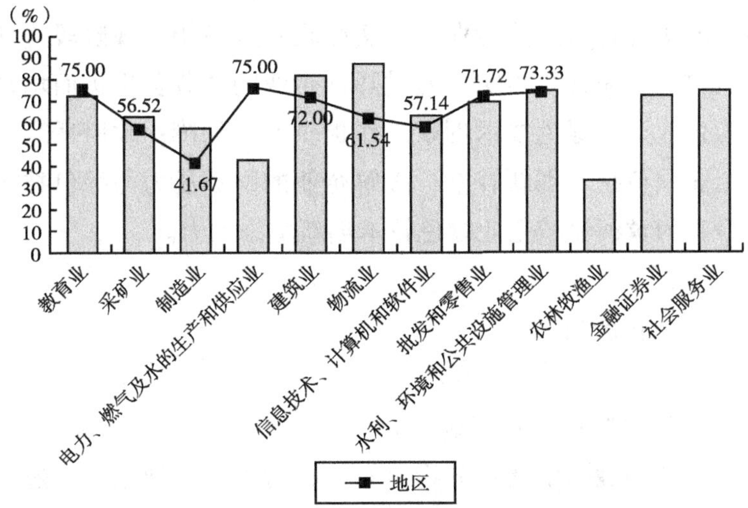

图1－22 企业自身努力—建立健全绿色治理

为有效推进黄河流域企业绿色技术创新，各行业应该立即制定、健全公司绿色治理制度，立足长远，积极响应“双碳”目标，将绿色发展作为公司战略目标，明确绿色技术创新的重要地位，建立健全企业绿色管理机制，推行绿色营销战略，使用可再生清洁能源与材料，实施环境保护考评新体系，同时将环保工作纳入决策范围，从而确保对环保的资金投入，使黄河流域企业的绿色技术创新在人力、物力及财力方面都有所保障。

（3）优化绿色技术创新融资结构。

如图1－23所示，对社会服务业，采矿业，信息技术、计算机和软件业而言，融资困难这一问题在较大程度上阻碍了企业绿色技术创新的发展，同时除农林牧渔业外，其他行业也受到了不同程度的影响；从地区差异来看，青海、河南及内蒙古企业在融资方面存在较大的困难，仅山西企业占比较低。

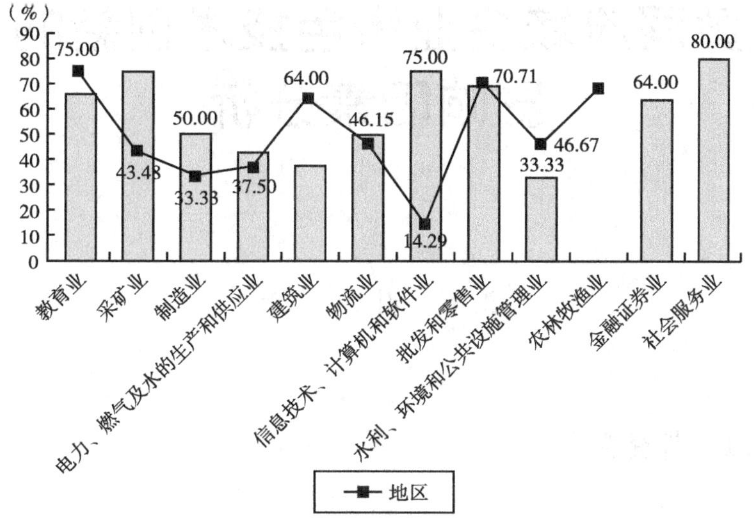

图 1－23　内部困境因素—融资困难（基于行业、地区差异）

以上反馈表明，融资困难是一项广泛影响黄河流域企业绿色技术创新的困境因素。为了化解融资困难的问题，企业应该优化针对企业绿色技术创新的融资结构，加强企业信用建设，因为除了制度和环境等外部因素外，融资的难易程度在根本上取决于企业自身的偿还能力和信用级别，加强信用制度建设，凭借自身优良的信誉和完善的信用结构赢得更大的融资机会，进而去推动企业绿色技术创新的发展。同时，银行业也应该为绿色企业提供一定贷款支持，帮助黄河流域企业降低在绿色技术创新方面的融资难度。

第2章

黄河流域企业绿色技术创新的影响因素分析

2.1 引　　言

2.1.1 研究背景

在全球气候变化的严峻情况之下，中国高度重视全球气候变暖问题，积极将生态文明和绿色低碳的发展理念落实到了行动上。2020年9月，习近平主席在第75届联合国大会上宣布了一项重要的战略决策：加强中国对全球气候治理的贡献，并制定中国二氧化碳争取到2030年达到峰值，争取2060年碳中和。然而，由于中国庞大的经济体量，二氧化碳的排放量以及能源消耗全球显著，国内区域禀赋各异，经济环境发展不平衡。因此，“双碳”目标的本质要求是经济高质量发展，绿色技术创新是推进生态文明建设和经济高质量发展的重要支撑。伴随着我国经济结构改革与发展面临巨大压力，实现“双碳”目标，迫切需要通过绿色技术创新为经济社会发展提供强劲动力。

在40多年的改革开放历程中，我国成功实现了经济的腾飞，为中国的惊人成就奠定了坚实基础，然而，粗放型的发展方式已经给北部和西北部的干旱和半干旱地区带来了巨大的资源和环境压力，这一问题变得尤为突出。气候变化已成为世界各国共同面临的挑战之一。黄河流域存在大量的自然资源，在我国的工业体系中占有举足轻重的地位，为我国的工业化和经济发展做出了卓越的贡献。在该流域的漫长发展历程中，城市过度依赖资源的开发来推动经济增长，却忽视了提升创新能力和保护生态环境的重要性。为应对水资源危机和环境恶化等挑战，中央提出“新时代水利改革发展总目标”，即建设现代化水网强国。因此，在黄河流域实现高质量发展的过程中，必须优先思考如何协调经济发展和生态环境之间的相互作用。

随着全球气候变化问题日益严峻以及人类对环境破坏程度不断加剧，世界各国都在探索适合自身国情的可持续发展模式。作为一种以生态原则为基础的发展方式，绿色技术创新致力于在实现绿色环保目标的同时，推动技术选择和技术完善，成为未来黄河流域经济发展的重要战略。对此，党的十八大以来，习近平总书记在河南考察时宣布将黄河流域生态保护和高质量发展上升为国家战略，要求坚持生态优先、绿色发展的理念，走绿色可持续的高质量发展之路。因此，如何通过绿色技术创新驱动经济发展成为黄河流域地区培育发展新动力乃至高质量发展的关键。从黄河流域目前实际状况来看，仍存在短板和弱项，如水资源短缺、生态环境脆弱、贫困人口集中和地区发展不均衡等现实问题。生态优先，把节约和集约利用摆在首位，坚持生态保护与高质量发展相结合。摆脱流域发展对资源的依赖性，为高质量发展注入更强动力，从而解决产业结构转型升级等困扰黄河流域发展的要点难题。

2.1.2 研究意义

(1) 理论意义。

本章根据模型检验绿色技术创新的影响因素，依据绿色技术创新理论以及可持续发展理论等理论，探究绿色技术创新的影响因素并进行实证研究。在梳理国内外文献的基础上，将绿色技术创新已有研究聚焦在绿色技术创新绩效上，发现对于区域绿色技术创新规模性特点的具体探讨较为匮乏，同时大量中国场景下的研究主要聚焦于全国省域尺度、城市尺度以及长江经济带、京津冀地区和长三角城市群等城市化重点区域的绿色技术创新问题，对于黄河流域这一资源密集型产业聚集和生态环境较为脆弱区域的探讨则较为匮乏。本章将“双碳”、黄河流域企业和绿色技术创新置于同一研究体系中研究在“双碳”目标下黄河流域企业绿色技术创新的影响因素，既有利于丰富绿色技术创新理论，又为现有的文献研究提供丰富了研究角度。与此同时，在综合考虑实现“双碳”目标下，验证税收优惠、财政补贴等影响因素对于黄河流域企业的绿色技术创新的调节影响效果差异，有助于税收优惠和财政补贴等现有的研究提供进一步的理论依据。本章旨在将黄河流域企业绿色技术创新的因素分为外源因素和内源因素，包括政府因素和企业因素，并进行实证检验。

（2）现实意义。

对于企业而言，区域内的绿色技术创新与企业之间形成了一种不可分割的相互依存关系。在一定程度上可以说，一个地区的绿色技术创新水平决定了当地的经济增长和可持续发展状况。随着区域绿色技术创新技术水平的不断提高，该区域的政策、环境和科技条件也将得到进一步优化，从而为企业的长期发展提供更加有利的条件。推动绿色集约型生产模式的发展，提升企业的研发能力，从而有助于提高区域绿色技术创新的绩效水平。同时，企业在区域内进行合作也有助于增强区域绿色技术创新的协同性，从而提高整个产业的竞争力。因此，提高区域内绿色技术创新的绩效水平，有助于各方参与者实现互利共赢的局面。

本章以黄河流域作为研究区域，对该区域企业绿色技术创新技术水平影响因素进行测试，结合“双碳”目标背景下进行分析，有助于了解黄河流域绿色技术创新发展情况，剖析影响黄河流域绿色技术创新的具体因素，为推进黄河流域绿色技术创新协同发展提供建议，同时也为我国其他经济较为落后且环境承载压力大的区域绿色技术创新发展提供一定帮助。

2.1.3　国内外研究现状

2.1.3.1　国外研究现状

（1）绿色技术创新相关文献。

随着工业革命的不断推进，西方发达国家对于企业绿色技术创新的研究历史悠久，但随之而来的是生态环境污染问题的不断加剧，因此，这些国家迫切需要解决经济发展与生态环境保护之间的矛盾，从而催生了绿色技术的概念。目前，绿色技术创新已经成为国际社会关注的焦点，受到了国内外学者越来越多的重视，也取得了很多研究成果。绿色技术创新在西方学者的研究中备受关注，其中之一是对其概念进行深入探究和完善。在国外已有大量关于绿色技术内涵及其特点的文献发表，但这些研究成果多集中于对环境技术、清洁生产等内容的论述。根据 Song 等（2017）的研究，绿色技术是一系列旨在改善生态环境质量、促进资源和能源密集使用的技术、过程或产品的综合体。在此基础上，他们又进一步提出了绿色技术创新的内涵以及实现方式，强调企业应该以环境绩效为目标进行创新活动。绿色技术创新是将技术创新与生态系统有机融合在一起的一种创新模式。此外，Yi（2019）认为绿色技术创新的实现需要跨越多个学科领域，包括但不限于技术、经济和生态等方面，其核心在于对绿色技术、产品和过程进行全方位的研究、开发和应用，涵盖从研发到成果转化和最终市场化的全过程。目前，国内外学者主要集中在对企业环境绩效的研究上，很少有人关注到政府对绿色技术创新的作用机制。根据 Meltzer 等（2014）对美国碳税的研究，可以得出结论：碳税是推动绿色技术创新的重要因素。政府对相关企业的碳排放征收相应的税款，这一措施有助于推动企业在绿色技术创新方面的积极行为。在我国，也存在一些企业因为受到政策扶持而产生了一定程度的绿色技术创新能力，但这些企业大多没有考虑到自身绿色创新水平与国外先进企业绿色创新水平的差距，从而导致企业发展不稳定。同时，Treesubsuntorn 等（2017）的研究表明，将绿色技术创新应用于泰国农业生产，不仅可以有效减少水污染、空气污染和土壤污染，而且还能够实现资源的合理、高效分配。

（2）绿色技术创新和工业企业相关文献。

在这一领域，国外学者研究的重点主要集中在制造业和重污染行业等方面。Claudia 等（2014）利用德国公司数据，对绿色技术创新和企业竞争力进行研究，研究表明，通过减少单位产出所需的能源和材料的使用，绿色技术创新可以显著提高公司的竞争力，从而有助于推动产业升级。Hu-WQ 等（2019）利用中国省级数据，就外商直接投资和技术创新对中国制造业升级的影响进行了研究，发现在外商直接投资和技术创新的中介效应下，环境规制与中国制造业升级水平呈现正相关关系，即环境规制水平的提升促进中国制造业升级水平的提升。通过对 25 家匈牙利制造业企业子公司的相关数据进行分析，我们发现绿色化与子公司技术能力提升之间存在紧密的联系。具体而言，Szalavetzand（2018）的研究表明，绿色化会导致技术复杂性的增加，从而促进了创新能力的分解。这一发现有助于制造业子公司的科学家和研发人员参与其所有者的全球研发，同时也为子公司提供了承担新的复杂业务功能和活动的机会，从而推动了子公司的技术升级和产业升级。

2.1.3.2 国内研究现状

（1）与实现“双碳”目标相关的现有研究。

自 20 世纪 90 年代以来，全球气候变暖引发了频繁的干旱、洪涝等极端天气，对生态环境造成了破坏，对人类的生命和财产安全构成了严重威胁，引起了国际社会的广泛关注。我国学者则从不同角度探讨了技术创新对于产业结构优化升级的影响以及技术创新对产业升级的作用机理。我国积极融入全球治理体系，自觉肩负起共建人类命运共同体的国际责任，提出了“双碳”目标。

①“双碳”目标下的碳交易。

《国务院关于印发 2030 年前碳达峰行动方案的通知》特别强调建立健全市场化机制，发挥“碳排放权”交易市场作用。有研究表明，“碳排放权”交易具有显著的碳减排效应。对此，刑会（2022）认为提高“碳交易”价格和扩大市场规模均能显著提升制造业绿色全要素生产率。机制检验表明，“碳交易”价格和市场规模能够推动自主创新、减少技术改造投入，进而影响制造业绿色全要素生产率。欧盟、美国等通过能源价格、碳交易、碳税、绿色产品标识等积极的经济政策推动绿色经济转型，引导市场主体投资和绿色消费。同时，如何做好“六稳”“六保”开展“双碳”目标下绿色技术创新工作，通过制定与完善绿色技术创新经济刺激政策促进绿色低碳投资和绿色消费，将绿色投资和绿色消费作为对冲疫情影响的重要举措（刘仁厚，2022）。

②“双碳”目标下的绿色技术创新。

培育“双碳”目标下的绿色技术创新新兴企业，第一，大力发展绿色数字经济，探索绿色技术与绿色产品的推广机制，实现由绿色技术到绿色产业的转化（李志翠等，2022）；第二，继续瞄准实现新型工业化、乡村振兴、新型城镇化，以创新绿色要素为基础，加快构筑低能耗、低污染为基础的绿色产业体系，在深入实施国家发展战略中实现碳排放达峰后稳中有降（丁彩霞，2022）；第三，不断完善和建立“碳交易”市场，在绿色技术创新产业发展中提升绿色金融产品的供给能力，拓宽绿色技术创新产业发展的融资渠道，发展支撑绿色技术创新产业发展的衍生产品，设立“碳市场”有关基金，激活碳汇资产（王波，2022）。

（2）与黄河流域企业相关的现有研究。

黄河流域作为我国环境效益和经济发展较为矛盾性的区域，研究黄河流域绿色技术创新相关问题，不仅有助于推动黄河流域绿色技术创新发展，实现区域经济高质量发展和生态治理，还有助于缩小我国贫富差距，对衡量其他区域的绿色技术创新绩效水平也有着重要的意义。

①黄河流域企业的绿色发展。

黄河流域总体处于工业化中期阶段，工业绿色化是实现新型工业化和高质量发展的必然选择。赵建吉（2022）选取2003～2018年黄河流域相关数据，基于非期望产出的DEA－SBM模型测算了黄河流域的工业绿色发展效率，运用空间自相关方法研究了其区域间的空间依赖性，通过构建Tobit

回归模型分析了黄河流域工业绿色发展效率的影响因素。从系统论角度探讨技术创新与绿色发展的耦合协调关系，研究技术创新对绿色发展的驱动作用，以及绿色发展对技术创新的导向作用是实现黄河流域生态保护和高质量发展这一重大国家战略的基础。武宵旭等（2022）基于2004～2019年的中国城市面板数据，利用耦合协调模型、Dagum基尼系数等方法，探讨黄河流域技术创新与绿色发展的耦合协调水平。

②黄河流域企业产业转型。

黄河流域高质量发展对于缩小我国南方和北方经济差距具有重要作用。但是，黄河流域长期以重化工业为主导产业，传统产业占比大、产业结构不协调、创新能力弱等问题成为限制流域高质量发展的重要因素。在环保监管趋严、生态压力愈加显著的背景之下，产业生态化转型成为推动黄河流域高质量发展的重要途径。从产业生态化的一般逻辑理论出发，论述黄河流域产业生态化的逻辑机理，从农业、工业和服务业角度探讨了流域产业生态化的具体路径，并提出了推动产业生态化的政策和建议（任保平，2022）。同时以“双碳”为目标推进黄河流域产业转型发展，要在完整、准确、全面贯彻新发展理念的基础上，加快推进产业结构调整，降低“倚能倚重”产业比重；提升科技创新能力，强化产业转型科技支撑；大力发展清洁能源产业，优化流域能源结构；推动重点领域节能降碳，从源头减少碳排放；践行绿色低碳理念，培育健康生活方式等（贺卫华，2022）。

（3）与绿色技术创新相关的现有研究。

①绿色技术创新与环境规制。

斯丽娟（2020）研究表明，黄河流域城市环境规制对本地绿色技术创新有显著的促进作用，黄河流域城市绿色技术创新存在邻地效应，即本地绿色技术创新会在城市间正向溢出。地方财政科学事业费支出在环境规制与绿色技术创新之间起正向调节作用，能够有效弥补创新外部性，保证绿色专利供给。秦炳涛（2022）实证考察了环境规制对就业的影响与作用机制，研究发现，环境规制的提升显著降低了企业就业水平，企业积极进行工艺改进会削弱环境规制对企业就业的不利影响，企业增加研发投入会加剧环境规制对企业就业的不利影响，末端治理创新并未对环境规制的就业效应产生显著影响。

②绿色技术创新与绩效评价。

国内学者着手绿色技术创新绩效影响因素的研究起步相对较晚，且研究内容多为绿色技术创新效率影响因素。柏群等（2020）基于企业内部因素，探讨组织冗余资源以及社会中介对绿色技术创新绩效有正向影响关系。邢新朋等（2020）基于计划行为理论与组织认同理论，分析绿色组织认同对绿色技术创新绩效有显著正向影响关系。李海霞等（2021）基于外部环境因素，讨论数字化创新对绿色技术创新绩效的影响。陆菊春等（2022）提出经济发展、产业升级以及城市开放均对绿色技术创新效率提升有正向作用。在绿色技术创新绩效的综合评价方面，评价指标体系的构建主要从创新过程视角构建评价体系，将绿色技术创新绩效评价指标构建分为绿色产品创新和绿色过程创新。王凯旋和杨玉中（2020）充分考虑绿色农产品供应链农产品的特点，在传统的四维平衡记分卡的基础上，构建了六维绿色农产品供应链绩效评价指标体系。王秋莲和李聪波（2010）提出的绿色制造环境绩效评价体系是根据企业绿色制造实施的过程特征建立的，绩效指标之间存在相互促进和交替的关系。

2.1.3.3　研究评述

综上所述，我国学者对于“双碳”目标、绿色技术创新和黄河流域企业均展开了相应的研究与分析，并取得了一定的研究成果，但有关三者间结合研究却较为匮乏。而国外由于较早进行工业革命，生态环境污染问题日益严重，西方发达国家迫切需要解决经济发展与生态环境保护之间的冲突，西方发达国家对于企业绿色技术创新的研究较早。但由于研究方法、研究样本的不同以及相关指标衡量上的差异，国内外的学者在有关“双碳”目标下企业绿色创新技术的影响因素并未取得一致结论，所以导致了相关理论在指导政府制定政策以及企业进行绿色技术研究方面还稍显不足。

因此本章将基于实现“双碳”目标的背景，立足于企业绿色技术创新仍不足的现实，针对在改革发展中具有重要战略地位的黄河流域，采用上市公司的数据，具体研究分析企业绿色技术创新的影响因素，以期丰富相关文献，为企业绿色技术创新提供新思路。

2.2 相关概念与理论基础

2.2.1 相关概念界定

（1）“双碳”目标。

为了达到2030年之前碳排放达峰、2060年之前碳排放中和“双碳”的目标，《国民经济和社会发展第十四个五年规划和2035年远景目标纲要》提出了一系列配套政策，其内容包括加快能源结构转型、推动绿色产业发展。

本章研究的重点是“双碳”目标下黄河流域企业对绿色技术创新的影响因素，因此对“双碳”政策的概念做出了界定：本章的“双碳”目标，是低碳转型政策的最新体现，具体是指为实现“碳达峰、碳中和”目标，政府于2021年3月出台的，在政府补贴、税收激励、资金支持等方面推动新能源企业发展的扶持政策。

（2）企业绿色技术创新。

绿色技术所构建的技术框架，以环境的承载能力为核心，旨在实现环境保护的平衡与协调。加快推进数字化政府财政补贴机制改革步伐。以环境效益和经济效益为导向，将企业的资金注入绿色技术的研发中，以减少环境污染、改善生产工艺、提高资源利用效率为目标，最终实现经济和环境的“双赢”。绿色技术是实现可持续发展的重要保障，也是推动我国经济结构转型升级的主要途径。相较于传统的技术创新，绿色技术创新在追求经济目标的同时，更加注重能源利用、绿色发展和环境保护等方面，强调经济效益和环境价值两个方面，全面考虑环境影响和资源利用效率，以促进经济发展。

（3）黄河流域企业。

黄河流域企业是指在黄河流域地区注册、经营的企业。黄河流域牵涉范围甚广，黄河流经我国多个省区，自西向东分别为青海、四川、甘肃、宁夏、内蒙古、陕西、山西、河南和山东9省区。其流域面积为795000km^2（包括内部流动区的42000km^2）。总人口约4亿，约占全国总人口的30.3%。2019年，黄河流经的九个省区GDP总量为9.65万亿元，约占全国总量的10.6%。由于数据的限制以及基于黄河流域经济相关性，选择了流域内79个城市作为研究对象。本章根据行政区划，上游包括涉及青海、甘肃、宁夏和内蒙古的18个地区和城市，中游包括山西和陕西的27个相关城市，其余34个涉及河南和山东的城市属于下游。

2.2.2 相关理论基础

（1）技术创新理论。

“创新”最初的概念指运用新的技术将生产要素和资源等整合到全新的组合中以生产企业所需要的产品。但随着研究的发展，技术创新已经不单是企业的输出，而是指导政府机构通过相关政策和补贴，间接作用于企业创新资源，从而达到技术创新发展的活动。与绿色技术创新不同的是，传统的技术创新虽然能够提高生产效率和发展水平，但与此同时造成了较为严重的生态环保问题。绿色技术创新作为一种新的发展方式其能够克服传统技术创新的薄弱之处，并且可以更加突出正面环保优势，更强调资源节约和环境保护的理念，更满足企业、社会等多主体需求。作为本章的主体资源型企业则通过绿色技术创新，挖掘新的经济增长点，实现经济和环境的“双赢”。

（2）绿色技术创新理论。

绿色技术创新理论是指在保护环境、节约资源和提高经济效益的前提下，利用科技手段进行技术创新的理论体系。其核心思想是通过技术创新实现经济发展和环境保护的“双赢”，推动可持续发展。本章综合国内外学者对绿色技术和绿色技术创新行为的内涵界定，最终将企业绿色技术创新行为定义如下：企业绿色技术创新行为是指企业以遵循生态发展规律及自然原理为前提，以实现经济—环境效益“双赢”为目标，为节约资源及能源，减轻环境污染而开展的绿色生产研发、绿色工艺设计、绿色营销管理等一系列技术、工艺、方法和产品的创新活动。

(3) 可持续发展理论。

可持续发展的内涵主要有以下四个方面：第一，衡量区域的发展度、协调度和和谐度；第二，追求发展动力、质量和公平，实现三者的统一；第三，创建稳健、和谐、安全的环境；第四，实现高效、持续、低成本、高质量的绿色发展。未来我国发展必须走一条符合中国特色和国情的绿色发展道路，如何实现创新力的提升，构建环境友好型的社会主义和谐社会是今后发展的关键问题。

(4) 边际产量递减理论。

边际产量递减理论是经济学中的一个基本概念，指当增加一种生产要素，同时保持其他生产要素不变时，其对产出的贡献逐渐减少的现象。换句话说，增加生产要素的数量，最初会带来较大的增量效应，但随着数量的增加，增量效应会逐渐减弱，直至达到饱和点，再增加生产要素的数量反而会导致产出下降。这一理论在经济学中有着广泛的应用，尤其在工业中，增加资本和劳动力等生产要素可以提高生产效率，但同样会面临边际产量递减的问题。边际产量递减理论对企业和政府的决策具有指导意义，可以帮助他们确定最优的生产要素组合，以实现最大化产出和效益。

2.3 “双碳”目标下黄河流域企业绿色技术创新现状分析

2.3.1 黄河流域企业绿色技术创新的投入现状

2.3.1.1 研发资金投入现状

企业进行绿色技术创新需要进行大量的研发资金投入，因此通过研发投入是衡量企业技术创新现状的重要指标。本章选取了2016～2021年黄河流域企业R&D经费支出的数据，如图2－1所示。

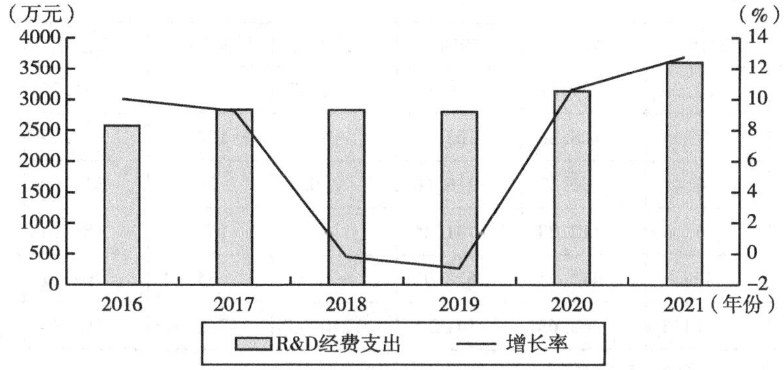

图2－1 黄河流域企业2016～2021年R&D经费支出及增长率

从图2－1可以看出，黄河流域企业R&D经费支出从2016年的2574.67亿元上升到2021年的3600.13亿元，年增长率为5.75%。在研究期内，说明黄河流域企业R&D经费支出呈明显的增长态势，其中，在2017年开始R&D经费支出出现负增长，直至2019年开始快速增加。由此可得，黄河流域企业的绿色技术自主创新意识以及创新环境氛围也在增强，越来越多的企业开始重视绿色技术的研究和开发，加大环保和可持续发展方面的投入。这有助于推进相关地区的绿色转型和可持续发展。

如表2－1所示，从数量上来看，宁夏、青海、甘肃企业的经费支出最少，主要是因为这三个省区经济发展相对落后，无法实现较多的资本投入。从2021年的数据可得，下游山东的R&D经费支出远高于其他省区，为1565.34亿元，位列第一；青海最低，为13.85亿元，存在较大差异。但因为R&D经费支出中大部分资金都来源于企业本身，所以企业的创新投入和绿色技术自主创新仍然面临一定的资金限制，这会给企业增加一定的经济压力。

表2－1 黄河流域各省区企业2016～2021年R&D经费支出 单位：亿元

年份	2016	2017	2018	2019	2020	2021	增长率
青海	7.79	8.33	6.77	9.37	10.37	13.85	10.05%
四川	257.26	301.08	342.39	387.86	427.64	480.17	10.96%
甘肃	50.92	46.69	47.62	50.55	52.13	64.29	3.96%

续表

年份	2016	2017	2018	2019	2020	2021	增长率
宁夏	23.96	29.11	36.99	41.57	45.35	51.76	13.69%
内蒙古	127.99	108.26	103.36	118.36	129.37	154.77	3.22%
陕西	184.42	196.37	216.56	240.8	268.4	319.69	9.60%
山西	97.63	112.23	131.25	138.08	156.18	186.24	11.37%
河南	409.7	472.25	528.93	608.72	685.58	764.01	10.94%
山东	1415	1563.68	1418.5	1210.95	1365.62	1565.34	1.70%

资料来源：《中国统计年鉴》。

2.3.1.2 人力投入现状

对于绿色技术创新而言，企业 R&D 人员作为创新发展的典型人力资本，本章具体分析黄河流域 2016～2021 年企业 R&D 人员折合全时当量现状，如图 2－2 所示。

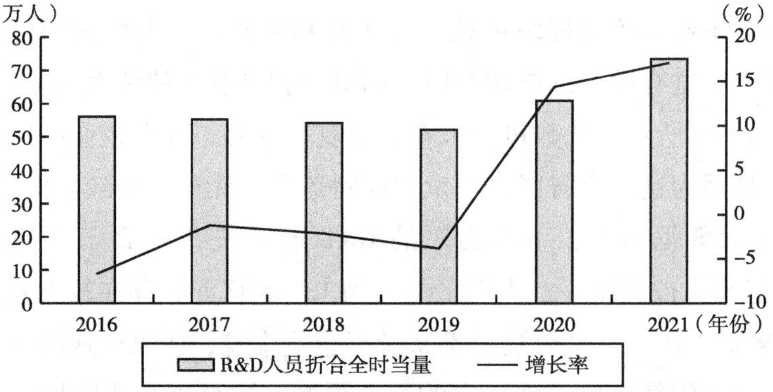

图 2－2　黄河流域企业 2016～2021 年 R&D 人员折合全时当量及增长率

如图 2－2 所示，黄河流域的企业 R&D 人员全时当量在过去五年内实现了惊人的增长，从 2016 年的 55.96 万人攀升至 2021 年的 73.46 万人，增长率达到 4.64%。在研究期内，黄河流域的企业研发人员数量呈现不断攀升之势，尤其是 2021 年，其增长速度迅猛，增长率高达 17.08%。自 2017 年起，黄河流域沿线省区的经济增长率呈现负增长趋势，这或许归因于这些地区的发展相对滞后，从而导致了人才的大量流失，最终导致了负增长。随着国家对西部地区政策的大力支持和引进当地人才，该地区的经济增长率逐渐趋于平稳。

由表 2-2 可知，宁夏企业的 R&D 人员折合全时当量增长率在黄河流域九省区企业里表现最好，其次是四川和山东，内蒙古企业是九省区中表现最差的省区。但是从数量上来看，宁夏和青海企业的人员全时当量最少，可能是由于其基数小故导致了增长幅度较快。结合总体分析，黄河流域人力投入分布不均衡，在一定程度上造就了其经济发展不均衡的状况。

表 2-2　黄河流域各省区企业 2016～2021 年 R&D 人员折合全时当量　单位：万人

年份	2016	2017	2018	2019	2020	2021	年增长率
青海	0.18	0.18	0.12	0.24	0.16	0.16	-1.22%
四川	6.01	7.2	7.78	7.83	9.01	9.57	8.04%
甘肃	1.26	1.01	0.8	0.85	0.86	1.25	-0.08%
宁夏	0.57	0.64	0.71	0.81	0.83	1.09	11.51%
内蒙古	3.01	2.32	1.58	1.5	1.84	1.54	-10.55%
陕西	4.54	4.47	3.93	4.3	4.88	5.1	1.97%
山西	2.95	3.18	2.72	2.75	3.25	3.55	3.15%
河南	13.27	12.36	12.81	14.04	14.55	16.26	3.44%
山东	24.18	23.92	23.65	19.82	25.53	34.94	6.33%

数据来源：《中国统计年鉴》。

2.3.2　黄河流域企业绿色技术创新的产出现状

绿色技术创新的产出可以划分为技术方面、产品方面、环境方面。技术方面代表了企业在科学技术研究和探索中获得的成果，其中包括新的技术、方法和理论，反映了企业在绿色技术创新方面的实力和水平；产品方面是企业在研发、生产和营销过程中带来的价值，反映了企业在绿色发展方面的经济水平；环境方面则是企业运行过程中对产生的能够影响自然环境的物质所做的处理能力，反映了企业在绿色发展方面的环境影响和责任感。

2.3.2.1 技术方面

绿色专利是指与环保相关的专利，包括但不限于节能减排、环境保护、资源利用等领域的发明或创新。这些专利可以促进环保技术的发展和应用，推动经济可持续发展，减少对环境的负面影响。绿色专利在评估和授权时会更加注重专利的环保性质和社会价值，因此这一指标能够衡量企业绿色技术创新的技术方面。

表2-3描述了黄河流域企业2016~2021年绿色专利授权数量的变化情况，黄河流域九省区企业的绿色专利授权数呈逐年增长状态，其中陕西企业这五年内年增长率高达69.83%，而四川企业的年增长率最低，为10.66%。黄河流域企业绿色专利授权数逐年增加说明了企业在关于绿色技术创新方面的投入意识不断加强，越来越重视企业的绿色技术发展。同时也说明了黄河流域地区政府加大了关于企业绿色技术创新的支持力度，为企业进行绿色技术创新提供了强有力的保障。

表2-3　黄河流域企业绿色专利授权数　单位：万件

年份	2016	2017	2018	2019	2020	2021	年增长率
青海	0.02	0.02	0.04	0.04	0.06	0.06	23.98%
四川	0.55	0.57	0.85	0.77	1.15	1.01	10.66%
甘肃	0.07	0.09	0.14	0.14	0.22	0.19	17.29%
宁夏	0.04	0.05	0.07	0.08	0.11	0.13	22.81%
内蒙古	0.07	0.08	0.14	0.15	0.25	0.23	23.13%
陕西	0.03	0.3	0.43	0.43	0.73	0.7	69.83%
山西	0.12	0.13	0.18	0.19	0.35	0.6	31.00%
河南	0.42	0.48	0.81	0.83	1.26	1.05	16.64%
山东	1.02	1.05	1.37	1.44	2.55	2.28	14.42%

数据来源：中国研究数据平台。

2.3.2.2 产品方面

绿色新产品是指运用新工艺或者新技术所生产的绿色产品，这些产品能够有效地降低环境污染以及资源浪费，并且有节能减排等优点。因此本章以绿色新产品销售收入替代企业绿色技术创新产品方面的产出。

从表 2－4 可以看出，在研究期内黄河流域整体企业新产品收入总体呈增长趋势，其中陕西省企业和山西省企业的绿色新产品收入年增长率较高，河南省企业的相对较低，为 6.31%，有较大的增长潜力。这在一定程度上反映出黄河流域企业对绿色产品的市场调查和市场预测工作做得较好，市场运营机制和模式适合市场要求，市场开拓能力强。但是在不同区域企业在绿色新产品销售收入方面表现差异较大，可能是部分企业的研发费用没有得到有效的利用，导致研发与生产经营出现脱节现象。

表 2－4　黄河流域各省区企业 2016～2021 年绿色新产品收入　单位：亿元

年份	2016	2017	2018	2019	2020	2021	年增长率
青海	7.59	20.54	24.65	123.39	41.89	34.29	28.58%
四川	608.95	736.61	715.27	842.37	993.98	1227.75	12.40%
甘肃	60.62	69.22	55.03	110.54	115.61	153.25	16.72%
宁夏	40.54	67.05	96.53	89.54	91.84	108.01	17.74%
内蒙古	155.92	224.89	205.65	225.49	248.49	331.1	13.37%
陕西	247.3	342.98	406.67	513.21	498.84	762.27	20.64%
山西	217	308.7	388.26	397.85	462.22	588.12	18.08%
河南	1223.08	1419.18	1537.64	1357.67	1581.5	1765.16	6.31%
山东	3262.68	3625.28	3049.3	2696.02	3416.22	5508.06	9.12%

数据来源：中国研究数据平台。

2.3.2.3　环境方面

随着工业的快速发展，企业在技术创新的生产、加工、处理等运行过程中会产生烟尘、刺激性气体、有毒水、灰渣等破坏自然的物质，有效处理工业废水、废气，利用固体废物是企业进行绿色技术创新的重要过程。本章以黄河流域企业工业“三废”的处理及利用能力作为环境方面指标来分析其绿色技术创新产出的现状。

（1）工业废水排放量。

如图 2－3 所示，黄河流域企业工业废水排放量得到了较好的控制，黄河流域整体的工业废水从 2016 年的 30.39 亿吨下降到 2019 年的 18.56 亿吨，在研究期间，工业废水排放量减少了 63.81%。由此可见，国家和地方政府出台了一系列的环保政策和法规，强化了对企业的环保责任和执法力度，促进了企业的环保投入和治理。同时，企业为了达到环保标准，采取了一系列的技术措施和设备改造，提高了废水处理效率和质量。企业和社会公众对环保问题的认识逐渐加深，环保意识逐渐提高，企业自觉采取环保措施，减少废水排放。黄河流域生态环境受到了广泛关注和重视，各级政府和社会组织积极推动生态保护和治理，促进了企业环保意识的提高和行动的落实。综合以上几个方面的原因，黄河流域企业工业废水排放量得到了较好的控制，为保护黄河流域生态环境做出了积极贡献。

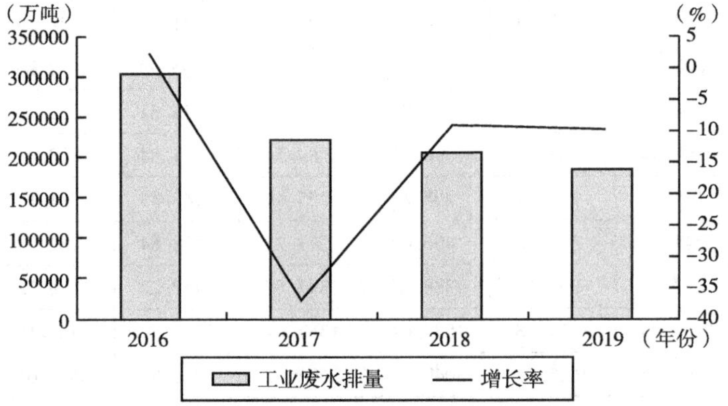

图 2-3　黄河流域 2016~2019 年废水排放量及其增长率

(2) 工业二氧化硫排放量。

由图 2-4 可以看出，黄河流域工业二氧化硫排放量控制较好。黄河流域工业二氧化硫排放量总体上由 2016 年的 314.92 亿吨降至 2019 年的 136.4 亿吨。中央政府颁布了一系列环保政策法规，严格工业二氧化硫排放限制与监管，增强了企业环保意识与责任感。2016 年，中央政府推出了大气污染防治行动计划，对全国范围内的大气污染进行了全面治理，包括工业二氧化硫排放的限制和治理。这一行动计划的推出和实施，对黄河流域工业二氧化硫排放的控制起到了积极的促进作用。

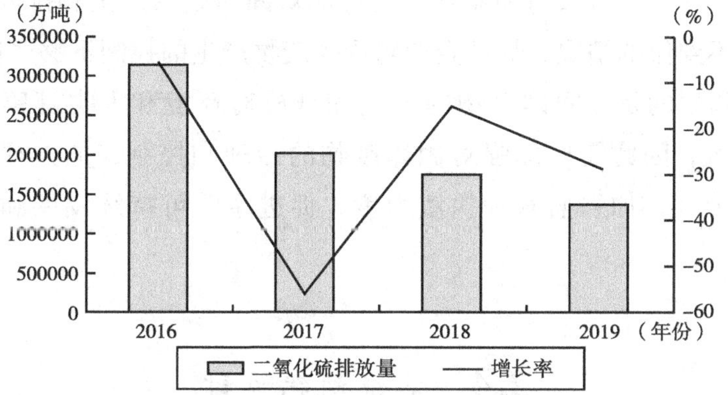

图2-4 黄河流域2016~2019年工业二氧化硫及其增长率

（3）工业固体废物产生量。

从图2-5可知，黄河流域整体的工业固体废物产生量从2016年的16.7亿吨上升至2019年的19.8亿吨，主要原因是原有的工业固体废物综合利用水平的支持力度不足。与此同时，还受疫情的影响，黄河流域部分企业出现业务量下降甚至停工的现象，因此工业固体废物产生量的增长率下降了。随着经济的发展和工业生产的扩大，工业固体废物产生量也会相应增加。企业环保投入不足。一些企业可能在环保投入上存在短视行为，为了追求短期利益而忽略了对固体废物产生的治理和控制。一些企业可能缺乏必要的环保设施和技术，导致固体废物产生量无法有效控制。治理监

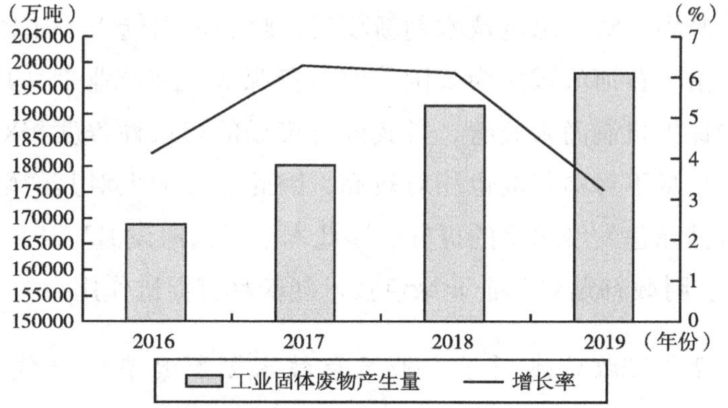

图2-5 黄河流域2016~2019年工业固体废物产生量及其增长率

管不到位。一些地方政府和监管机构可能对固体废物产生和排放的管理和监管存在不到位的情况，导致企业对固体废物产生的控制不够严格。

需要指出的是，固体废物的产生和排放对环境和人类健康都会造成一定的影响，因此需要加强对固体废物的治理和控制，加大环保投入和技术改造力度，加强监管和执法力度，促进企业可持续发展和生态文明建设。

2.4 实证研究设计

2.4.1 研究假设的提出

2.4.1.1 财政补贴对于企业绿色技术创新具有促进作用

随着我国经济的蓬勃发展和工业化进程的加速，虽然带来了可观的经济和物质财富，但也不可避免地对生态环境造成了严重的破坏。在此背景下，绿色生产与消费成为社会关注的焦点，而实现绿色生产和消费就离不开企业的绿色技术创新活动。因此，近年来，我国加大了对环境保护的整治力度，出台了一系列财政补贴政策，以推动企业进行绿色技术的研发和创新，从而优化生产方式，减少环境污染，提高环境效益，促进企业实现转型升级。其中，对于绿色技术创新项目，政府可以给予一定额度的财政补助资金。由于黄河流域作为我国传统的资源地区和产业带，其绿色技术创新活动的保护机制尚未完善，且其经济市场的有效性程度相对于长江经济带较低，信息不对称程度也相对较高，因此需要加大对其的财政补贴力度，以促进其绿色发展水平的提升。因此本章提出假设 H2 - 1：

H2 - 1：财政补贴对于企业绿色技术创新具有促进作用。

2.4.1.2 税收优惠对于企业绿色技术创新具有促进作用

考虑到我国目前技术创新活动的保护措施不够完善，企业的创新成果难以得到有效维护，同时经济市场的有效性程度相对较低，因此在政府提供一定支持和优惠的情况下，企业可能会考虑加大研发投入。为了更好地实现绿色技术创新目标，政府应该积极制定相应政策来鼓励企业开展绿色技术创新工作。为了顺利开展绿色技术创新活动，企业需要投入大量的资金。然而，程仲鸣和张鹏（2017）指出，技术创新的周期长、高风险和不确定性是其最为重要的特点。这些特征造成资金运用双方信息不对称的程度显著提高，进而加大企业融资的难度，易造成企业对技术创新投入力度不够，在一定程度上削弱了企业进行绿色技术创新的热情。另外，绿色技术自身还存在外部性特点，自身的发展受外部多种因素影响。政府通过落实税收优惠政策可以有效调动企业创新绿色技术的积极性。综上所述，本章提出假设 H2－2：

H2－2：税收优惠对于企业绿色技术创新具有促进作用。

2.4.1.3　对外开放程度对于企业绿色技术创新呈正相关关系

在对外开放逐步加深的情况下，中国进出口贸易和外商直接投资规模都有了很大的增长，许多国外优秀企业，产品的涌入也在不断影响中国企业的成长。国内企业面对越来越严峻的竞争形势，一方面将以模仿的方式制造出大量同质化的产品，造成了普遍同质化竞争；另一方面又将刺激企业技术创新，并通过革新技术来取得先发优势，继而掀起新一轮市场竞争。改革开放以后，我国变成了以市场竞争为基本特点的市场经济体制国家，再加上政府不断努力为市场竞争创造良好环境、激励企业进行良性竞争、与垄断企业进行斗争，市场竞争越来越充分。基于以上分析，本章提出假设 H2－3：

H2－3：对外开放程度对于企业绿色技术创新呈正相关关系。

2.4.1.4　地区数字化水平对于企业绿色技术创新呈正相关关系

数字化驱动下的数字经济模式赋能效应显著，可以促进产品、生产模式转变，打开创新活动发展与突破的新发展通道以及落实空间数字技术深度运用转变创新要素组合模式，减少契约成本与认知差异，可显著提升企业技术创新能力。

在数字化建设效果越来越显著的情况下，企业在数字化建设进程中更能吸取先进绿色技术所带来的价值，这对于绿色产品，技术以及管理模式的革新都有着积极的促进作用。社会层面数字化普及程度的提高有助于政府、公众和媒体多重主体共同监管企业环保行为，极大地降低了企业绿色环保欺诈行为发生的概率，迫使企业绿色技术创新从根本上提高环境治理水平。基于此，本章提出假设 H2 -4：

H2 -4：地区数字化水平对于企业绿色技术创新呈正相关关系。

2.4.1.5 绿色信贷对于企业绿色技术创新呈倒“U”形关系

绿色信贷就是银行在贷款中充分考虑企业环境保护水平的基础上，通过给予环保企业优惠利率以及对污染企业惩罚性利率的发放来调节社会资金的流向，加快产业结构升级，推动绿色转型与经济可持续发展，绿色信贷以差异化的货币金融政策如信贷优惠、利率变动来调动更多的资金集聚，从而形成绿色投资并撬动资金进入高效节能低污染的绿色项目中，有利于经济结构的优化与经济增长质量的提高。但在绿色信贷水平达到一定程度以上时，民营企业融资因长期“信贷歧视”而显著高于国有企业融资约束。这时，绿色信贷发展并不能真正减轻企业融资约束，反而会扭曲资金使用成本，降低资源使用效率，使绿色信贷发展在缓解融资约束方面的正面效果下降。因此，本章提出假设 H2 -5：

H2 -5：绿色信贷对于企业绿色技术创新之间呈倒“U”形关系。

2.4.1.6 内部控制对于企业绿色技术创新呈正相关关系

在做出决策时，企业必须根据其所处的现实环境和条件进行综合考虑和分析。绿色技术创新具有正外部效应、负外部效应以及双重边际成本递增规律。在诸多企业特质之中，内部控制表现出了突出的决策干预能力，即内部控制较好的公司不仅对利益相关者有较强的管理能力，能较恰当地应对媒体关注的冲击，也能有效开展环保改善活动，因而较易达到生态现代化的目的。

从利益相关者理论层面来看，内部控制能够通过更全面地履行社会责任活动来提高企业在利益相关者中的信誉与声誉，进而形成特殊的“光环效应”来抵抗不良消息给企业带来的影响。与此同时，内部控制这一环境管理工具能够为绿色技术的创新提供有力的制度保障与政策支持，从而推动绿色技术的良性发展。对于污染企业来说，内部控制良好的企业之所以受到利益相关者的信赖，是因为其可以通过合理的途径来解决环保问题并有效降低对企业声誉造成的破坏；对非污染性企业呈现利益相关方视为内部控制不佳的情况，则会偏好实质环保行动来减轻环境风险。当管理层重视实质性环保行为时，企业就会用一种理性的态度来协调长期可持续目标与即期环保措施，进而提高绿色技术创新活动力度。因此，企业要把内部控制和外部监督结合起来，才能确保内部控制系统的高效运行和绿色创新的实现。在生态现代化进程中，内部控制质量好的公司依靠自身较强的资源调配能力以及更加有效的治理变革效率可以更加便捷地制定出满足未来长远发展需要的策略，进而促进绿色技术不断创新。因此，本章提出假设 H2－6：

H2－6：内部控制对于企业绿色技术创新呈正相关关系。

2.4.1.7 环境规制对政府补贴在企业绿色技术创新产生调节效应

环境规制对于绿色技术创新的影响不显著或非线性，Duan（2021）采用 SDM 模型显示中国城市环境规制和绿色创新呈“U”形关系。在此背景下，绿色生产与消费成为社会关注的焦点，而实现绿色生产和消费就离不开企业的绿色技术创新活动。总的来看，随着企业在绿色创新方面的不断深入，环境规制所带来的环境治理和经营方面的压力不断增加。虽然短期内政府资助对绿色技术创新的激励效应可能会受到削弱，但从长期来看，环境规制将会促进企业的绿色技术创新，并正向调节政府资助的激励效应。因此，本章提出假设 H2－7：

H2－7：环境规制在政府财政补贴影响企业绿色创新过程中发挥着显著的调节效应。

2.4.1.8 政治关联对于高管团队规模在企业绿色技术创新起到正向调节作用

绿色技术创新在产生积极的知识和技术溢出、提高社会收益的同时，也带来了环境外部性和企业收益的下降。并且绿色创新项目是长周期的、多阶段的，若是没有相关政策、制度以及利益相关方的影响，会导致企业自发开展绿色创新的动力不足。因此，政府通过环境政策的制定对企业的行为进行规范，而企业则在特定的制度背景之下进行是否进行绿色技术创新的决策。

政治关联即企业董事长、总经理或 CEO 与政府建立的关系，作为一种不可替代的富有价值的资源，能够影响企业绿色创新的决策和政府环境规制的执行。高管团队是企业环境战略的制定者和推动者，高管团队特征会反映于企业战略选择过程中，进而影响企业绩效。有政治关联的高管团队通过参政议政，能为企业带来政治资本，政治资本对于国家环保政策及战略发展方向有获取优势及解读优势，而且通过政治关联建立的政企双向通道，能有效促使企业将政策落地。加之有政府背景的高管对未来行业和社会发展规律的整体把握通常也有更好表现，因此能够做出有利于企业自身和社会变革的绿色创新决策，从而在绿色技术创新的早期阶段获得先发优势。因此，本章提出假设 H2-8：

H2-8：政治关联对于高管团队规模在企业绿色技术创新起到正向调节作用。

2.4.2 数据来源与样本选择

本章选取 2016~2021 年中国黄河流域九省区的上市公司数据作为初始数据，数据来自国泰安和 Wind 数据库。在对原始数据进行处理时，主要通过 Excel 进行，实证分析软件为 Stata。

按照下列步骤对初始数据进行处理：本章对原始数据进行了筛选处理：剔除财务报表类型较为特殊的金融类企业；剔除样本区间内公司连续两年亏损、其股票附加 ST 标识的“特殊处理”企业以及公司经营未有改善面临退市风险被标注为*ST的企业；剔除本章所需主要相关变量数据缺失的样本企业。最终获得272家上市公司的1632个有效观测值。

2.4.3 变量设计

2.4.3.1 被解释变量

绿色技术创新（PET），本章以企业的绿色专利数量来体现企业的绿色技术创新力度。

2.4.3.2 解释变量

财政补贴（SUB），本章以企业披露收到的财政补贴，即收到政府补贴金额取对数得到的样本数据来体现财政补贴力度。

税收优惠（TAX），本章整理了企业所得税优惠和收到的税费返还两项税收优惠指标。但是由于行业内企业所得税的税率存在差异，故本章采用法定税率减去实际税率的差值来权衡所得税的优惠强度。另外，由于部分企业收到的税费返还并不是连续每年都存在的，因而本章将所得税优惠强度作为权衡税收优惠的主要变量。

绿色信贷（GCL），因为中国银行、工商银行等11家主要银行机构是我国绿色信贷业务的主要力量，11家主要银行机构绿色信贷合计包含节能绿色及服务贷款和战略性新兴产业贷款，这一指标能够更加全面地覆盖我国提供的绿色信贷资金数量。所以本章采用11家主要银行的绿色信贷合计来衡量绿色信贷的发展水平，并进行对数化处理（我国11家主要银行机构的绿色信贷总额）。

内部控制（IC），本章选取深圳迪博内部控制指数衡量企业的内部控制变量，该指数越高，表明企业的内部质量越好。

数字化水平（DIGI），本章选取国泰安数据库的数字化成功评分表。

对外开放（TRADE），地区对外开放往往具有两面性，为地区经济发展带来新技术、新经验的同时也会带来环境污染等负面影响，本章拟采用外资额占 GDP 的比重来衡量对外开放，该比值越大，代表对外开放水平越高。

城市发达水平（GDP），本章用地区的生产总值取对数得到。

高管团队规模（TMT），根据财务报表所披露的高管团队人数取对数得到。

2.4.3.3 调节变量

政治关联（PC），如果企业董事长或总经理曾经或当前在中央和各级地方政府、法院、检察院任职，或者曾经担任各级人大代表以及政协委员，则 PC 取值为 1，否则为 0。

环境规制（ER），为了考虑由于地区产业结构差异、企业内部差异而造成环境规制影响的不同，本章借鉴原毅军（2019）的做法，以企业所在省份绿色创新投入总额占 GDP 的比重来衡量环境规制，以客观反映政府环境监管的作用。

2.4.3.4 控制变量

企业资产规模（SIZE），以企业的资产总额来衡量企业的总体规模。总的来说，企业资产规模越大其开展研发创新活动时能够承担的风险越高。

企业盈利能力（ROA），以企业资产报酬率来表示，企业的盈利水平越高，其在技术创新方面的投资也就越多。

企业发展能力（AGR）和企业经营能力（LNCM）则分别以总资产增长率和总资产周转率来表示。另外，还添加流动比率（CR）和速动比率（QR）作为控制变量。负债水平（LEV），以企业资产负债率来表示，偿债能力越高的企业越有可能开展技术创新活动。企业权属性质（STATE），由于企业体制的不同，我国的国有企业多数从事于垄断行业，所拥有的市场垄断地位支撑其主要利润。国有企业要想长期生存和发展稳固，就要拥有高质量的产品，才能获得有价值的市场份额。同时，为了获取高额利润，它们踊跃进行技术创新，开发新产品。因此，本章在实证分析时将企业分为国有企业与非国有企业。企业所属行业（TYPE），由于不同行业所享受的优惠政策有所差异，财税优惠的力度也会有所不同。本章在实证分析中将对企业进行分类以控制这一因素，包括制造业与非制造业。企业所属地区（AREA），目前中国的区域经济发展环境失衡，不同区域的技术创新程度也存在差异。因此，本章在实证研究时，加入了对于企业所属地区的控制。各变量定义与计算口径如表2-5所示。

表2-5　变量定义及说明

变量类型	变量名称	变量符号	变量说明
被解释变量	研发投入	RD	研发投入/企业营业收入
	绿色技术创新	PAT	绿色专利数量
解释变量	财政补贴	SUB	财政补贴金额取对数
	税收优惠	TAX	法定税率-实际税率（实际税率=所得税费用/利润总额）收到的税费返还
	数字化水平	DIGI	数字化成果评分表
	内部控制	IC	企业的内部控制指数
	绿色信贷	GCL	我国11家主要银行机构的绿色信贷总额取对数
	对外开放程度	TRADE	实际利用外资额与GDP的比值
	城市发达水平	GDP	生产总值取对数
	高管团队规模	TMT	高管团队人数的对数
调节变量	环境规制	ER	企业所在省份环境投资总额占GDP比重
	政治关联	PC	若企业董事长或总经理其中任意一人现任或曾任政府官员，PC取值为1，否则为0
控制变量	企业资产规模	SIZE	企业资产总额取对数
	流动比率	CR	流动资产/流动负债
	速动比率	QR	速动资产/流动负债
	负债水平	LEV	资产负债率
	盈利能力	ROA	资产报酬率
	发展能力	AGR	总资产增长率
	经营能力	LNCM	总资产周转率
	企业权属性质	STATE	国有企业=1；非国有企业=0
	企业所属行业	TYPE	制造业=1；非制造业=0
	企业所属地区	AREA	上游=1；中游=2；下游=3

2.4.4 模型构建

为了更好地研究绿色技术创新的影响因素，并检验前面的研究假设H2－1、H2－2、H2－3、H2－4、H2－5、H2－6、H2－7、H2－8，按照本章选取的各个变量进行模型的构建。为了考察财政补贴对于企业绿色技术创新的关系并检验假设H2－1，本章构建以下回归模型进行实证分析：

$$PAT_{it} = a_0 + a_1 Sub_{it} + \sum control_{it} + \varepsilon_{it} \tag{2-1}$$

其中，i表示企业，t表示年份，Control代表了控制变量，ε表示随机干扰项。该模型中以绿色专利（PAT）为被解释量，用以检测财政补贴对于企业绿色技术创新的影响，即假设H2－1。同时，建立回归模型检验税收优惠对企业绿色技术创新的影响。

$$PAT_{it} = a_0 + a_1 TAX_{it} + \sum control_{it} + \varepsilon_{it} \tag{2-2}$$

为了考察对外开放程度对于企业绿色技术创新的激励效果，并检验假设H2－3，本章构建以下回归模型进行实证分析：

$$PAT_{it} = a_0 + a_1 Trade_{it} + \sum control_{it} + \varepsilon_{it} \tag{2-3}$$

为了验证假设H2－4，区域的数字化水平与企业绿色技术创新之间的关系构建的回归模型：

$$PAT_{it} = a_0 + a_1 Digital_{it} + \sum control_{it} + \varepsilon_{it} \tag{2-4}$$

为了验证假设H2－5，绿色信贷与企业绿色技术创新之间的关系，构建以下回归模型：

$$PAT_{it} = a_0 + a_1 GCL_{it} + a_2 GCL_{it}^{\ 2} + \sum control_{it} + \varepsilon_{it} \tag{2-5}$$

为了测验内部控制对企业技术创新的调节作用，并检验假设H2－6，构建以下回归模型：

$$PAT_{it} = a_0 + a_1 IC_{it} + \sum control_{it} + \varepsilon_{it} \tag{2-6}$$

为了验证假设H2－7，环境规制对于政府补贴在企业绿色技术创新上的调节作用，构建以下回归模型：

$$PAT_{it} = a_0 + a_1 Sub_{it} + a_2 Er_{it} + a_3 Sub_{it} \times Er_{it} + \sum control_{it} + \varepsilon_{it} \tag{2-7}$$

加入了高管团队规模和政治关联的交乘项（TMT×PC），用以检验假设H2-8政治关联对高管团队规模与企业技术创新关系是否有调节作用，构建以下回归模型：

$$PAT_{it} = a_0 + a_1 TAX_{it} + a_2 PC_{it} + a_3 TMT_{it} \times PC_{it} + \sum control_{it} + \varepsilon_{it} \tag{2-8}$$

2.4.5 组间系数差异显著性检验

本章需要分组比较国有企业与非国有企业、制造业与非制造业、上游、中游、下游企业之间的差异性。然而，单独比较子样本系数的显著性水平可能会存在偏差，本章参考连玉君等（2017）的做法采用费舍尔组合检验的方法，采用“自抽样法（bootstrap）”来检验组间差异的显著性。原假设是H0：d0=0，即组间的系数估计值不存在显著差异。检验的统计量是采用Bootstrap法计算出的经验P值，它表示我们实际观察到的组间系数差异可能出现的概率，它与传统检验中的P值含义相同。

2.5 实证结果与分析

2.5.1 变量描述性统计

表2-6为本章主要变量的样本描述性统计结果。由表2-6可以看出，在本章选取的1632个样本中，公司的研发投入（RD）的均值为26245.46万元，最大值为896660.49万元，最小值为6.79万元，标准差为67608.02，可以看出黄河流域企业的研发投入情况表现出较大差异。

表2-6　　样本描述性统计

变量	N	sd	min	max	mean
RD	1632.00	67608.02	6.79	896660.49	26245.46
SUB	1632.00	11952.66	-210.54	217585.88	4783.32
PAT	1632.00	39.27	0.00	509.00	11.81
TAX	1632.00	1.20	-9.55	40.58	0.07
IC	1632.00	0.72	2.48	8.86	6.55
LEV	1632.00	0.19	0.04	0.98	0.42
SIZE	1632.00	1.25	20.00	26.39	22.57
CR	1632.00	1.98	0.00	17.54	2.22
QR	1632.00	1.52	0.00	17.01	1.52
ROA	1632.00	0.07	-0.64	0.55	0.04
AGR	1632.00	0.71	-0.50	16.51	0.17
LNCM	1632.00	0.36	0.00	2.64	0.59
DIGI	1632.00	5.82	21.99	59.17	28.42
TRADE	1632.00	0.01	0.00	0.03	0.02
GDP	1632.00	0.67	7.72	11.32	10.61
TMT	1632.00	0.33	0.69	3.04	1.86
ER	1632.00	0.00	0.00	0.03	0.01
GCL	1632.00	0.28	10.46	11.34	10.81

数据来源：根据 Stata 软件处理结果整理。

从样本整体来看，财政补贴（SUB）的均值为4783.32万元，最大值为217585.88万元，最小值为-210.54万元，标准差为11952.66；绿色专利数量（PAT）的均值为11.81个，最大值为509个，最小值为0个。环境规制（ER）最大值为0.03，均值为0.01，表明我国政府对企业环境监管程度较低，不同地区的企业面临的监管差距较小。

2.5.2　相关性分析

表2-7为主要变量的相关性检验，结果显示，在1%程度上财政补贴（SUB）和绿色技术创新（PAT）存在正线性关系，回归系数为0.507，说

明财政补贴（SUB）对企业绿色技术创新（PAT）产生显著促进作用。另外，结果也表明内部控制（IC）、流动比率（CR）、速动比率（QR）、数字化能力（DIGI）、对外开放程度（TRADE）、城市发达水平（GDP）和高管团队规模（TMT）对企业绿色技术创新均产生正向促进作用，且作用都较显著。

表2-7　　主要变量相关性分析

变量	PAT	SUB	TAX	IC	DIGI	RADE	GDP	TMT	ER	GCL
PAT	1									
SUB	0.235***	1								
TAX	-0.00800	0.0130	1							
IC	0.200***	0.077***	-0.0200	1						
DIGI	0.333***	0.133***	0.0110	0.060**	1					
TRADE	0.083***	0.0200	0.0220	0.093***	0.044*	1				
GDP	0.081***	0.0100	0.0120	0.126***	0.108***	0.606***	1			
TMT	0.0410	0.154***	-0.0260	0.081***	0.106***	0.099***	0.068***	1		
ER	-0.068***	0.00800	0.00400	-0.101***	0.00900	-0.585***	-0.903***	-0.075***	1	
GCL	-0.054**	0.095***	0.00700	-0.0320	-0.0370	-0.171***	0.183***	0.0100	-0.157***	1

注：相关系数通过 Pearson 相关性检验，且 *、**、*** 分别表示在置信度为 0.1、0.05 和 0.01 时相关性是显著的。

2.5.3 回归结果分析

2.5.3.1 财政补贴对于企业绿色技术创新的影响

本章对模型（2-1）进行实证分析，回归结果如表2-8所示。其中第一列是没有加入控制变量的情况下，财政补贴（SUB）对企业绿色技术创新的作用效果。可以看出，在1%的水平上财政补贴（SUB）与企业绿色技术创新（PAT）存在正线性关系，回归系数为1.8726，这与本章的假设H2-1相符合。

表 2-8　　财政补贴对于企业绿色技术创新的影响

变量	PAT	PAT
SUB	2.8409 *** (3.99)	1.8726 *** (2.97)
SIZE		1.9e+04 *** (6.92)
CR		1.0e+03 (1.42)
QR		3.6e+03 *** (3.51)
ROA		−5.7e+04 *** (−4.53)
AGR		−1.5e+02 (−0.20)
LNCM		3.1e+04 *** (6.00)
_CONS	5.8e+03 ** (1.97)	−4.4e+05 *** (−7.01)
N	1632	1632
r2_a	0.2612	0.3704
F	6.4093	13.2896

注：相关系数通过 Pearson 相关性检验，且 *、**、*** 分别表示在置信度为 0.1、0.05 和 0.01 时相关性是显著的。

如表 2-9 所示，为了探究财政补贴对不同权属、行业、地区的企业的不同效果，本章在模型（2-1）的基础上加入产权性质、企业类型、地区进行对比回归分析。从产权性质上来看，在 1% 的水平上财政补贴与国有企业的绿色技术创新具有明显的正向关系，回归系数为 1.0694；同时 1% 水平上财政补贴与非国有企业绿色技术创新回归系数为 4.8301，呈现正线性关系。由此可得，财政补贴无论对何种股权性质的企业绿色技术创新同样具有正向促进作用，但是与非国有企业的回归系数更大，表明对非国有企业促进效果更显著。从企业类型来看，在 1% 的水平上财政补贴无论是与制造业企业还是非制造业企业的绿色技术创新都具有明显的正向关系，但与制造业企业的回归系数更大，表明对制造业企业的促进效果更为显著。从地区上来看，在1%的水平上财政补贴对黄河流域企业的绿色技术创新都是正向关系，但与中游地区的回归系数大于上游、下游地区的，说明财政补贴对中游区域的企业技术创新的促进作用更显著。经由 Bootstrap 法得到的经验 P 值在 5% 水平显著，则进一步证实了上述差异在统计上的显著性。

表 2-9　　财政补贴对于企业绿色专利的影响

变量	全样本	国有	非国有	制造业	非制造业	上游	中游	下游
	PAT	PAT	PAT	PAT	PAT	PAT	PAT	PAT
SUB	5.0030 *** (5.23)	1.0694 *** (3.33)	4.8301 *** (4.94)	1.8111 *** (3.91)	0.4137 (1.32)	0.5442 ** (2.29)	3.1660 ** (2.01)	2.6904 *** (3.25)
SIZE		9.1294 *** (6.23)	9.1840 *** (4.10)	13.0967 *** (7.17)	2.7693 *** (3.81)	4.7851 *** (4.07)	4.7674 *** (3.86)	14.2915 *** (5.93)
CR		6.1858 ** (2.10)	-1.2311 ** (-2.26)	-0.7880 (-1.03)	1.5104 (1.00)	0.0707 (0.19)	-0.3431 (-0.19)	-0.2147 (-0.20)
QR		-3.0513 (-0.99)	3.9705 *** (3.80)	5.3188 *** (4.33)	-1.5797 (-0.95)	0.5950 (1.29)	3.7159 (1.16)	4.0947 *** (2.75)
ROA		-44.6036 ** (-2.17)	-20.5420 * (-1.77)	-50.8682 *** (-3.26)	11.8721 (1.47)	-26.5461 * (-1.95)	67.3935 * (1.72)	-48.4639 *** (-2.69)
AGR		0.6703 (0.74)	-0.5023 (-0.61)	0.3809 (0.37)	0.1216 (0.46)	0.3275 (0.58)	0.9586 (1.35)	-0.4582 (-0.40)
LNCM		24.1988 *** (2.69)	7.4816 ** (2.03)	17.5886 *** (3.30)	-4.7990 * (-1.72)	14.7639 *** (2.66)	0.4312 (0.11)	14.8045 ** (2.33)
_CONS	-70.0191 *** (-4.54)	-2.3e+02 *** (-6.29)	-2.8e+02 *** (-4.50)	-3.2e+02 *** (-7.23)	-57.2177 *** (-3.86)	-1.2e+02 *** (-3.86)	-1.6e+02 *** (-4.24)	-3.6e+02 *** (-5.99)
N	1631	678	953	1343	288	486	233	912
r2_a	0.0605	0.1139	0.1708	0.1752	0.0142	0.1753	0.1268	0.1588
F	6.2649	4.0541	3.0369	5.2238	2.6359	4.0707	2.1655	3.5096
经验 P 值		0.05 **			0.03 **			

注：相关系数通过 Pearson 相关性检验，且 *、**、*** 分别表示在置信度为 0.1、0.05 和 0.01 时相关性是显著的。

2.5.3.2 税收优惠对于企业绿色技术创新的影响

如表2-10所示，第二列是没有加入控制变量的结果，税收优惠（TAX）对于企业绿色技术创新的左右效果。在5%的水平上税收优惠（TAX）对于企业绿色技术创新（PAT）存在正线性关系，回归系数为0.0008，表明政府的税收优惠政策可以促进企业进行绿色技术创新。

在表2-10第三列是加入了各项控制变量，结果显示，在10%的水平上税收优惠（TAX）对于企业绿色技术创新（PAT）存在正线性关系，回归系数为0.0005，故假设H2-3成立。而税收优惠对企业绿色技术创新的影响仍不显著。其可能的解释是，企业研发活动的时间跨度比较大，并且当期所得税优惠的申请过程较为烦琐，需要与政府的相关部门进行对接，当地税务局需要进行核实等程序，时效性较低，对企业研发投入的转化较难。

表2-10　　税收优惠对于企业绿色技术创新的影响

变量	PAT	PAT
TAX	0.0008** (2.16)	0.0005* (1.77)
SIZE		-0.0052*** (-5.05)
CR		-0.0008 (-0.26)
QR		0.0122** (2.53)
ROA		-0.0700*** (-2.84)
AGR		0.0008 (0.96)
LNCM		-0.0233*** (-6.22)

续表

变量	PAT	PAT
_CONS	0.0488*** (9.04)	0.1640*** (6.34)
N	1632	1632
r2_a	-0.0030	0.1724
F	0.8512	22.5402

注：相关系数通过 Pearson 相关性检验，且 *、**、*** 分别表示在置信度为 0.1、0.05 和 0.01 时相关性是显著的。

在模型（2-3）中加入产权分类进行分析，结果如表 2-11 所示。处理结果表明，在 10% 的水平上，税收优惠对于国有企业的绿色技术创新存在正向线性关系，回归系数为 1.6441。但是，税收优惠对于非国企的绿色技术创新关系不显著，可能是因为国有企业拥有特殊的所有权，与政府的关系更为密切，因此与政府建立政治关系更为有利。

表 2-11　　税收优惠对于国有与非国有企业的回归结果

变量	全样本	国企	非国企
	PAT	PAT	PAT
TAX	0.0008** (2.16)	1.6441* (1.68)	0.0832 (0.75)
SIZE		9.9607*** (6.46)	12.8319*** (4.57)
CR		6.7272** (2.29)	-1.2673** (-2.44)
QR		-3.6485 (-1.19)	3.8388*** (3.87)
ROA		-48.0115** (-2.31)	-20.9085* (-1.78)
AGR		0.5987 (0.60)	-1.3032* (-1.69)
LNCM		24.6017*** (2.72)	10.1331** (2.53)

续表

变量	全样本	国企	非国企
	PAT	PAT	PAT
_CONS	0.0488 *** (9.04)	-2.3e+02 *** (-6.27)	-2.8e+02 *** (-4.45)
N	1632	678	954
r2_a	-0.0030	0.1110	0.1512
F	0.8512	3.9159	3.2966

注：相关系数通过 Pearson 相关性检验，且 *、**、*** 分别表示在置信度为 0.1、0.05 和 0.01 时相关性是显著的。

首先，本章在制造业与非制造业之间展开回归分析，结果如表 2-12 所示。结果表明，制造业与非制造业的绿色技术创新对税收优惠的敏感程度确实存在明显差异，税收优惠对企业研发投入的促进效果在非制造业组中更加显著。对于制造业企业来说，在 10% 的水平上税收优惠与其绿色技术创新存在正向线性关系，回归系数为 0.0279。

其次，本章在黄河流域的上、中、下三个流域进行回归分析。从表 2-12 可以得出，在 10% 的水平上显著，中游地区税收优惠对于企业绿色技术创新有显著的正向影响，比上游地区和下游地区更为显著，回归系数为 7.191。

表 2-12　税收优惠对于行业以及地区的回归分析

变量	全样本	制造业	非制业	上游	中游	下游
	PAT	PAT	PAT	PAT	PAT	PAT
TAX	0.0008 ** (2.16)	0.0279 * (0.19)	-0.4830 (-0.85)	-1.2478 (-1.10)	7.1910 * (1.89)	0.3033 (1.34)
SIZE		14.5458 *** (7.39)	2.9132 *** (3.80)	5.1109 *** (4.12)	6.6366 *** (4.42)	16.2221 *** (6.09)
CR		-0.7087 (-0.94)	1.9442 (1.07)	0.1095 (0.30)	-1.1449 (-0.67)	0.0412 (0.04)
QR		5.2297 *** (4.30)	-2.0818 (-1.04)	0.5155 (1.15)	4.1754 (1.35)	3.7306 ** (2.43)
ROA		-52.1111 *** (-3.32)	10.8398 (1.27)	-27.9286 ** (-2.01)	55.3572 (1.64)	-43.6930 ** (-2.44)

续表

变量	全样本	制造业	非制造业	上游	中游	下游
	PAT	PAT	PAT	PAT	PAT	PAT
AGR		0.2844 (0.27)	0.0393 (0.16)	0.3512 (0.60)	0.2925 (0.44)	-0.6823 (-0.57)
LNCM		18.0117*** (3.36)	-4.4661 (-1.61)	15.2945*** (2.71)	1.2677 (0.35)	15.5322** (2.42)
_CONS	0.0488*** (9.04)	-3.3e+02*** (-7.22)	-54.2104*** (-3.86)	-1.1e+02*** (-3.85)	-1.5e+02*** (-4.22)	-3.6e+02*** (-5.93)
N	1632	1344	288	486	234	912
r2_a	-0.0030	0.1701	0.0137	0.1740	0.1002	0.1504
F	0.8512	5.2931	2.5903	4.0407	2.2103	3.4654

注：相关系数通过 Pearson 相关性检验，且 *、**、*** 分别表示在置信度为 0.1、0.05 和 0.01 时相关性是显著的。

2.5.3.3 对外开放程度对于企业绿色技术创新的影响

如表 2-13 所示，在 1% 的显著性水平下，对外开放（TRADE）与企业绿色技术创新（PET）呈正相关关系，系数为 496.4231，故假设 H2-8 成立。在 5% 的显著性水平下，国有企业受到的影响比其他企业更为显著。经由 Bootstrap 法得到的经验 P 值为 0.05，在 1% 水平上显著，则进一步证实了上述差异在统计上的显著性。

表 2-13　对外开放程度对于企业绿色技术创新的影响

变量	全样本	国有	非国有
	PAT	PAT	PAT
TRADE	333.4614*** (2.90)	524.9782** (2.11)	220.8932** (2.25)
SIZE	10.9792*** (7.56)	9.8385*** (6.42)	12.8195*** (4.57)
CR	0.1318 (0.20)	6.8694** (2.36)	-1.3377** (-2.56)

续表

变量	全样本	国有	非国有
	PAT	PAT	PAT
QR	2.4242*** (2.75)	-3.9250 (-1.29)	3.8902*** (3.91)
ROA	-30.7485*** (-2.77)	-47.0895** (-2.26)	-20.4030* (-1.74)
AGR	-0.0661 (-0.10)	0.5033 (0.48)	-1.4095* (-1.82)
LNCM	15.9673*** (3.34)	23.1174** (2.50)	9.5956** (2.39)
_CONS	-2.5e+02*** (-7.41)	-2.4e+02*** (-6.38)	-2.9e+02*** (-4.49)
N	1632	678	954
r2_a	0.1364	0.1166	0.1526
F	5.6107	3.9752	2.7915
经验P值		0.05***	

注：相关系数通过Pearson相关性检验，且*、**、***分别表示在置信度为0.1、0.05和0.01时相关性是显著的。

由表2-14可以得到，黄河流域企业上、中游区域对外开放程度与绿色技术创新成正比，而下游区域成反比。分析可知，黄河流域下游省市地处沿海地带，在改革开放初期就受到国家的政策支持，经济发展水平较高，而中上游省市在地理位置、人才资源等方面均处于落后水平，区域间存在较大差距，影响了黄河流域企业的协调发展。

表2-14　对外开放程度对于行业与地区的回归结果

变量	全样本	制造	非制造	上游	中游	下游
	PAT	PAT	PAT	PAT	PAT	PAT
TRADE	496.4232*** (4.43)	285.6125** (2.32)	655.1065* (1.95)	265.3085*** (3.50)	842.2211*** (2.96)	-2.4e+02 (-0.59)
SIZE		14.5354*** (7.39)	2.5993*** (3.96)	5.2001*** (4.15)	6.5237*** (4.43)	16.2181*** (6.09)

续表

变量	全样本	制造	非制造	上游	中游	下游
	PAT	PAT	PAT	PAT	PAT	PAT
CR		-0.7492 (-0.98)	0.8047 (0.64)	0.2055 (0.52)	-1.6001 (-0.92)	0.1720 (0.15)
QR		5.2651*** (4.32)	-1.2035 (-0.81)	0.3684 (0.78)	4.5490 (1.41)	3.5874** (2.33)
ROA		-51.7912*** (-3.31)	15.4307** (2.13)	-27.3703** (-1.97)	54.0854* (1.69)	-43.8959** (-2.46)
AGR		0.1807 (0.17)	-0.1187 (-0.44)	0.2822 (0.45)	-0.1296 (-0.21)	-0.7056 (-0.59)
LNCM		17.4212*** (3.22)	-6.7610* (-1.90)	14.6839*** (2.63)	2.8962 (0.82)	15.4310** (2.42)
_CONS	1.4110 (0.61)	-3.3e+02*** (-7.28)	-56.8525*** (-3.91)	-1.2e+02*** (-3.93)	-1.6e+02*** (-4.13)	-3.5e+02*** (-6.02)
N	1632	1344	288	486	234	912
r2_a	0.0089	0.1719	0.0479	0.1795	0.1269	0.1506
F	5.5344	5.2647	2.6673	3.9280	2.2895	3.4460

注：相关系数通过 Pearson 相关性检验，且 *、**、*** 分别表示在置信度为 0.1、0.05 和 0.01 时相关性是显著的。

2.5.3.4 地区数字化水平对于企业绿色技术创新的影响

从表 2-15 可以看出，在 1% 的显著性水平下，数字化水平（DIGI）与企业绿色技术创新（PET）呈正向关系，回归系数为 3.0682，且国有企业比非国有企业受到的影响更为显著。由此可以看出，地区数字化投入水平提升，数字沟通平台等基础设施建设日益加强，为企业开展绿色技术创新活动奠定了资源及知识基础。同时数字基础设施的逐步完善，有利于提升创新频率、培育高端生产要素、促进技术创新扩散，增强在低资源消耗条件下新价值创造即绿色创新的可能性，便于制造企业融入信息网络以激发绿色技术创新动能，故假设 H2-7 成立。经由 Bootstrap 法得到的经验 P 值为 0.07，在 1% 水平上显著，则进一步证实了上述差异在统计上的显著性。

表 2-15　　地区数字化水平对于国有与非国有的回归结果

变量	全样本	国有	非国有
	PAT	PAT	PAT
DIGI	3.0682*** (6.53)	3.3741*** (5.76)	1.7383*** (3.48)
SIZE		7.1484*** (5.29)	12.1324*** (4.67)
CR		6.2122** (2.17)	-1.3352*** (-2.70)
QR		-3.7454 (-1.28)	3.5090*** (3.82)
ROA		-22.8070 (-1.31)	-18.2688 (-1.64)
AGR		1.5472 (1.36)	-1.6516* (-1.93)
LNCM		17.3271*** (2.80)	8.9949** (2.45)
_CONS	-63.2081*** (-5.63)	-2.5e+02*** (-7.14)	-3.1e+02*** (-4.62)
N	1632	678	954
r2_a	0.1406	0.2908	0.1891
F	8.5349	5.6103	3.0156
经验 P 值		0.07***	

注：相关系数通过 Pearson 相关性检验，且 *、**、*** 分别表示在置信度为 0.1、0.05 和 0.01 时相关性是显著的。

从表 2-16 的结果可以看出，地区数字化水平（DIGI）对于黄河流域的不同地区影响不同。数字经济的发展在一定程度上会制约黄河流域中游地区经济的发展，而对于黄河流域的上游地区和下游地区起到明显的促进作用，对上游地区的促进作用没有对下游地区的促进作用显著。数字经济的发展对黄河流域的中游地区起抑制作用，原因可能是中游地区省市的经济发展模式主要还是粗放型经济，经济发展模式还未发生改变。

表2-16　　地区数字化水平对于行业与地区的回归结果

变量	全样本	制造	非制造	上游	中游	下游
	PAT	PAT	PAT	PAT	PAT	PAT
DIGI	3.0682 *** (6.53)	3.0331 *** (6.48)	0.2550 (1.48)	1.7157 *** (3.21)	-0.8528 * (-1.76)	3.4017 *** (6.06)
SIZE		11.4209 *** (6.57)	2.9797 *** (3.97)	4.6080 *** (5.32)	7.1231 *** (4.31)	12.7833 *** (5.45)
CR		-0.7434 (-1.04)	1.4495 (0.94)	0.1836 (0.39)	-0.1769 (-0.10)	0.1114 (0.11)
QR		4.2497 *** (3.79)	-1.5817 (-0.93)	0.1764 (0.30)	3.5680 (1.15)	2.7595 ** (2.17)
ROA		-35.7936 *** (-2.98)	11.1786 (1.36)	-21.6416 ** (-2.17)	45.9870 (1.52)	-36.1224 ** (-2.40)
AGR		0.4888 (0.39)	0.0898 (0.37)	0.8957 (1.52)	0.1943 (0.30)	-0.8471 (-0.62)
LNCM		14.3210 *** (3.53)	-4.7970 * (-1.80)	13.2621 *** (3.35)	1.2373 (0.35)	12.3955 ** (2.53)
_CONS	-63.2081 *** (-5.63)	-3.3e+02 *** (-7.63)	-61.5607 *** (-4.56)	-1.4e+02 *** (-4.60)	-1.4e+02 *** (-4.33)	-3.6e+02 *** (-6.35)
N	1632	1344	288	486	234	912
r2_a	0.1406	0.2779	0.0165	0.3341	0.1091	0.2720
F	8.5349	6.6911	3.5369	4.5593	2.2170	4.9635

注：相关系数通过 Pearson 相关性检验，且 *、**、*** 分别表示在置信度为 0.1、0.05 和 0.01 时相关性是显著的。

2.5.3.5 绿色信贷对于企业绿色技术创新的影响

根据表2-17中的检验成果研究发现，在1%的水平下，绿色信贷（GCL）与企业绿色技术创新（PET）呈负向线性关系，回归系数为7.6268。而在模型（2-6）中加入平方项，此时 GCL×GCL 在1%的水平上显著，系数为25.0831；GCL 的系数为538.2588 且两者异号，表明绿色信贷（GCL）与企业的绿色技术创新（PET）存在倒“U”形关系，假设H2-6得到验证。

对于非国有企业来说，过度开发绿色信贷加剧了地方政府对银行信贷决策的隐性介入，导致有绿色创新意愿的民营企业难以得到充足的融资。另外，绿色信贷惩罚性措施将弱化对污染产业贷款支持力度，带动污染产业消除落后产能、生产技术改善与创新、全要素生产率提升、地区经济可持续发展。但在绿色信贷水平达到一定程度以上时，民营企业融资约束因长期“信贷歧视”而显著高于国有企业融资约束。绿色信贷发展并不能真正缓解企业融资约束问题，反而会扭曲资金使用成本，降低资源使用效率，削弱绿色信贷发展在缓解企业融资约束方面的正面效果，进而影响到企业绿色技术创新。经由 Bootstrap 法得到的经验 P 值为 0.03，在 1% 水平上显著，则进一步证实了上述差异在统计上的显著性。

表 2－17　　绿色信贷对于企业绿色技术创新的影响

变量	全样本		国有	非国有
	PAT	PAT	PAT	PAT
GCL	−7.6268*** (−4.76)	538.2588*** (4.20)	478.3966** (2.03)	591.7354*** (4.17)
GCL × GCL		−25.0831*** (−4.28)	−22.4815** (−2.09)	−27.3953*** (−4.23)
SIZE		3.2485* (1.85)	5.2778* (1.70)	1.6231 (0.77)
CR		0.3313 (0.38)	5.1351 (1.61)	−0.2551 (−0.33)
QR		−0.1171 (−0.12)	−4.5758 (−1.39)	0.1715 (0.18)
ROA		3.4723 (0.37)	−21.9886 (−0.93)	12.4997 (1.39)
AGR		−0.1998 (−0.29)	0.3437 (0.31)	−0.4949 (−0.55)
LNCM		3.1917 (0.91)	12.8910* (1.86)	−3.2796 (−0.88)
_CONS	94.2236*** (5.44)	−2.9e+03*** (−4.26)	−2.7e+03** (−2.09)	−3.2e+03*** (−4.21)

续表

变量	全样本		国有	非国有
	PAT	PAT	PAT	PAT
N	1632	1632	678	954
r2_a	-0.1805	-0.1610	-0.1575	-0.1584
F	22.6245	6.5957	3.4871	4.4642
经验 P 值			0.03 ***	

注：相关系数通过 Pearson 相关性检验，且 *、**、*** 分别表示在置信度为 0.1、0.05 和 0.01 时相关性是显著的。

2.5.3.6　内部控制对于企业绿色技术创新的影响

为了检验假设 H2-6，对模型（2-6）进行实证分析，回归结果如表 2-18 所示。第二列是没有加入控制变量的情况下，内部控制（IC）对于企业绿色技术创新的作用效果，可以看出，在 1% 的水平上内部控制（IC）与企业绿色技术创新（PAT）呈正向线性关系，回归系数为 11.0343，且内部控制的作用效果非常显著。第三列是加入了各项控制变量，结果显示，在 1% 的水平上内部控制（IC）与企业绿色技术创新（PAT）呈正向线性关系，回归系数为 6.843，证明假设 H2-6 成立。经由 Bootstrap 法得到的经验 P 值为 0.04，在 1% 水平上显著，则进一步证实了上述差异在统计上的显著性。

表 2-18　　内部控制对于企业绿色技术创新的影响

变量	PAT	PAT
IC	11.0343 *** (4.95)	6.8430 *** (4.00)
SIZE		10.3439 *** (7.90)
CR		0.3065 (0.47)
QR		2.0858 ** (2.41)

续表

变量	PAT	PAT
ROA		-53.3051 *** (-3.91)
AGR		-0.0396 (-0.06)
LNCM		13.7430 *** (3.12)
_CONS	-61.6451 *** (-4.26)	-2.7e +02 *** (-7.09)
N	1632	1632
r2_a	0.0431	0.1455
F	6.0805	6.2028

注：相关系数通过 Pearson 相关性检验，且 *、**、*** 分别表示在置信度为 0.1、0.05 和 0.01 时相关性是显著的。

同时，进一步探究模型（2-5）的产权分类回归结果，如表 2-19 所示。在5%的水平上，国有企业内部控制（IC）与绿色技术创新（PAT）呈正向关系，回归系数为 4.8328。在 1% 的水平上，非国有企业内部控制（IC）与绿色技术创新（PAT）也呈正向关系，回归系数为 9.4422。非国有企业内部控制（IC）导致的绿色技术创新（PAT）的影响比国有企业的影响更为显著。经由 Bootstrap 法得到的经验 P 值为 0.06，在 1% 水平上显著，则进一步证实了上述差异在统计上的显著性。

表 2-19　　内部控制对于国有与非国有企业的回归结果

变量	全样本	国有	非国有
	PAT	PAT	PAT
IC	11.0343 *** (4.95)	4.8328 ** (2.34)	9.4422 *** (3.36)
SIZE		9.3835 *** (6.69)	11.9827 *** (4.72)
CR		6.7628 ** (2.32)	-1.0762 ** (-2.04)

续表

变量	全样本	国有	非国有
	PAT	PAT	PAT
QR		-3.7596 (-1.22)	3.1393 *** (3.50)
ROA		71.3218 *** (-2.78)	43.4366 *** (-2.70)
AGR		0.7211 (0.72)	-1.8649 ** (-2.37)
LNCM		22.7462 *** (2.62)	5.1894 (1.60)
_CONS	-61.6451 *** (-4.26)	-2.5e+02 *** (-5.96)	-3.2e+02 *** (-4.49)
N	1632	678	954
r2_a	0.0431	0.1164	0.1750
F	6.0805	4.4289	2.9212
经验 P 值		0.06 ***	

注：相关系数通过 Pearson 相关性检验，且 *、**、*** 分别表示在置信度为 0.1、0.05 和 0.01 时相关性是显著的。

其中，如表 2-20 所示，在 1% 的水平上，内部控制（IC）对于制造业绿色技术创新（PAT）的影响比非制造业更为显著，制造业的回归系数为 8.4609，非制造业的回归系数为 2.9926。本章还发现，内部控制（IC）对于下游企业的影响更为显著。经由 Bootstrap 法得到的经验 P 值为 0.04，在 1% 水平上显著，则进一步证实了上述差异在统计上的显著性。

表 2-20 内部控制对于行业以及地区的回归分析

变量	制造	非制造	上游	中游	下游
	PAT	PAT	PAT	PAT	PAT
IC	8.4609 *** (3.79)	2.9926 *** (3.05)	2.2946 ** (2.05)	4.8425 (1.52)	9.4138 *** (3.20)
SIZE	13.7673 *** (7.75)	2.6217 *** (3.63)	5.0455 *** (4.15)	6.5537 *** (4.56)	14.8410 *** (6.33)

续表

变量	制造	非制造	上游	中游	下游
	PAT	PAT	PAT	PAT	PAT
CR	-0.8090 (-1.06)	2.1447 (1.29)	0.1411 (0.38)	-1.4421 (-0.83)	0.2975 (0.27)
QR	5.0221 *** (4.20)	-2.2856 (-1.25)	0.3745 (0.89)	6.1326 * (1.90)	3.1132 ** (2.09)
ROA	-78.4816 *** (-4.22)	1.5426 (0.17)	-35.8073 ** (-2.25)	34.8589 (1.51)	-72.6958 *** (-3.28)
AGR	0.0744 (0.07)	0.0478 (0.18)	0.2311 (0.39)	0.4520 (0.69)	-0.8102 (-0.63)
LNCM	13.9332 *** (2.78)	-5.3253 * (-1.90)	14.2848 *** (2.63)	-1.9267 (-0.52)	11.9344 ** (1.98)
_CONS	-3.6e+02 *** (-7.03)	-66.8283 *** (-4.30)	-1.3e+02 *** (-3.81)	-1.8e+02 *** (-3.64)	-3.9e+02 *** (-5.87)
N	1344	288	486	234	912
r2_a	0.1845	0.0237	0.1791	0.1101	0.1627
F	6.0301	2.6286	4.1982	2.4134	3.6689

注：相关系数通过 Pearson 相关性检验，且 *、**、*** 分别表示在置信度为 0.1、0.05 和 0.01 时相关性是显著的。

2.5.3.7 环境规制对于财政补贴在企业绿色技术创新产生的调节效应

为了检验环境规制对财政补贴和在企业绿色技术创新的调节作用，本章对模型（2-2）进行实证分析，回归结果如表 2-21 所示。第四列的结果表明，在 1% 的水平上环境规制（ER）对政府补贴和企业技术创新存在负向调节作用，SUB × ER 的系数为负，回归系数为 58.5397。这说明环境规制对政府补贴与企业技术创新具有调节作用，证实了假设 H2-7。

表2-21 环境规制调节效应的回归结果

变量	PAT	PAT	PAT
SUB	5.0030*** (5.23)	2.0751*** (4.48)	2.4492*** (4.97)
SUB×ER			-58.5397*** (-4.72)
SIZE		9.6533*** (7.45)	9.7126*** (7.49)
CR		0.0350 (0.05)	0.2068 (0.31)
QR		2.6791*** (3.06)	2.3808*** (2.68)
ROA		-30.3190*** (-2.76)	-30.1958*** (-2.75)
AGR		0.2492 (0.42)	0.1490 (0.25)
LNCM		15.7735*** (3.39)	14.2550*** (3.12)
_CONS	-70.0191*** (-4.54)	-2.5e+02*** (-7.38)	-2.5e+02*** (-7.42)
N	1631	1631	1631
r2_a	0.0605	0.1415	0.1468
F	6.2649	5.5450	5.1711

注：相关系数通过Pearson相关性检验，且*、**、***分别表示在置信度为0.1、0.05和0.01时相关性是显著的。

2.5.3.8 政治关联对于高管团队规模在企业绿色技术创新起到调节作用

如表2-22所示，高管团队规模（TMT）对于企业进行绿色技术创新具有正向作用，回归系数为4.778。为了检验假设H2-8，加入高管团队规模（TMT）与政治关联（PC）的交乘项发现，在10%的水平上，政治关联（PC）对于高管团队规模（TMT）在企业技术创新中起到正向调节作用，回归系数为1.1581，这与本章的假设H2－8相符合。

表2－22　　　　政治关联的调节作用

变量	PAT	PAT	PAT
TMT	4.7780 (0.93)	－4.8090 (－0.87)	－5.7956 (－1.07)
TMT×PC			1.1581* (1.92)
SIZE		11.2967*** (6.91)	11.1333*** (6.77)
CR		0.1760 (0.27)	0.1042 (0.16)
QR		2.3260*** (2.68)	2.3530*** (2.72)
ROA		－29.4057** (－2.56)	－29.5536** (－2.56)
AGR		0.0215 (0.03)	0.0348 (0.06)
LNCM		16.6174*** (3.53)	16.3944*** (3.48)
_CONS	2.1606 (0.22)	－2.4e＋02*** (－7.57)	－2.4e＋02*** (－7.43)
N	1632	1632	1632
r2_a	0.0042	0.1351	0.1351
F	4.7900	6.6332	6.1998
经验P值		0.06***	

注：相关系数通过Pearson相关性检验，且*、**、***分别表示在置信度为0.1、0.05和0.01时相关性是显著的。

2.5.4　稳健性检验

为了检验上述回归结果的可信度，本章收集CNRDS中国研究数据服务平台中关于研发投入（RD），选用黄河流域上市公司研发投入与企业营业收入之比，选用2016~2021年研发投入与企业营业收入之比替换绿色专利数量。按照描述性统计、相关性和回归性分析等步骤进行操作，检验结果有效且与本章所得出的结论一致。

2.6 促进黄河流域企业绿色技术创新的对策建议

2.6.1 政府层面

2.6.1.1 加大财政支持

第一，政府相应部门需要积极推行财政和税收优惠政策，并运用财政资金担保杠杆等措施来扩大商业银行环保信贷投资规模。另外，政府有关部门也需要加强产业政策和金融政策协调，对环境污染企业和高污染企业资金政策优惠严格把关，扶持商业银行开展绿色金融产品和服务创新，破解企业绿色技术创新难和融资贵问题。

第二，加大政府财政补贴监管力度，保障企业绿色创新技术财政补贴落实。企业对绿色技术创新的财政拨款往往存在监管断层的问题，造成了资源的严重浪费。在此基础上，有关部门可在搭建完善监管体系以破解监管难题的前提下，建设产业管理专门机构。另外，政府部门也需要重视日常监督问题，并通过构建跨部门联合工作机制等方式促进业务主管部门加强对补贴资金监管，及时发现补贴发放过程中出现的各种问题，从而保障企业绿色技术创新补贴政策的落地。

第三，搭建政府财政补贴的数字化管理平台，疏通政府与企业之间的信息衔接渠道。政府财务部门要强化数字化建设过程，以人工智能和“云计算”为支撑，构建数字化政府财政补贴管理平台以缓解政府和企业之间供需信息非对称状况，继而提高补贴资金使用效能度。一方面，积极与各企业尤其是重污染企业对接，适时公布和推送与绿色技术创新有关的补贴政策信息；另一方面，增加企业绿色创新行为数据采集，对企业绿色创新数据进行定期验证，并持续优化补贴政策进而规避高投入低绿色创新产出。

2.6.1.2 实施差异化的政策

第一，研究结论表明，政府可以通过合理有效的选择性产业政策进行环境治理。这意味着，各级政府应继续在颁布实施选择性产业政策前充分吸收各方意见与建议，有目的地根据反馈情况完善相关政策内容。好政策需要真落实，各级地方政府及相关部门应加大执法力度，确保政策落实到位，真正起到监督作用。同时，政府应继续关注绿色技术创新的市场化进程，培育壮大绿色技术创新主体，向消费者传播绿色理念，引导绿色金融对制造业企业绿色创新行为的投资意愿。

第二，针对不同类型的制造业企业，政府不应采用“一刀切”的方式，可以通过配套措施因地制宜地为制造业企业提供合适的政策环境。例如，选择“标杆企业”实行多投资、多绿色发明创新的举措；对存在规模劣势、新生弱性等特点的制造业企业适当放宽标准，采取支持多企业合作、鼓励企业提升部分生产环节的绿色创新能力、构建绿色创新学习平台等政策措施，为企业的绿色技术创新提供切实便利。

第三，制造业企业应主动适应选择性产业政策，把握市场绿色动态，加快绿色创新与转型。企业应与政府建立长期可持续的政企关系，争取更多政策红利来提升企业的绿色技术创新水平。值得注意的是，采取“寻租”的方式建立政企关系并不能给企业带来长期的竞争优势，也不利于宏观层面的制度变迁。基于此，企业应将“寻租”意图慢慢转移到“寻利”意图上来，合理配置各项资源，提升企业自身竞争地位，防范化解风险，促进企业健康可持续发展。

2.6.1.3 完善补助审计机制

现在针对国家的相关补贴政策的硬性要求，仍然有不少企业套取国家资金但不开展相关活动，因此政府应该完善财政补助的审计制度，进行充分的考察调研以了解被补助企业的相关企业，科学合理确定给予被补助企业的补贴方式和力度，如将一次大额拨款改为多次小额分发，确保国家财政补助资金落地实处，产生实际效益；同时，针对专利侵权和窃取情况，国家要加大对侵权行为的打击力度，不断完善绿色产品、工艺等技术的保护制度，营造全社会进行绿色技术创新的良好氛围。

2.6.2 企业层面

（1）加大创新投入力度。

加强对绿色技术的探索与创新，以促进其不断向前发展。政府在制定和实施相关政策时应该注重引导与支持。建立全面的绿色技术创新生态系统，涵盖研发机构、创新资金、人才引进等多个方面的保障条件，以确保创新的可持续性。企业必须树立环保意识，将绿色技术创新视为提升竞争优势的有效途径，而非政府施加的成本负担，以创造一个有利于绿色技术创新的生态环境；政府则要通过制度安排引导企业积极进行环境保护工作。企业应当加大对环保相关技术创新的资金投入，持续优化产品生产工艺，研发具备环保绿色特性的产品，同时优化环境治理技术和设备，以实现源头控制和末端治理的无缝融合。

（2）注重人才培养引进。

当企业进行技术创新活动时，人才是一项不可或缺的重要资源，为企业提供了必要的支撑和保障。政府在制定和实施相关政策时应该注重引导与支持，因此，企业应当不断完善内部人才管理制度，采用科学的人才管理机制，持续提高研发人员的薪酬待遇，建立与创新绩效相匹配的激励机制，以吸引更多的人才参与企业的创新活动，从而激发企业人才的工作热情；同时，还应积极引进和培养优秀科技人才，通过多种途径提升其创新能力。从另一个角度来看，持续提升企业的人力资本水平，加强与科研机构、高校组织等的协作，有针对性地培养人才，完善后备人才的储备工作。

（3）健全内部控制制度。

良好内部控制促进其治理改善效率并正向调节对重污染企业绿色技术

创新正向影响。对企业而言，要重视内部控制质量的提升，减少由于内部控制不力而导致的效率低下现象。强化企业内部控制，如实施科学的人才管理机制、尊重人、重视人、通过树立正确的公司价值观来吸引更多的创新型人才以投入创新活动。建立和完善晋升体制以调动创新型人才积极性，利用其学到的有价值的知识开展更多的技术研发以推动企业绿色技术创新。

第3章

财政补贴对黄河流域资源型企业绿色技术创新的影响机制

生态屏障和经济地带是黄河流域的鲜明特征，从目前实际状况来看，黄河流域存在水资源短缺、生态环境脆弱、贫困人口集中和地区发展不均衡等现实问题。生态优先、绿色发展是黄河流域生态文明建设的重要内容，坚持生态保护与经济高质量发展相结合，是摆脱对资源的高度依赖性、加强绿色技术创新、推进产业结构转型升级等当前黄河流域企业发展中的难题。因“资源消耗快、利用效率低、污染排放多”传统发展模式与生态环境绿色协调发展的理念相悖，党的十九届五中全会提出要把推进高质量发展作为当前经济发展的主旋律，着力推动资源型企业向绿色、高效、可持续的方向转变，创新具有资源利用效率高、废物排放污染少等特征的绿色技术，是黄河流域资源型企业的必然选择。

近年来，随着国家对绿色技术创新重视程度的不断提高，有关“放管服”改革、减税降费、优化营商环境等政策红利不断释放，通过宏观调控方式和财政补贴激励企业不断进行技术创新。本章以黄河流域资源型企业为研究对象，剖析财政补贴对绿色技术创新的影响效应，为促进黄河流域资源型企业绿色转型升级和高质量发展提供一定的应用参考。本章的研究意义体现在：（1）在财政补贴与绿色技术创新之间搭桥建梁，将财政补贴、资源型企业与绿色技术创新置于同一研究体系，研究财政补贴对资源型企业绿色技术创新的影响效果及调节效应，既有利于丰富技术创新理论，为现有研究提供一个新的研究方向；同时，区分黄河流域资源型企业的地区差异和产权差异，检验财政补贴对不同类型企业影响效果的差异性，为绿色技术创新的现有研究提供进一步的学理支撑。（2）为推进财政制度革故鼎新、提高财政补贴配置效率、优化政府宏观调控职能提供一定的经验证据，也为企业合理整合和利用资源、科学规划资金配置，努力提高技术创新能力进而增强企业核心竞争力和价值创造力，提供一定的实证依据和微观证据。

3.1 文献述评

关于绿色技术的研究，西方国家较早进行技术工业革命的同时也产生了污染等一系列问题，引发了学术界对经济发展和绿色环保的关系探讨，绿色技术概念由此产生。绿色技术是促进资源密集使用并且能显著改善生态环境质量的各种技术和产品成果的总称（Song，2017），绿色技术包括技术成果从开发研究到成果应用的全过程（Yi，2019）。绿色技术创新可以提高资源利用效率，实现资源的合理配置，尤其在水、空气等污染治理方面起到积极的推动作用（Dolphen，2017）。同时，绿色技术创新也能够显著降低单位产出所需要的能源和材料消耗，从而提升公司的竞争力并推动产业结构升级（Ghisetti，2014）。Hu WQ 等（2019）通过研究 FDI 和技术创新两方面对中国制造的影响，实证结果表明，在 FDI 和技术创新的作用下，环境规制与制造业升级水平呈正相关关系。Szalavetz（2018）通过 25 家匈牙利制造业企业的面板数据，对绿色生产和技术能力的相关性进行分析，认为绿色技术创新较一般技术创新更具复杂性，绿色技术创新更有利于推动产业结构优化升级。在财政补贴对绿色技术创新的激励方面，已有研究表明政府补贴可以化解企业研发活动的外部性，降低企业研发活动的成本和风险（Hewitt，2010），进而激发企业绿色技术创新的积极性（Lu，2016）。如果政府对企业技术研发进行资金补贴，企业就会增加相应的研发行为活动（Czarnitzki，2017），这一观点得到了 Broekel（2015）的印证，德国政府对企业在一定程度上的补贴大大提高了企业技术创新效率。

国内学者围绕绿色技术创新近年来也形成了众多研究成果。杨乐等（2020）通过分析融资约束和环境规制对绿色技术创新的影响关系，发现融资约束对节能环保技术创新具有明显的抑制作用。陈良华等（2022）以新能源企业的绿色技术创新为样本数据，对影响新能源企业绿色创新绩效的因素进行实证分析，虽然绿色技术创新对地区经济高质量发展具有积极促进作用（朱于珂等，2021），但对于绿色工业技术创新、产业结构与经济高质量发展之间的关系和作用机制仍需深入探索。在财政补贴对绿色技术创新的激励方面，国内研究发现财政补贴能够显著促进企业的技术创新投入（杨乐，2020）。张文卿和陈宇科（2022）基于 2008 ~ 2018 年中国工业企业省级面板数据研究发现，补贴强度与绿色技术创新呈正线性关系，对于东部地区与长江流域中下游地区，研发补贴对绿色技术创新的效果不显著，而对于中西部与长江流域上游地区，研发补贴对绿色技术创新的激励效应则较显著。江飞涛等（2021）选取医疗医药企业为实证检验样本，发现财政补贴能够显著提升医疗医药企业的技术创新数量，且在创新产出的质量上也得到显著提升。曲小瑜等（2022）从组态研究新视角，研究了制度和资源因素对城市绿色技术创新的影响，拓宽了绿色技术创新影响机制的研究思路。

综上所述，国内外关于财政补贴对技术创新影响的相关研究较多，而对资源型企业绿色技术创新的影响研究较少，将财政补贴、黄河流域资源型企业绿色技术创新相结合共同纳入同一研究框架的研究更为少见。本章在总结前人成果基础上，从企业绿色技术创新现状出发，提出研究假设，建立模型实证检验财政补贴对黄河流域资源型企业绿色技术创新的影响，以期为黄河流域资源型企业转型升级、生态环境保护与高质量发展提供可借鉴的经验证据和政策参考。

3.2 相关概念阐释

资源型企业是目前学者们重点关注的研究对象，其产业范围主要包括煤炭、石油和天然气的开采和冶炼，金属和非金属矿物的开采以及电力和热能的供给等。关于资源型企业的内涵，邱晗耕和杨乐（2021）认为资源型企业的重点是固态、液态和气态矿物的开采和加工，资源型企业属于制造业范畴，以自然资源为生产加工对象，这种类型的企业属于资源型企业。本章将资源型企业界定为：通过拥有自然资源并对自然资源以加工制造等方式获取经济效益的企业，其具有以下特征：竞争的核心是资源的数量，自然资源禀赋是其发展的主要因素；由于需要开采和加工，对地理区位要求较高；产品附加值低，通过对资源进行加工处理形成附加值，资源成本在总成本中占据主体。因此，资源型企业的可持续发展必须将“绿色”和“创新”理念贯穿始终，着力解决环境污染和技术创新，实现产业结构转型升级和高质量可持续发展。黄河流域作为我国重要的能源区域，拥有较多资源型企业且其资源型企业中上市公司占一半以上，主要包括采矿业，化学原料加工业和水、电等生产供应业等。黄河流域下游的河南省和山东省资源型企业数量最多，高达94家；上游的青海省、甘肃省等5个省份的资源型企业数量为76家；中游的山西省和陕西省的资源型企业数量较少，为36家。

财政补贴是政府为了实现特定的经济目标，将资源转移至企业的一种方法，通过对达到补贴条件要求的企业或者企业的某项活动进行补助。财政补贴有多种形式，包括持续性和临时性的、实物资产和资金支持等，政府通过行政干预从而达到调控经济发展、促进资源配置的目的。财政补贴也经常被用于重点攻关项目、重大技术开发和重要科研领域需求等，能够在一定程度上弥补经济外部性或者技术专利周期性带来的困扰，财政补贴为企业提供了收入以弥补生产运营所需，为企业的研发、创新和传统工艺转型升级提供资金支持。在企业进行创新活动过程中，政府通常会给予企业以研发补贴、财政贴息等一系列扶持，财政补贴作为激励企业进行技术创新的手段，现已发挥越来越重要的作用。

“创新”最初的含义是指企业运用新的技术将生产要素和资源等进行全新组合以生产所需要的特定产品。目前技术创新已不再单单是企业的输出，还包括政府机构通过相关政策和补贴，间接作用于企业创新资源、促进企业技术创新的活动。企业进行技术创新需要大量的资源投入，投入研发的资源数量是衡量企业技术创新的重要指标，将企业资源投入中与环保、节能、绿色、污染治理等有关的研发投入筛选出来，是衡量绿色技术创新的常用指标。绿色技术是以环境承载力为基础，以保护生态环境平衡为目标所建立的技术体系。绿色技术创新是综合考虑经济效益和环境效益，将企业的资源投入绿色技术的研发中去，减少环境污染、改进生产工艺、提高资源效率，实现经济效益和环境效益的最大化。与一般意义上的技术创新相比，绿色技术创新在考虑经济效益的同时，也更为注重资源使用、污染治理和绿色发展等环境效益，将环境保护和资源利用效率作为推动经济高质量发展的重要因素和动力之源。

3.3 实证研究设计

3.3.1 研究假设的提出

随着经济的不断发展和工业化进程的加快，经济效益和物质财富不断累积增长，与此同时，也对环境造成了污染和破坏。“市场失灵”理论认为充分竞争的市场结构是优化资源配置的最佳途径，当社会资源无法仅依靠市场进行最优分配时，即为“市场失灵”。在现实经济活动中，由于垄断经济、信息不对称和外部不经济等原因，仅依靠市场机制不可能充分实现社会资源的最优配置和均衡发展。近年来为了促进经济效益和环境效益的均衡发展，政府持续出台一系列财政补贴政策支持企业进行绿色技术创新，以改进生产方式，降低环境污染，促进企业绿色转型升级和经济高质量发展。绿色技术创新能够克服传统技术创新的薄弱之处，更加凸显正面环保优势，更加强调资源节约和环境保护的理念，满足企业、社会等多主体需求，通过绿色技术创新挖掘新的经济增长点，实现经济和环境的双赢。黄河流域作为我国传统的资源地区和产业经济带，其目前绿色技术创新活动的保护手段不够健全且其经济市场的有效性程度相比长江经济带较低，信息不对称程度也较高。资源型企业作为对资源依赖性极高的行业，加大对其财政补贴力度以提高绿色技术创新水平，对“美丽中国”建设和国内外双循环的市场建设具有重要意义。因此本章提出假设 H3-1：

H3-1：财政补贴与企业绿色技术创新呈正相关。

在考虑黄河流域资源型企业产权性质差异的情况下，国有产权企业和非国有企业在财政补贴政策力度方面存在一定差距。相对于国有企业来说，非国有企业的资产规模较小且获得资金的渠道相对较少，其开展绿色技术创新等研发活动时对资金的束缚力就较强；而国有企业因受政府股东的影响，更有可能获得政府的资金支持，且其特殊的产权性质为其开展技术创新活动提供了便利，所以国有企业对于财政补贴力度没有很强的敏感性。因此我们认为财政补贴对国有企业的创新激励效应弱于非国有企业。据此本章提出假设 H3-2：

H3-2：财政补贴对非国有企业的促进效果比国有企业更为显著。

考虑到我国不同地区整体经济发展水平、绿色技术创新水平存在差异性，企业的技术创新活动又是一个持续的、全过程的系统工程，技术创新需要较雄厚的科研实力和经济基础，对经济发达地区而言，企业资金实力较强且融资渠道较丰富，科研机构和高等院校创新人才较多，在研究开发方面的资本投入、人才、设施等可调配的资源也较充足，开展技术创新的基础较好，从而有利于加快研发进展和创新成果产出。因此财政补贴对于黄河流域中游和下游地区企业的促进作用更为明显。因此，本章提出假设 H3-3：

H3-3：财政补贴对黄河流域中游地区和下游地区企业的促进效果更为显著。

3.3.2 数据来源和样本选择

本章选取 2013~2020 年黄河流域资源型企业 A 股上市公司作为研究样本，为了确保研究的科学性和客观准确性，对样本数据做了以下筛选：剔除大量连续空缺和未连续披露研发数据的企业；剔除 ST 和 ST* 企业；剔除财政补贴与绿色技术创新的相关数据小于0的样本，针对部分年份的数据缺失根据平均值将其填补，最终用于实证研究的共206家上市公司、1648个观测值。

（1）财政补贴数据：主要来源于国泰安CSMAR数据库中“上市公司研发创新数据表”中关于政府补助的数据，同时在数据中剔除与环境保护无关的数据。

（2）绿色技术创新数据：主要来源于国泰安CSMAR数据库中“上市公司研发创新数据表”中关于研发投入的数据，同时剔除与环境保护、绿色发展、低碳节能以及清洁生产等无关的研发投入数据。

（3）资源型企业：选取以采矿开采、金属加工和冶炼等为主要业务的企业，同时根据上市公司的行业分类指引将资源型企业划分为如表3-1所示的类别。本章所使用的样本数据主要来自国泰安CSMAR数据库，部分数据来自《中国科技统计年鉴》以及上市公司公布的年报，对数据进行手工收集和整理，数据的处理和计量分析均采用STATA 15.0。

表3-1　资源型企业代码及名称

代码	名称	代码	名称
06	煤炭开采和洗选业	30	非金属矿物制品业
07	石油和天然气开采业	31	黑色金属冶炼和压延加工业
08	黑色金属矿采选业	32	有色金属冶炼和压延加工业
09	有色金属矿采选业	33	金属制品业
11	开采辅助活动	38	电气机械和器材制造业
20	木材加工和木、竹、藤、棕、草制品业	39	废弃资源综合利用业
22	造纸和纸制品业	44	电力、热力生产和供应业
25	石油加工、炼焦和核燃料加工业	45	燃气生产和供应业
26	化学原料和化学制品制造业	46	水的生产和供应业

3.3.3 变量定义

被解释变量：绿色技术创新（RD），以企业的绿色技术研发经费投入与企业主营业务收入之比来体现企业的绿色技术创新力度。

解释变量：财政补贴（LNSUB），以收到的政府补助金额取自然对数，来体现财政补贴力度。

控制变量包括：

（1）企业资产规模（SIZE），以企业的资产总额取自然对数来衡量企业的整体规模。一般而言，企业资产规模越大其开展研发创新活动时能够承担的风险越高。

（2）企业偿债能力（LEV），以企业资产负债率来表示，偿债能力越高的企业越有可能开展技术创新活动。

（3）企业盈利能力（ROA），以资产报酬率来表示，企业的盈利水平越高，越有实力开展技术创新方面的投资。

（4）企业发展能力（AGR）和企业经营能力（LNCM）分别以总资产增长率和总资产周转率来表示。流动比率（CR）和速动比率（QR）也是控制变量。具体如表3-2所示。

表3-2　变量定义及说明

变量类型	变量名称	变量符号	变量说明
被解释变量	绿色技术创新	RD	绿色技术创新研发投入/企业营业收入
解释变量	财政补贴	LNSUB	财政补贴取自然对数
控制变量	企业资产规模	SIZE	企业资产总额取自然对数
	流动比率	CR	流动资产/流动负债
	速动比率	QR	速动资产/流动负债
	偿债能力	LEV	资产负债率
	盈利能力	ROA	资产报酬率
	发展能力	AGR	总资产增长率
	经营能力	LNCM	总资产周转率
	企业权属性质	STATE	国有企业=1；非国有企业=0
	企业所属地区	AREA	上游=1；中游=2；下游=3

3.3.4 模型构建

为了检验财政补贴对黄河流域资源型企业绿色技术创新的影响，验证前面的研究假设 H3－1、H3－2 和 H3－3 是否成立，本章构建模型如下：

$$RD_{it} = \alpha_0 + \alpha_1 LNSUB_{it} + \alpha_2 CR_{it} + \alpha_3 QR_{it} + \alpha_4 LEV_{it} + \alpha_5 ROA_{it} + \alpha_6 AGR_{it} + \alpha_7 LNCM_{it} + \varepsilon_{it} \quad (3-1)$$

在模型（3－1）中，i 表示企业，t 表示年份，ε 表示随机干扰项。在模型（3－2）和模型（3－3）中分别加入产权性质和流域性质作为控制变量，用以考察财政补贴对黄河流域资源型企业不同权属和不同流域段的影响效果的差异，即假设 H3－2 和假设 H3－3。

$$RD_{it} = \alpha_0 + \alpha_1 LNSUB_{it} + \alpha_2 CR_{it} + \alpha_3 QR_{it} + \alpha_4 LEV_{it} + \alpha_5 ROA_{it} + \alpha_6 AGR_{it} + \alpha_7 LNCM_{it} + \alpha_8 STATE_{it} + \varepsilon_{it} \quad (3-2)$$

$$RD_{it} = \alpha_0 + \alpha_1 LNSUB_{it} + \alpha_2 CR_{it} + \alpha_3 QR_{it} + \alpha_4 LEV_{it} + \alpha_5 ROA_{it} + \alpha_6 AGR_{it} + \alpha_7 LNCM_{it} + \alpha_8 AREA_{it} + \varepsilon_{it} \quad (3-3)$$

3.4 实证结果分析

3.4.1 描述性统计

表3－3为本章的主要变量的描述性统计结果，由表3－3可以看出，本章选取的1648个样本中，绿色技术创新（RD）的均值为0.02，最大值为0.16，最小值为0.001，可以看出样本企业在绿色技术创新投入方面具有较大的差异。从样本整体来看，财政补贴（LNSUB）的自然对数均值为6.84，最大值为12.08，最小值为0.74，标准差1.72；企业资产规模（SIZE）的自然对数均值为13.29，最大值为17.07，最小值为9.90，标准差1.37，说明企业的资产规模以及所享受的财政补贴亦存在较大差异。

表3-3　　样本描述性统计

变量	N	SD	Min	Max	Mean
RD	1648	0.02	0.0001	0.16	0.02
LNSUB	1648	1.72	0.74	12.08	6.84
SIZE	1648	1.37	9.90	17.07	13.29
CR	1648	2.59	0.00	68.97	1.83
QR	1648	1.75	0.00	33.16	1.42
LEV	1648	0.22	0.00	2.29	0.46
ROA	1648	0.08	-0.93	0.77	0.05
AGR	1648	0.36	-0.93	8.44	0.12
INCM	1648	0.34	0.00	2.44	0.57

数据来源：根据 STATA 软件处理结果整理所得。

3.4.2 相关性分析

表3-4为主要变量之间的相关系数，可以看出财政补贴（LNSUB）与绿色技术创新（RD）之间呈现出显著的正相关性，并且通过了1%的显著性水平检验，说明财政补贴对黄河流域资源型企业绿色技术创新具有正向促进作用，初步验证了假设H3-1。同时可以看出，流动比率（CR）、速动比率（QR）、盈利能力（ROA）和发展能力（AGR）与绿色技术创新也都呈正相关性且通过了1%的显著性水平检验。接下来我们需要进一步对变量之间的关系进行具体的回归分析。

表3-4　　主要变量相关性分析

变量	RD	LNSUB	SIZE	CR	QR	LEV	ROA	AGR	INCM	LNSUB
RD	1									
LNSUB	0.125***	1								
SIZE	-0.249***	0.521***	1							
CR	0.175***	-0.102***	-0.266***	1						
QR	0.227***	-0.127***	-0.296***	0.921***	1					
LEV	-0.324***	0.262***	0.419***	-0.456***	-0.534***	1				

续表

变量	RD	LNSUB	SIZE	CR	QR	LEV	ROA	AGR	INCM	LNSUB
ROA	0.066 ***	0.014	0.081 **	0.081 ***	0.133 ***	-0.241 ***	1			
AGR	0.095 ***	-0.017	-0.001 ***	0.069 ***	0.117 ***	-0.074 ***	0.193 ***	1		
INCM	-0.040	0.041	-0.055 **	-0.027	-0.038	-0.015	0.177 ***	-0.080 ***	1	

注：* 表示 $p<0.1$，** 表示 $p<0.05$，*** 表示 $p<0.01$。

数据来源：根据 STATA 软件处理结果整理所得。

3.4.3 回归分析

3.4.3.1 财政补贴对绿色技术创新回归分析

运用模型（3-1）对财政补贴 LNSUB 与绿色技术创新 RD 之间的关系进行分析，回归结果如表 3-5 所示。表 3-5 中列（1）是单变量回归结果，回归系数为 0.001 且通过了 1% 的显著性水平检验，可知财政补贴对黄河流域资源型企业绿色技术创新具有显著的促进作用。在加入控制变量后，进行多变量回归，从列（2）可以看到回归系数为 0.004 依然通过了 1% 的显著性水平检验。无论是单变量回归还是多变量回归的结果均表明，财政补贴对促进黄河流域资源型企业绿色技术创新具有正向作用，假设 H3-1 得到了验证。

表 3-5　　财政补贴对绿色技术创新的回归分析

变量	RD	RD
	(1)	(2)
LNSUB	0.001 *** (5.125)	0.004 *** (14.717)
SIZE		-0.005 *** (-11.989)
CR		-0.001 *** (-3.036)

续表

变量	RD	RD
	(1)	(2)
QR		0.002 *** -3.114
LEV		-0.026 *** (-9.422)
ROA		-0.004 (-0.602)
AGR		0.004 *** (-3.108)
INCM		-0.004 *** (-2.995)
拟合优度 R^2	0.015	0.231
F 检验	26.263	62.776
样本数 N/个	1648	1648

注：* 表示 p<0.1，** 表示 p<0.05，*** 表示 p<0.01。

3.4.3.2 基于不同权属的资源型企业的回归分析

我们进一步运用模型（3-2）研究财政补贴对黄河流域不同权属性质的资源型企业绿色技术创新的影响效果，从表 3-6 的最后两列可以看出，无论是国有企业还是非国有企业，财政补贴与企业绿色技术创新均为正相关关系，且均通过了 1% 的显著性水平检验。

表 3-6　　不同股权属性的资源型企业的回归结果

变量	RD	RD	RD
	全样本	国有	非国有
LNSUB	0.004 *** (14.717)	0.002 *** (4.97)	0.005 *** (13.64)
SIZE	-0.005 *** (-11.989)	-0.002 ** (-2.38)	-0.006 *** -10.57

续表

变量	RD	RD	RD
	全样本	国有	非国有
CR	-0.001 *** (-3.036)	-0.002 (-0.85)	-0.002 *** (-3.2)
QR	0.002 *** -3.114	0.004 (1.29)	0.003 *** (3.22)
LEV	-0.026 *** (-9.422)	0.002 (0.31)	-0.03 *** (-9.55)
ROA	-0.004 (-0.602)	0.01 (0.56)	-0.01 (-1.56)
AGR	0.004 *** (-3.108)	0.009 ** (2.18)	0.004 *** (2.68)
INCM	-0.004 *** (-2.995)	0.019 * (-1.84)	0.078 *** (-12.5)
拟合度 R^2	0.231	0.095	0.245
F检验	62.776	5.009	60.067
样本数N/个	1648	344	1304

注：* 表示 $p<0.1$，** 表示 $p<0.05$，*** 表示 $p<0.01$。

从回归系数的大小来看，相比较而言，相对于国有企业样本组，非国有企业样本组的回归系数较大，因此，财政补贴对非国有资源型企业绿色技术创新的激励效果更为明显，假设H3-2得到了验证。根据信息不对称理论，各利益主体根据自身的信息优势做出各项决策判断，掌握信息越多的一方往往对外部刺激没有强烈的敏感性，因而不会产生较为明显的变化。国有企业具有政治关联的天然优势，对于政府的各项激励措施，相对于非国有企业而言，其敏感度较弱。财政补贴对于非国有企业而言犹如雪中送炭，非国有企业利用财政补贴开展绿色技术创新的积极性也较高。

3.4.3.3 基于不同流域的资源型企业的回归分析

进一步地，我们依次对黄河流域上、中、下游企业逐一按样本组进行回归分析，具体结果如表3-7所示。可以看到，财政补贴LNSUB与绿色技术创新RD之间的回归系数均为正。对上游企业样本组而言，回归系数为0.002且通过了5%的显著性水平检验；中游企业样本组的回归系数为0.005且通过了1%的显著性水平检验；同样，下游企业样本组的回归系数为0.005且通过了1%的显著性水平检验。可见，财政补贴对黄河流域各个流域段的资源型企业绿色技术创新均有正向促进作用。从回归系数的大小以及显著性水平的高低来看，中游和下游企业样本组的回归效果是最为明显的。因此，财政补贴对黄河流域中游地区和下游地区资源型企业的促进效果更为显著，假设H3-3得到了验证。由此，应结合各流域段的经济发展水平、企业分布、产权性质、行业属性和区域特征，实施精细化、差异化的创新支持政策，精准施策提高企业创新积极性和资金使用效率，逐步建立并完善绿色技术创新的顶层设计、战略规划和协同机制。

表3-7　　不同流域地区的回归分析

变量	RD	RD	RD	RD
	全样本	上游企业	中游企业	下游企业
LNSUB	0.004*** (-14.717)	0.002** 6.84	0.005*** (6.84)	0.005*** (11.14)
SIZE	-0.005 (-11.989)	-0.004 (-5.65)	-0.005 (-5.94)	-0.005 (-7.51)
CR	-0.001 (-3.036)	0.004 (1.88)	0 (0.09)	0 (0.2)
QR	0.002 -3.114	-0.004 (-1.92)	-0.002 (-0.79)	0.004 (1.66)
LEV	-0.026 (-9.422)	-0.023 (-6.71)	-0.031 (-4.16)	-0.013 (-2.44)
ROA	-0.004 (-0.602)	-0.014 (-1.75)	-0.01 (-0.75)	-0.004 (-0.39)
AGR	0.004*** (-3.108)	0.004 (1.55)	0.018 (3.50)	0.004 (2.38)

续表

变量	RD	RD	RD	RD
	全样本	上游企业	中游企业	下游企业
INCM	-0.067 (-2.995)	0.056 (6.62)	0.075 (7.03)	0.061 (7.46)
拟合优度 R^2	0.231	0.198	0.254	0.313
F 检验	62.776	21.128	13.649	48.441
样本数 N/个	1648	608	288	752

注：* 表示 $p<0.1$，** 表示 $p<0.05$，*** 表示 $p<0.01$。

3.4.4 稳健性检验

为了检验上述回归结果的可信度，本章收集 CNRDS 中国研究数据服务平台中关于绿色专利研究的数据库（GPRD），选用上市公司本身专利数量并考虑专利产出的滞后性，选用 2014～2021 年绿色专利产出数据替换绿色技术研发投入。使用上述方法进行回归分析，所得结论与前面一致。所有假设检验除使用稳健标准误外，同时使用聚类稳健标准误进行了检验，所得结果依然稳健。

3.5 结论与政策启示

在创新驱动发展战略背景下，改变高耗能、高污染的传统工业发展模式势在必行。坚持创新驱动的引导作用和绿色发展的突出地位，加快构建现代化产业体系，不断提升企业绿色技术创新能力和水平，迫切需要持续资金支持企业开展绿色技术攻关、研发和创新。因此，企业在追求经济效益的同时更需要担负起应有的社会责任，不断在环保低碳、工艺改进、节能生产和清洁能源等领域持续发力，提升绿色可持续发展的意识和理念，助力国民经济实现高质量发展。在此背景下，国家不断完善相关补贴政策和提高补贴力度大力支持企业开展技术创新活动。但如何使财政补贴更有效地发挥对企业绿色技术创新的激励作用，是现阶段政府革新财政政策、优化资源配置面临的现实问题。

本章以黄河流域资源型企业为研究对象，实证检验了财政补贴对企业绿色技术创新的影响效果，研究发现，（1）财政补贴对黄河流域资源型企业绿色技术创新具有正向促进作用。财政补贴对实现企业在绿色技术创新中的主体地位，促进黄河流域高质量发展和“五位一体”总体布局建设具有重要作用。（2）相对于国有企业，财政补贴对非国有资源型企业绿色技术创新的激励效果更为明显。近年来政府不断完善财政补贴政策，对助推民营企业发展起到了良好效果。（3）相比较而言，财政补贴对黄河流域中游地区和下游地区企业的促进效果更为显著。

基于此，本章提出以下对策建议，以期为完善国家财政补贴政策、提升企业绿色技术创新提供一定的应用参考。

在政府层面：（1）继续加大财政支持力度。政府应继续为企业提供财政补贴资金，加大财政资金分配使用、绩效评价等方面的宣讲，增强财政资金的针对性和高效性，精简审批事项和审批程序，实行分批分时段服务，推广“一窗式”服务，以审批的“简”换取企业创新的“加”。（2）科学实施差异化补贴政策。考虑到财政补贴对不同地区和不同产权性质的企业绿色技术创新的不同激励效果，应推行差异化政策。例如，专门制订针对非国有企业等中小民营企业的财政补贴政策，给予非国有企业更多财政支持，打造民营企业绿色技术创新样本企业，起到引领和示范作用；又如，针对上游地区的环境脆弱性和企业规模及其财力，实施多元化的补贴政策。（3）合理完善有关财政补贴的审计制度。现阶段针对政府补贴政策的硬性要求，在发放补贴资金前应充分考察调研以了解被补助企业的研发情况，合理确定对企业的补贴方式和力度，如将一次大额拨款改为多次小额分发，确保财政补贴资金落地实处；同时，加大对侵权行为的打击力度，不断完善绿色产品、绿色工艺等创新技术的保护制度，营造全社会进行绿色技术创新的良好氛围。

在企业层面：（1）形成稳定的创新资金支持。稳定的资金支持对企业开展绿色技术创新至关重要，企业可每年从营业收入中提取固定比例的资金作为绿色技术创新基金，同时积极拓宽融资渠道，外源获取政府和金融机构的资金和政策支持，紧跟市场需求改进生产工艺和流程，以生产出清洁环保的绿色产品。(2) 注重创新人才和环保人才的培养引进。人才是企业进行技术创新的关键要素。企业一方面应不断完善内部人才管理制度，对科研人员建立与创新绩效相符合的激励机制；另一方面不断提高人才培养建设梯队，加强与科研院所、高校研究院等合作，有针对性、有目的地培养人才。(3) 健全企业内部控制和风险管理体系。绿色技术创新活动具有较大的不确定性和风险性，新技术或新产品如果研发失败，将会给企业带来不可预估的损失，因此构建和完善内部控制流程和风险管理体系具有重要意义。通过建立健全内部控制制度，针对可能发生的内外部环境变化做好应急或防范预案，以合理方法和有效策略应对和化解企业内外部的各种风险，才能从根本上提高企业技术创新能力、核心竞争力和价值创造力，助推黄河流域乃至国民经济实现高质量发展。

第4章

财政政策对黄河流域企业绿色创新投入的影响效果

2019年9月，习近平总书记在河南省郑州市主持召开了“黄河流域生态保护和高质量发展座谈会”，黄河流域生态保护和高质量发展列为国家战略。由于生态环境脆弱、水土流失严重、水资源污染等问题的存在，黄河流域生态环境治理成效不容乐观。作为经济共同体和生态共同体，黄河流域企业在创造经济价值的同时应主动承担环境治理责任，加大企业绿色创新投入力度，改善优化生态环境并推动区域经济高质量发展。

2020年3月，中共中央办公厅、国务院办公厅印发了《关于构建现代环境治理体系的指导意见》，指出“牢固树立绿色发展理念，以强化政府主导作用为关键，以深化企业主体作用为根本，健全环境治理企业责任体系，为推动生态环境根本好转、建设生态文明和美丽中国提供有力制度保障”。要想遏制环境整体恶化势头、生态环境质量总体改善，仅靠政府有限的财政支撑是远远不够的，深化企业绿色创新投入体现了生态文明建设的价值取向。企业开展绿色创新投入是推动经济社会绿色发展的应有之义。

近年来，随着国家对生态环境重视程度的不断提高，有关“放管服”改革、减税降费、优化营商环境等政策红利不断释放，通过宏观调控方式和各种财政政策激励企业进行绿色创新投入。本章以黄河流域企业为研究对象，研究和检验财政政策对黄河流域企业绿色创新投入的激励效果，为促进黄河流域生态保护和经济高质量发展提供一定的参考借鉴和经验证据。

4.1 文献述评

相对而言，西方国家较早进入工业时代，针对经济发展所带来的环境问题有较为成熟的经验研究。在企业绿色创新投入方面，Farzin 等（2000）认为排污税达到一定标准时，排污税有利于刺激企业减排，排污税增加所带来的“遵循成本”能促使企业不得不关注前期的环保和减排投资。有观点认为，政府补助、税收优惠以及低利率贷款等措施为企业的绿色技术创新提供了更多支持（Boris Lokshin，2012），财政补贴的提高能够促进企业进行绿色创新（Li Z，2018）。但也有观点认为，财政政策对企业绿色创新投入具有一定的抑制作用，Dominique Guellec（2003）认为财政补贴使得支持绿色技术创新的必要生产要素价格上涨，企业更倾向于将补贴资金用于产品开发而非回报率较低的环保领域。也有学者注意到货币政策有重要影响，Petre Caraian 等（2017）通过对巴西、智利、哥伦比亚、墨西哥以及秘鲁的工业结构展开分析，发现货币政策对工业生产的影响最大，尤其是生产绿色产品和环保产品的企业对货币政策更加敏感。

我国现有的财税政策体系中，已经有不少与资源、环保相关的财政税收政策，但由于形式单一，需要进一步拓宽激励形式提升环保水平（杨乐，2021）。有效发挥政府在生态环境保护中的主导作用，一是完善环境保护支出科目的设置，实现环保财政资金预算的独立计划和管理（张悦，2021；高涓，2019）；二是进一步完善政府支出结构、环保财政转移支付制度等，以满足环保资金需求（刘建设，2018）。政府作为调节经济发展的“有形之手”，在引导企业转变生产经营方式、实现绿色发展方面具有不可替代的作用。政府提供的财政补贴可以提高企业绿色创新投入水平，激发企业绿色创新投入的积极性，并且存在边际递增效果（吕明晗等，2020）。近年来，企业在环保方面的投资规模将逐年扩大，税收政策显著促进了企业绿色创新投入（梁晓源，2020），财政补贴和税收优惠与企业环保技术创新之间呈“N”形关系（何凌云，2020）。

有关黄河流域企业绿色发展这一主题，近年来成为众多学者的研究焦点。孟望生和邵芳琴（2020）认为目前黄河流域的环境规制和产业结构的升级都有助于提高全流域的绿色经济增长效率。相比较而言，命令控制型环境规制比市场激励型环境规制更有助于促进黄河流域企业绿色创新投入建设（高志刚，2021）。耿凤娟等（2020）认为将科技创新作为激励黄河流域产业结构优化升级新引擎，推动黄河流域产业由高能耗、低端化向绿色化、高端化转型升级，以助推黄河流域的高质量发展。目前，黄河流域经济高质量发展水平整体偏低，四川、山东、河南、山西等省经济高质量发展水平较高，内蒙古、甘肃、青海、宁夏等省区经济高质量发展水平相对较低（段鑫，2021）。因此，李明和赵恢林（2020）认为由于黄河流域涉及省级行政区较多，同时黄河流域环境保护的外部性难以测算，需要通过合理的财政税收政策激励流域内企业主动承担生态环境责任、加大绿色创新投入力度。我国目前的流域生态补偿大部分由政府主导，张婕等（2020）通过对新安河流域生态补偿财政支出效率研究，发现财政支出总体运行相对良好，但是仍然有较大的改进空间，财政支出效益不佳的主要原因是规模效益低，生态补偿财政资金的分配规模有待提高。进一步地，张瑞等（2020）研究发现财政支出分权对促进黄河流域高质量发展具有显著的正向作用，而财政收入分权却具有负向作用。

综上所述，目前国内外关于财政政策对于宏观经济高质量发展的研究较多，而对于微观企业绿色发展的影响研究较少，将财政政策、黄河流域企业绿色创新投入宏微观相结合共同纳入同一研究框架的研究更为少见。本章在总结前人成果基础上，从企业绿色创新投入现状出发，针对在经济转型期中作为中国“三大攻坚战”污染防治重点区域的黄河流域，通过实证分析，检验不同财政政策对黄河流域企业绿色创新投入的效应与效果，以期进一步丰富相关研究成果并提供政策参考。

4.2 相关概念阐释

黄河流域在我国经济社会发展和生态环境建设方面具有重要地位。黄河流域发源于青海省巴颜喀拉山脉，流经青海、四川、甘肃、宁夏、内蒙古、山西、陕西、河南以及山东九省区，横跨我国东、中、西三大区域，全长5464公里，是中国第二长河，仅次于长江，也是世界第五长河流。黄河流域的经济社会发展水平整体滞后，第二产业是黄河流域产业结构中的主体产业，第三产业比重不仅低于全国平均水平，而且显著低于沿海地区，但是黄河流域的第一产业占比却明显高于全国平均水平。根据国家统计局公布的数据，2019年黄河流域人口总量为3.24亿人，占全国人口总量的23.31%。2018年黄河流域GDP总量为19.4万亿元，占全国GDP总量的比重为21.55%，黄河流域上、中、下游地区占全流域GDP的比重分别为14.54%、21.27%和64.19%。

财政政策是国家利用政府财政支出和税率影响经济和社会发展的重要调控手段。政府通过财政政策影响企业的投资倾向和投资行为，达到促进经济高质量发展的目的。我国目前关于激励企业进行绿色创新投入的财政政策主要分为政府补助和税收优惠政策。政府补助是直接或间接向企业提供的一种无偿的转移，是一项事前激励，具有迅速、直接、明显的特点（王凤翔，2006）。对于绿色创新活动，企业应当承担改善环境状况的主体责任，政府应担负起主导责任（张悦，2020），需要政府给予相应的激励政策，引导和带动企业投资环保的积极性。税收优惠是指减轻或免除某些特定企业和征税对象的税收负担的一种举措，是一项事后激励，具有公平、透明、广泛的特点（夏杰长，2006）。税收政策尤其是资源和环境税具有约束与激励功能、融资与补偿功能，进而对企业绿色创新投入行为产生调节作用。所得税优惠是税收优惠政策中最常用的调节手段，根据我国税法相关规定，企业所得税的优惠方式包括免税、减税、加计扣除、加速折旧、减计收入、税额抵免等，对企业绿色创新投入具有调节作用（杨乐，2020）。

企业绿色创新投入是指为实现环境绩效而进行环保方面的投资，一般包括事前预防投资、日常维护投资以及污染治理投资等。从企业披露的环境信息来看，企业绿色创新投入较多地体现为污染物处理设备的购置和治理费用，如除尘技术与设备的购置与使用、脱硫技术与设备的购置与使用以及环保技术研发费用、环保产品开发支出等（唐国平，2013）。企业进行绿色创新投入具有较强的外部性，受益者包括企业、居民、政府、消费者以及社会组织等，在促进企业自身绿色发展的同时也为社会创造和改善了良好的外部环境（张悦，2017）。

4.3 黄河流域企业绿色创新投入现状分析

在经济发展中，黄河流域的战略地位不断提高，黄河流域企业是否承担社会责任成为评价流域经济的一个重要因素。依据国泰安 CSMAR 数据库的相关数据，本章整理了样本公司 2010～2019 年绿色创新投入数据，如表 4－1 所示。根据统计资料，青海、宁夏、甘肃、四川、内蒙古、陕西、河南 7 省区每年的绿色创新投入总的变化幅度相近，但山东省每年的企业绿色创新投入总额明显高于其他 8 个省区，其中 2014～2016 年绿色创新投入总额增减变化最为明显，2017～2019 年呈现出递增趋势。整体来看，山西省企业环保总额呈现递减趋势，除山西省之外的 8 个省区企业绿色创新投入总额都呈现递增趋势。党的十八大以来，生态文明建设越来越受到关注和重视，黄河流域企业绿色创新投入总额也总体呈现了递增趋势。

表 4－1　　黄河流域各省企业绿色创新投入总额　　单位：百万元

年份	青海	宁夏	甘肃	四川	内蒙古	陕西	山西	河南	山东
2010	524.75	32.14	172.47	281.82	405.60	44.00	2883.17	186.64	5577.90
2011	530.57	65.56	252.82	464.18	500.14	124.21	1940.78	170.52	5749.07
2012	945.42	56.36	841.75	303.72	444.50	28.60	2515.55	154.29	7930.14

续表

年份	青海	宁夏	甘肃	四川	内蒙古	陕西	山西	河南	山东
2013	383.33	117.49	305.72	617.12	729.34	13.26	1975.82	337.79	8933.12
2014	602.73	101.08	205.55	460.05	1471.84	34.08	821.94	227.44	78019.57
2015	428.83	80.32	108.88	1814.94	706.20	18.67	232.93	393.80	9397.20
2016	888.32	83.44	355.39	2321.09	1095.94	440.75	835.04	1366.50	87416.77
2017	772.85	2510.22	316.47	960.16	1353.85	576.28	1743.69	913.32	4921.04
2018	529.63	27.20	251.64	926.23	987.50	1156.38	993.33	234.22	7038.19
2019	537.09	156.28	637.25	1575.54	831.35	2146.89	1813.86	628.45	7483.30

数据来源：根据国泰安 CSMAR 数据库整理所得。

为了科学考察黄河流域各段经济发展的差异性，根据地理位置划分，将黄河流域分为上游、中游、下游三段，青海、四川、宁夏和甘肃为上游省区，内蒙古、山西和陕西为中游省区，河南和山东为下游省区。从国泰安 CSMAR 数据库整理出黄河流域上、中、下游企业绿色创新投入额，如表 4－2 所示。横向来看，黄河流域下游地区企业绿色创新投入总额明显高于中游地区和上游地区的企业；纵向来看，十年来各年份绿色创新投入额增减变动幅度较大，下游企业 2014～2016 年增幅最为明显；黄河流域中游地区 2010～2015 年企业绿色创新投入额呈现出递减趋势，2015～2019 年呈现递增趋势；上游地区企业绿色创新投入额基本处于连年递增趋势。

表 4－2　　黄河流域上、中、下游企业绿色创新投入总额　　单位：百万元

年份	上游	中游	下游
2010	1011.18	3332.78	5764.54
2011	1313.13	2565.13	5919.60
2012	2147.24	2988.66	8084.42
2013	1423.66	2718.42	9270.91
2014	1369.41	2327.86	78247.01
2015	2432.97	957.81	9791.00
2016	3648.23	2371.73	88783.27

续表

年份	上游	中游	下游
2017	4559.70	3673.83	5834.35
2018	1734.70	3137.22	7272.41
2019	2906.15	4792.10	8111.75

数据来源：根据国泰安 CSMAR 数据库整理所得。

我们整理得到黄河流域国有企业和非国有企业绿色创新投入数据，如表 4－3 所示。黄河流域国有企业每年绿色创新投入总额均高于非国有企业绿色创新投入总额，下游的企业绿色创新投入总额明显高于中游和上游的企业绿色创新投入总额。国有企业绿色创新投入总额在 2010～2015 年呈现出波动递减趋势，2016～2019 年绿色创新投入总额整体又呈现出递增趋势。但无论是上游、中游还是下游，非国有企业绿色创新投入均远低于国有企业，上游企业绿色创新投入总额基本均低于中游、下游企业，从年度序列来看，企业绿色创新投入总体呈现递增趋势。

表 4－3　黄河流域上、中、下游国有和非国有企业绿色创新投入总额

单位：百万元

年份	上游		中游		下游	
	国有企业	非国有企业	国有企业	非国有企业	国有企业	非国有企业
2010	936.35	74.82	3049.10	283.68	5268.25	496.30
2011	1260.14	53.00	2340.40	224.73	9554.76	647.89
2012	1947.56	199.68	2819.08	169.58	7504.70	579.72
2013	964.62	459.05	2316.38	402.04	8871.98	398.92
2014	1171.85	197.56	1558.80	769.06	8860.24	626.01
2015	2019.05	413.93	726.81	230.99	9258.03	919.59
2016	3241.58	406.65	1092.77	1278.96	11724.16	1373.48
2017	1315.69	3244.01	2216.98	1456.84	6670.39	1598.93
2018	1071.18	663.51	2094.43	1042.79	6105.50	1166.90
2019	1792.10	1114.05	3948.40	843.70	6874.59	1237.16

数据来源：根据国泰安 CSMAR 数据库整理所得。

4.4 实证研究设计

4.4.1 研究假设的提出

（1）政府补助对促进企业绿色创新投入具有正向影响。

根据外部性理论，生态环境存在正外部性和负外部性，两者都比较突出，生态环境的破坏不仅会影响经济发展，还会影响社会发展，甚至影响人类文明的可持续发展。因此，需要通过政府干预生态环境相关利益主体由于污染所带来的负外部性，借助“政府之手”来弱化环境治理过程中的负外部性、提升正外部性，促进整个社会环境质量改善的福利最大化。政府补助正是解决生态环境负外部性的一种常用途径。基于前面的相关概念阐释及现状分析，黄河流域企业绿色创新的激励机制尚不完善，可以利用政府补助解决黄河流域企业绿色创新存在的外部性问题。由于企业绿色创新具有强外部性特点，购置与使用环保设施、研发环保技术、开展污染物治理等都需要消耗企业大量资金。加之大量的环保资金投入不像一般生产经营投资那样能带来直接的利益回报，因此企业动用自有资金进行绿色创新的积极性较低。如果绿色技术创新在一定程度上由政府来“买单”，则会大大激发企业的环保热情和积极性。政府补助不仅促进和谐了政企在环保领域的战略联盟关系，而且对企业绿色技术创新提供了一定的财力支持，不会对企业正常的生产经营资金使用造成较多干扰和影响，使企业愿意投身绿色创新活动。因此，本章提出假设 H4 - 1：

假设 H4 - 1：政府补助对促进企业绿色创新投入具有正向作用。

（2）税收优惠对促进企业绿色创新投入具有正向影响。

在诸多激励绿色创新投入的方式方法中，税收优惠是一大重要的助推力量，通过税收的减免优惠，使企业可以节约大量资金成本，有效缓解企业资金困境，从而促进企业的环保投入。税收优惠是政府利用税收调节经济的具体手段，通过税收优惠可以扶持特定地区、产业、企业和产品的发展，促进产业结构的调整和社会经济的协调发展。根据生态补偿理论，为了保护和可持续利用生态资源，实现人与自然的和谐发展，需要利用制衡工具对生态环境利益相关者进行制约或鼓励，运用调控手段对经济效益、生态效益和社会效益间的关系进行调整。以黄河流域生态环境补偿机制为例，当企业积极开展绿色创新活动、对外提供清洁水质、维持和改善良好生态环境时，相当于对外提供了优质公共产品，满足了人们日益增长的美好生态环境需求，发挥了政府的公共服务职能，因此政府需要向企业进行生态环保补偿。而政府对企业提供的各种税收优惠，就是通过让渡税收利益变相对企业的资金补偿，为其更好地开展绿色技术创新提供资金支持和持续动力。因此，本章提出假设 H4－2：

假设 H4－2：税收优惠对企业绿色创新投入具有促进作用。

（3）税收优惠比政府补助更能促进企业绿色创新投入。

税收优惠和政府补助是政府解决企业绿色技术创新外部性问题的两种方式。政府补助属于事前激励，具有较强的确定性，可以为企业带来直观的资金流入；税收优惠属于事后激励，具有较强的自主性，在明确优惠政策的条件下，也可以通过合理的税收筹划使企业实现期望收益，明显减少资金流出大大降低税收负担。因此，相比较而言，税收优惠比政府补助更具有“诱惑力”。根据社会责任理论，企业是推动社会发展的积极因素和重要力量，企业通过消耗资源产生经济效益，企业在追求短期利润的同时应自觉承担相应的社会责任以实现长期发展。环保责任是企业重要的社会责任之一，无论企业为了满足自身发展需求还是履行应尽的环保责任，均会消耗企业资源，都需要企业有较充足的资金储备。同样地，黄河流域企业进行绿色技术创新不仅是创造经济价值，更是在承担社会责任，进而推动黄河流域经济实现高质量发展。那么，税收优惠作为一种创新收益驱动机制，通过提高期望收益、降低成本以提高企业的获得感，保障了绿色技术创新所需的资金和财力。环保的外部性和绿色效益的“外溢”使企业的绿色形象得到广泛传播，为企业树立起良好的社会形象和大众口碑，促进企业的产品销售和经营利润的提升，最终使企业在环保资金和经营资金之间实现了良性循环，为企业的自身发展和环保责任的履行均提供了资金保障。因此，本章提出假设 H4-3：

假设 H4-3：税收优惠比政府补助更能够促进企业绿色创新投入。

4.4.2 数据来源与样本选择

本章以黄河流域上市公司为研究对象，选择2010~2019年连续十年上市的公司数据作为初始样本，选用国泰安 CSMAR 数据库、和讯网企业社会责任报告数据做进一步筛选：（1）被解释变量是黄河流域企业绿色创新投入，对于绿色创新投入数据大量缺失的企业进行剔除；（2）剔除和讯网中企业社会责任报告数据缺失的企业；（3）在解释变量和控制变量方面，对财务数据不全的企业进一步剔除。最终得到有效样本1089个。

本章的被解释变量企业绿色创新投入数据来自上市公司发布的年报，手工做了收集和整理；解释变量政府补助和税收优惠数据以及控制变量相关数据均来自国泰安 CSMAR 数据库，并手工进一步做了补充整理。

4.4.3 变量设计

被解释变量：企业绿色创新投入 EI，来自企业年报披露的企业绿色创新投入总额。

解释变量：（1）政府补助 AL，来自企业年报中收到的“政府补助”项目金额；（2）税收返还 TM，来自企业报表中“收到的税收返还”项目金额；（3）企业所得税优惠 QTM，采用公式［0.25-(所得税费用/利润总额)］×利润总额进行计算。

控制变量包括：（1）企业资产规模 SIZE，企业年末总资产的自然对数；（2）企业偿债能力 LEV，以资产负债率来衡量；（3）企业盈利能力 ROA，以净资产收益率来衡量；（4）发展能力 MOG，以主营业务收入增长率衡量；（5）企业性质 NAT，根据股权性质分为国有企业和非国有企业，两者在社会责任履行、公司治理以及市场作用方面均存在较大差异；（6）企业类型 TYP，以制造业和非制造业划分样本组进行对比检验；（7）行业性质 IND，不同行业进行绿色技术创新时对财政政策的敏感性不同，以重污染和非重污染企业划分样本组进行对比检验。各变量定义具体如表4－4所示。

表4－4 变量定义和说明

变量类型	代码	单位	定义
被解释变量：			
企业绿色创新投入	EI	万元	企业绿色创新投入总额
解释变量：			
税收返还金额	TM	万元	企业所收到的税收返还总金额
企业所得税税收优惠	QTM	万元	[0.25－(所得税费用/利润总额)]×利润总额
政府补助	AL	万元	
控制变量：			
企业性质	NAT	—	国有企业为1，否则为0
企业类型	TYP	—	制造业为1，否则0
行业性质	IND	—	重污染行业1，否则为0
企业所属区域	AREA	—	上游为1，中游为2，下游为3
企业规模	SIZE	对数	企业年末总资产的自然对数
股权集中度	FIRST	%	第一大股东持股数量/企业股票总数×100%
现金比率	CASH	%	货币资金/总资产×100%
偿债能力	LEV	%	总负债/总资产×100%（资产负债率）
盈利能力	ROA	%	净利润/年末净资产×100%
发展能力	MOG	%	主营业务收入增长率
财务风险	DFL	—	普通股每股收益变动率/息税前利润变动率
年度变量	YEAR	—	虚拟变量，2010～2019年其他变量

4.4.4 模型构建

为了检验政府补助对企业绿色创新投入的影响，即验证前面的研究假设H4－1是否成立，本章构建模型：

$$EI_{it} = \alpha_0 + \alpha_1 AL_{it} + \alpha_2 SIZE_{it} + \alpha_3 CASH_{it} + \alpha_4 LEV_{it} + \alpha_5 ROA_{it} + \alpha_6 MOG_{it} + \alpha_7 DFL_{it} + \alpha_8 FIRST_{it} + \alpha_9 YEAR_{it} + \sum_{it} \quad (4-1)$$

其中，i表示企业，t表示年份，ε在模型中表示随机干扰项。

为了检验税收优惠对企业绿色创新投入的影响，即验证前面的研究假设 H4 - 2 是否成立，本章构建模型：

$$EI_{it} = \beta_0 + \beta_1 TAX_{it} + \beta_2 SIZE_{it} + \beta_3 CASH_{it} + \beta_4 LEV_{it} + \beta_5 ROA_{it} + \beta_6 MOG_{it} + \beta_7 DFL_{it} + \beta_8 FIRST_{it} + \beta_9 YEAR_{it} + \sum{}_{it} \quad (4-2)$$

其中，TAX 代表解释变量税收优惠，包括税收返还 TM、企业所得税优惠 QTM。

为了检验政府补助和税收优惠对企业绿色创新投入的不同影响，即验证前面的研究假设 H4 - 3 是否成立，本章构建模型：

$$EI_{it} = \chi_0 + \chi_1 Fintax_{it} + \chi_2 SIZE_{it} + \chi_3 CASH_{it} + \chi_4 LEV_{it} + \chi_5 ROA_{it} + \chi_6 MOG_{it} + \chi_7 DFL_{it} + \chi_8 FIRST_{it} + \chi_9 YEAR_{it} + \sum{}_{it} \quad (4-3)$$

其中，Fintax 代表解释变量财政政策，包括政府补助 AL、税收返还 TM、企业所得税优惠 QTM。

基于模型（4 - 1）和模型（4 - 2），将研究样本按国有企业与非国有企业、重污染与非重污染企业、制造业与非制造业以及黄河流域上游、下游和中游企业进行分类。建立模型（4 - 4）和模型（4 - 5）如下：

$$EI_{it} = \delta_0 + \delta_1 AL_{it} + \delta_2 SIZE_{it} + \delta_3 CASH_{it} + \delta_4 LEV_{it} + \delta_5 ROA_{it} + \delta_6 MOG_{it} + \delta_7 DFL_{it} + \delta_8 FIRST_{it} + \delta_9 NAT_{it} + \delta_{10} TYP_{it} + \delta_{11} IND_{it} + \delta_{12} YEAR_{it} + \delta_{13} AREA_{it} + \sum{}_{it} \quad (4-4)$$

$$EI_{it} = \varepsilon_0 + \varepsilon_1 TAX_{it} + \varepsilon_2 SIZE_{it} + \varepsilon_3 CASH_{it} + \varepsilon_4 LEV_{it} + \varepsilon_5 ROA_{it} + \varepsilon_6 MOG_{it} + \varepsilon_7 DFL_{it} + \varepsilon_8 FIRST_{it} + \varepsilon_9 NAT_{it} + \varepsilon_{10} TYP_{it} + \varepsilon_{11} IND_{it} + \varepsilon_{12} YEAR_{it} + \varepsilon_{13} AREA_{it} + \sum{}_{it} \quad (4-5)$$

4.5 实证结果分析

4.5.1 描述性统计

表 4 - 5 是本章的主要变量描述性统计结果。从表 4 - 5 可以看出，企

业绿色创新投入EI的最大值是8059.42百万元，均值为114.01百万元，标准差是573.38，可以看出企业绿色创新投入差异较大。企业社会责任评价得分CSCORE的最低分是-9.54，最高分为84.11，标准差为18.40。这说明样本企业在社会责任履行方面也存在较大差异。从样本整体来看，企业所享受的政府补助AL、企业收到税收返还TM，以及企业所得税优惠QTM均存在较大差异。从控制变量来看，企业规模SIZE差异相对较小，但企业盈利能力ROA、偿债能力LEV和发展能力MOG差异较明显。

表4-5 变量描述性统计

变量	样本量	标准差	最小值	最大值	平均数
EI	1089	573.38	0.00	8059.42	114.01
AL	1089	114.73	0.00	1875.86	47.36
TM	1089	124.69	0.00	1930.37	37.46
QTM	1089	236.66	-2122.18	2089.80	17.91
SIZE	1089	1.32	18.29	26.19	22.69
CASH	1089	0.11	-0.07	0.73	0.12
CSCORE	1089	18.40	-9.54	84.11	24.87
DFL	1089	3.92	-1.40	86.69	2.15
FIRST	1089	16.29	5.14	89.99	36.74
LEV	1089	23.87	0.84	299.18	48.53
LNAL	1089	2.07	0.00	12.14	7.01
LNEI	1089	2.37	-3.29	13.60	6.89
MOG	1089	20.20	-0.97	665.54	0.81
ROA	1089	8.83	-79.55	63.00	5.31

4.5.2 相关性分析

表4-6列示的是主要变量之间的相关系数以及显著性检验结果。从表4-6可以看出，黄河流域企业绿色创新投入额EI与政府补助AL之间呈现出显著的正相关性，并且通过了1%的显著性水平检验，表明政府补助对黄河流域企业绿色创新投入具有正向促进作用，初步验证了假设H4-1。

表 4-6　相关性分析

	AL	CASH	CSCORE	DFL	EI	FIRST	LEV	MOG	QTM	ROA	SIZE	TM
AL	1											
CASH	-0.038	1										
CSCORE	0.075 **	0.123 ***	1									
DFL	0.038	-0.132 ***	-0.094 ***	1								
EI	0.184 ***	-0.089 ***	0.131 ***	0.024	1							
FIRST	-0.025	-0.012	0.114 ***	0.022	0.092 ***	1						
LEV	0.149 ***	-0.352 ***	-0.120 ***	0.258 ***	0.132 ***	0.117 ***	1					
MOG	0.009	-0.007	-0.015	-0.005	-0.007	0.005	0.03	1				
QTM	0.219 ***	0.080 ***	0.138 ***	-0.086 ***	0.085 ***	0.033	-0.144 ***	-0.001	1			
ROA	0.045	0.231 ***	0.358 ***	-0.130 ***	0.033	0.050 *	-0.322 ***	0.005	0.407 ***	1		
SIZE	0.346 ***	-0.175 ***	0.184 ***	0.095 ***	0.298 ***	0.288 ***	0.320 ***	0.024	0.131 ***	0.129 ***	1	
TM	0.573 ***	-0.012	0.011	-0.022	0.037	-0.04	0.069 **	-0.007	0.231 ***	0.080 ***	0.255 ***	1

注：相关系数通过 Pearson 相关性检验，且 *、**、*** 分别表示在置信度为 0.1、0.05 和 0.01 时相关性是显著的。

同时可以看出，企业所得税优惠 QTM 与企业绿色创新投入 EI 也通过了 1% 的显著性水平检验，两者的相关系数为 0.085；企业收到的税收返还 TM 与企业绿色创新投入 EI 的相关系数为 0.037 但未通过显著性水平检验。我们需要进一步对变量之间的关系进行具体的回归分析。从控制变量来看，股权集中度 FIRST、企业规模 SIZE、偿债能力 LEV 与企业绿色创新投入 EI 均呈现显著的正相关关系，相关系数分别是 0.092、0.132 和 0.298，表明企业规模越大，偿债能力和股权集中程度越高的企业进行绿色创新投入的可能性越大。现金比率 CASH 与企业绿色创新投入额 EI 之间呈显著的负相关关系，财务风险 DFL、发展能力 MOG、盈利能力 ROA 与企业绿色创新投入 EI 之间不存在显著相关性。

4.5.3 回归分析

利用黄河流域上市公司的面板数据，运用多元回归方法研究政府补助和税收优惠对黄河流域企业绿色创新投入的影响效果，对黄河流域各类型企业绿色创新投入的影响差异以及对黄河流域上游、中游和下游企业的影响效果。

4.5.3.1 政府补助影响黄河流域企业绿色创新投入的回归分析

运用模型（4－1）对政府补助 AL 和企业绿色创新投入 EI 之间的关系进行分析，回归结果如表 4－7 所示。第一列（1a 列）是单变量回归结果，回归系数为 0.2805 且通过了 1% 的显著性水平检验，可知政府补助对黄河流域企业绿色创新投入具有显著的促进作用。在加入控制变量后，进行多变量回归，从第二列（1b 列）可以看到回归系数为 0.2156 依然通过了 1% 的显著性水平检验。无论是单变量回归还是多变量回归的结果均表明，政府补助对促进企业绿色创新投入具有正向作用，假设 H4－1 得到了验证。

我们进一步运用模型（4－4）研究政府补助对黄河流域各类型企业绿色创新投入的影响效果，从表 4－7 可以看出，无论是哪种企业类型，国有与非国有、制造与非制造业、重污染与非重污染企业，政府补助与企业绿色创新投入均为显著的正相关关系。从回归系数的大小来看，相对于国企、制造业、重污染企业样本组，非国企、非制造业、非重污染企业样本组的回归系数较大，因此，政府补助对后三种类型企业绿色创新投入的激励效果，相比前三种类型企业的激励效果更为明显。

表4－7　政府补助对黄河流域不同类型企业绿色创新投入的回归结果

变量	(1a)	(1b)	(4a)	(4b)	(4c)	(4e)	(4f)	(4g)
	EI	EI	EI	EI	EI	EI	EI	EI
		全样本	国企	非国企	制造	非制造	重污染	非重污染
AL	0.2805*** (－6.52)	0.2156*** (－4.83)	0.1808*** (－2.92)	0.2471*** (－4.03)	0.1913*** (－3.41)	0.2305*** (－3.24)	0.2231*** (－3.12)	0.2356*** (－4.35)
CASH		－2.1551*** (－2.76)	－1.9572* (－1.93)	－1.9734** (－2.07)	－2.9035*** (－3.26)	－0.5599 (－0.46)	－1.9603* (－1.87)	－2.0831* (－1.85)
LEV		0.0223*** (－5.36)	0.0188*** (－3.88)	0.0259*** (－3.99)	0.0121** (－2.24)	0.0396*** (－5.27)	0.0227*** (－4.15)	0.0223*** (－3.35)
ROA		0.0362*** (－4.19)	0.0244** (－2.43)	0.0618*** (－3.23)	0.0278** (－1.98)	0.0366*** (－3.68)	0.0495*** (－2.63)	0.0335*** (－3.67)
MOG		－0.0038*** (－6.77)	－0.0042*** (－5.86)	－0.0473 (－0.44)	－0.0039*** (－3.77)	－0.1988* (－1.76)	－0.0047*** (－5.71)	－0.0442 (－1.62)
DFL		－0.0252** (－1.99)	－0.0159 (－0.44)	－0.0262* (－1.97)	－0.0219*** (－2.63)	－0.0420* (－1.66)	－0.0337 (－1.56)	－0.0246* (－1.73)
FIRST		0.0250*** (－4.45)	0.0330*** (－4.29)	0.0097 (－1.33)	0.0138* (－1.7)	0.0306*** (－4.27)	0.0259*** (－2.96)	0.0214*** (－3.29)
cons	5.5973*** (－12.95)	3.6903*** (－6.35)	3.8348*** (－5)	3.9519*** (－5.11)	4.9422*** (－5.86)	2.4591*** (－3.07)	3.7359*** (－4.61)	3.2918*** (－4.32)
N	1089	1089	657	432	631	458	437	652
adj. R^2	0.1078	0.1974	0.1931	0.238	0.1425	0.2609	0.1858	0.1812
F	7.7731	10.6892	10.6254	6.7214	7.1286	8.2698	27.6102	5.9166

注：括号中为t统计量，*表示 $p<0.1$，**表示 $p<0.05$，***表示 $p<0.01$，使用聚类稳健标准误。

进一步地，我们依次对黄河流域上、中、下游企业逐一按样本组进行回归分析，具体结果如表4－8所示。可以看到，政府补助AL与企业绿色创新投入EI之间的回归系数均为正。对上游企业样本组而言，回归系数虽为正（0.0538）但未通过显著性水平检验；中游企业样本组的回归系数为0.2026且通过了10%的显著性水平检验；下游企业样本组的回归系数为0.2618且通过了1%的显著性水平检验。无论是从回归系数的大小还是从显著性水平的高低来看，下游企业样本组的回归效果都是最为明显的。因此，政府补助对黄河流域下游企业绿色创新投入的促进作用和影响效果高于上游和中游企业。

表4-8　政府补助对黄河流域上、中、下游企业绿色创新投入的回归结果

变量	(4h)	(4i)	(4j)
	EI 上游	EI 中游	EI 下游
AL	0.0538 (0.74)	0.2026 * (1.69)	0.2618 *** (4.33)
CASH	-4.0608 ** (-2.36)	-1.2989 (-1.04)	-1.7880 * (-1.73)
LEV	0.0127 * (1.68)	0.0166 ** (2.45)	0.0299 *** (4.01)
ROA	0.0244 * (1.69)	0.0242 (1.13)	0.0404 *** (3.67)
MOG	-0.3508 (-1.12)	-0.0038 *** (-4.94)	-0.0104 (-0.36)
DFL	-0.0566 *** (-3.33)	-0.0401 (-0.61)	-0.0204 ** (-2.48)
FIRST	0.0309 *** (3.83)	0.0139 (1.20)	0.0265 *** (2.77)
cons	5.8583 *** (5.67)	4.8306 *** (4.65)	2.8904 *** (3.36)
N	304	282	503
adj. R^2	0.1564	0.1576	0.2845
F	5.1218	9.5556	8.5206

注：括号中为t统计量，* 表示 $p<0.1$，** 表示 $p<0.05$，*** 表示 $p<0.01$，使用聚类稳健标准误。

4.5.3.2 税收优惠影响黄河流域企业绿色创新投入的回归分析

同样地，我们运用模型（4－2）对税收优惠QTM和企业绿色创新投入EI之间的关系进行分析，回归结果如表4－9所示。第一列（2a列）是单变量回归结果，回归系数为0.2282且通过了1%的显著性水平检验，可知税收优惠对黄河流域企业绿色创新投入具有显著的促进作用。在加入控制变量后，进行多变量回归，从第二列（2b列）可以看到回归系数为0.2290依然通过了1%的显著性水平检验。无论是单变量回归还是多变量回归的结果均表明，税收优惠对促进企业绿色创新投入具有正向作用，假设H4－2得到了验证。

表4－9 税收优惠对黄河流域各类型企业绿色创新投入效果的回归分析

变量	(2a)	(2b)	(5a)	(5b)	(5c)	(5d)	(5e)	(5f)
	EI	EI	EI	EI	EI	EI	EI	EI
		全样本	国有	非国有	制造	非制造	重污染	非重污染
QTM	0.2282*** (3.07)	0.2290*** (2.86)	0.2034 (1.59)	0.2903*** (8.66)	0.1601*** (3.68)	0.3619** (2.56)	0.2610*** (4.74)	0.2018 (1.52)
CASH		−2.9104* (−1.76)	−3.9204 (−1.36)	−6.1203 (−0.98)	−1.0104* (−1.67)	−3.8104 (−1.00)	−1.4104 (−1.02)	−2.8204 (−1.11)
LEV		318.8206*** (3.87)	469.5786*** (3.44)	122.4122*** (3.69)	69.4371** (2.40)	755.8793*** (3.39)	177.8625*** (3.26)	509.1367*** (3.43)
ROA		319.7830 (1.42)	472.6862 (1.39)	11.5602 (0.11)	81.2523 (0.81)	428.7132 (0.96)	392.3404* (1.76)	320.4147 (1.00)
MOG		−40.5979 (−0.48)	−56.7233 (−0.53)	−7.7302 (−0.81)	−12.6024 (−0.54)	−4.0203 (−0.82)	−31.8524 (−0.82)	−1.3503 (−0.75)
DFL		−1.1202 (−0.24)	−2.7002 (−0.24)	−45.3022 (−0.34)	−1.1002 (−0.70)	−6.2302 (−0.59)	−2.6602 (−0.63)	−58.0582 (−0.09)
FIRST		235.1691** (2.21)	383.1110** (2.12)	65.8684 (1.58)	15.3547 (0.34)	60.9753 (0.26)	202.5162*** (2.60)	240.0044 (1.42)
cons	1.0204 (1.59)	−1.5204 (−1.57)	−2.3304 (−1.56)	−6.2503 (−1.58)	−9.0802 (−0.25)	−1.9404 (−0.87)	−9.0803 (−1.31)	−2.3804 (−1.56)

续表

变量	(2a)	(2b)	(5a)	(5b)	(5c)	(5d)	(5e)	(5f)
	EI	EI	EI	EI	EI	EI	EI	EI
		全样本	国有	非国有	制造	非制造	重污染	非重污染
N	1089	1089	657	432	631	458	437	652
adj. R^2	0.0047	0.0283	0.0248	0.1947	0.0470	0.0303	0.0901	0.0229
F	2.7606	2.3608	1.2510	2.7784	3.6839	1.4175	3.9770	0.6308

注：括号中为 t 统计量，* 表示 $p<0.1$，** 表示 $p<0.05$，*** 表示 $p<0.01$，使用聚类稳健标准误。

我们进一步运用模型（4－5）研究税收优惠 QTM 对黄河流域各类型企业绿色创新投入的影响效果，从表 4－9 可以看出，无论是哪种企业类型，国有与非国有、制造与非制造业、重污染与非重污染企业，税收优惠与企业绿色创新投入均呈正相关关系。从回归系数的大小来看，相对于国有企业样本组，非国企样本组的回归系数较大且通过了 1% 的显著性水平检验，说明税收优惠对非国企绿色创新投入的激励效果更为明显；相对于制造企业样本组，非制造企业样本组的回归系数较大且通过了 5% 的显著性水平检验，说明税收优惠对非制造企业绿色创新投入的激励效果更为明显；相对于非重污染企业样本组，重污染企业样本组的回归系数较大且通过了 1% 的显著性水平检验，说明税收优惠对重污染企业绿色创新投入的激励效果更为明显。

进一步地，我们依次对黄河流域上、中、下游企业逐一按样本组进行回归分析，具体结果如表 4－10 所示。可以看到，税收优惠 QTM 与企业绿色创新投入 EI 之间的回归系数均为正。对上游企业样本组而言，回归系数为 0.2864 且通过了 1% 的显著性水平检验；中游企业样本组的回归系数虽为正（0.0739）但未通过显著性水平检验；下游企业样本组的回归系数为 0.2836 且通过了 5% 的显著性水平检验。无论是从回归系数的大小还是从显著性水平的高低来看，上游和下游企业样本组的回归效果是较为明显的。因此，税收优惠对黄河流域上游和下游企业绿色创新投入的促进作用和影响效果远高于中游企业。

表 4-10　税收优惠对黄河流域各流域企业绿色创新投入影响的回归分析

变量	(9)	(10)	(11)
	EI	EI	EI
	上游	中游	下游
QTM	0.2864 *** (5.42)	0.0739 (0.94)	0.2836 ** (1.97)
CASH	-4.9403 (-0.40)	-1.4104 (-1.16)	-4.2204 (-1.30)
LEV	18.0666 (0.29)	106.9279 ** (2.25)	670.1871 *** (3.68)
ROA	-89.4076 (-0.56)	231.4529 (1.30)	530.0732 (1.22)
MOG	776.1045 (0.26)	-22.4180 (-0.75)	-1.7e+03 (-0.74)
DFL	-90.7849 (-0.24)	-3.3802 (-0.81)	-1.5402 (-0.20)
FIRST	157.9443 ** (2.43)	-74.7946 (-0.98)	497.3594 ** (2.22)
cons	173.2886 (0.03)	2.3903 (0.38)	-3.6404 * (-1.73)
N	304	282	503
adj. R^2	0.0869	0.0203	0.0429
F	1.9849	3.0307	1.2903

注：括号中为 t 统计量，* 表示 $p<0.1$，** 表示 $p<0.05$，*** 表示 $p<0.01$，使用聚类稳健标准误。

4.5.3.3　不同类型财政政策对黄河流域企业绿色创新投入的回归分析

为了对比分析政府补助和税收优惠两种不同的财政政策影响黄河流域企业绿色创新投入的差异性，我们运用模型（4-3）做进一步的对比研究。回归结果如表4－11所示。第一列（3a列）和第二列（3b列）均为单变量回归结果，可以看到，政府补助AL与企业绿色创新投入EI的回归系数为0.2805且通过了1%的显著性水平检验，税收优惠QTM与企业绿色创新投入EI的回归系数为0.2282且通过了1%的显著性水平检验。第三列（3c列）和第四列（3d列）为加入控制变量之后的多变量回归结果，可以看到，政府补助AL与企业绿色创新投入EI的回归系数为0.2156且通过了1%的显著性水平检验，税收优惠QTM与企业绿色创新投入EI的回归系数为0.2290且通过了1%的显著性水平检验。我们较为注重和关注的是考虑控制变量的回归结果，从回归系数的大小来判断，相比较而言，税收优惠比政府补助更能够促进企业绿色创新投入，假设H4－3得到了验证。

表4－11　税收优惠与政府补助对黄河流域企业绿色创新投入的回归结果

变量	(3a)	(3b)	(3c)	(3d)
	EI	EI	EI	EI
			全样本	全样本
AL	0.2805*** (－6.52)		0.2156*** (－4.83)	
QTM		0.2282*** (3.07)		0.2290*** (2.86)
CASH			－2.1551*** (－2.76)	－2.9104* (－1.76)
LEV			0.0223*** (5.36)	318.8206*** (3.87)
ROA			0.0362*** (4.19)	319.7830 (1.42)
MOG			－0.0038*** (－6.77)	－40.5979 (－0.48)
DFL			－0.0252** (－1.99)	－1.1202 (－0.24)

续表

变量	(3a)	(3b)	(3c)	(3d)
	EI	EI	EI	EI
			全样本	全样本
FIRST			0. 0250 *** (4. 45)	235. 1691 ** (2. 21)
cons	5. 5973 *** (12. 95)	1. 0504 (1. 59)	3. 6903 *** (6. 35)	-1. 5304 (-1. 57)
N	1089	1089	1089	1089
adj. R^2	0. 1078	0. 0047	0. 1974	0. 0283
F	7. 7731	2. 7606	10. 6892	2. 3608

注：括号中为 t 统计量，* 表示 $p<0.1$，** 表示 $p<0.05$，*** 表示 $p<0.01$，使用聚类稳健标准误。

4. 5. 4　稳健性检验

为了检验上述研究结果的稳健性，我们将企业绿色创新投入 EI 以企业社会责任报告总得分 SCORE 进行替代，企业社会责任报告总得分分值越高，代表企业环保责任意识越强。根据构建的模型，将企业社会责任报告总得分加入模型，沿用上述方法，所得结论依然成立。我们又将税收优惠 QTM 以税收返还金额 TM 进行替代，使用上述方法进行回归分析，所得结论与前面一致。所有假设检验除使用稳健标准误外，同时使用聚类稳健标准误进行了检验，所得结果依然稳健。

4. 6　结论与优化对策

由于城市化快速发展、环境污染等问题的出现，我们开始追求由经济快速增长转向经济高质量发展。要实现经济可持续发展，企业亟须改变高能耗、高污染的经济发展模式，需要开展环境治理、加大环保投入、加强绿色技术创新，实现生态环境保护、资源合理利用和经济高质量发展的有机统一。企业积极履行社会责任尤其环境责任是推动社会发展的积极因素和重要力量，企业从环境中获取生产资源并将废弃物排放到环境中，理应承担相应的环境责任，在追求经济效益的同时兼顾环境效益和生态效益。在满足企业自身发展需求的同时，主动履行环保和绿色发展的义务责任，将环保意识贯穿于企业经营过程的始终，推动黄河流域乃至我国经济实现高质量发展。而仅仅依靠市场机制很难解决企业绿色技术创新的负外部性问题，因此需要"政府之手"发挥引导作用，引导企业资本参与黄河流域生态保护。近年来，随着环境税的开征，税收作为财政调控的方法工具，开始由理论走向实践。健全和完善财政政策是解决黄河流域资源、经济、环境、生态问题的重要途径和有效方式。

本章以黄河流域企业绿色创新投入为研究对象，实证检验了财政政策对企业绿色创新投入的影响效果，研究发现，（1）政府补助对黄河流域企业绿色创新投入具有正向促进作用。政府补助作为向企业无偿提供的转移支付，对激发企业绿色创新投入形成直接的事前激励和引导作用。（2）税收优惠对黄河流域企业绿色创新投入具有正向促进作用。税收优惠作为政府调节经济的具体手段，通过让渡税收利益变相对企业进行资金补偿，为企业更好地开展绿色创新活动提供事后激励和资金支持。（3）相比较而言，税收优惠比政府补助更能促进黄河流域企业绿色创新投入。企业可以通过合理的税收筹划实现期望收益、降低成本以提高企业的获得感，保障了绿色技术创新所需的资金和财力。（4）相对于国企、制造业、重污染企业，政府补助对非国企、非制造业、非重污染企业绿色创新投入的激励效果更为明显；同样地，政府补助对黄河流域下游企业绿色创新投入的促进作用和影响效果远高于上游和中游企业。（5）相对于国企、制造企业、非重污染企业，税收优惠对非国企、非制造企业、重污染企业绿色创新投入的激励效果更为明显；同样地，税收优惠对黄河流域上游和下游企业绿色创新投入的促进作用和影响效果远高于中游企业。

本章研究的学术贡献在于：进一步拓展和丰富了外部性理论、社会责任理论、可持续发展理论在企业绿色创新领域的应用，为引导黄河流域企业绿色发展进一步奠定了学理支撑；在财政政策与企业绿色创新之间搭桥建梁，实证检验了政府补助和税收优惠对企业绿色创新投入的促进作用，为财政制度的革故鼎新提供了实证依据和微观证据；通过证实财政政策对企业绿色创新投入带来的价值增量和经济效应，为促进黄河流域企业绿色技术创新、推动经济高质量发展提供了有益的经验证据。

因此，本章的政策启示和优化对策是：在政府层面，（1）设置明确的政府补助等级标准，设立企业绿色技术创新专项基金。完善政府补助政策，根据企业规模将企业划分为不同等级，不同等级对应不同的补助标准，丰富政府补助的形式。（2）加强对政府补助运用的监管，实现补贴效用最大化。事先对补助企业进行审查，建立明确的资金使用规范，制订企业绿色技术创新的绩效标准和环境绩效目标。（3）合理使用税收优惠政策，提高税收优惠效果。对企业绿色技术创新设立等级评价体系，根据评价结果对不同等级企业进一步实施差异化税收优惠。综合多种税收优惠政策，提高税收优惠效果，如将企业所得税优惠和税收返还政策相结合，将税收奖励和税收惩罚相结合，事前直接现金流量补偿和事后期望收益激励相结合等。（4）对黄河流域不同类型企业实施差异化财税政策。对国有企业与非国有企业、制造业与非制造业、重污染与非重污染企业实施差异化和多元化的补贴政策和优惠政策，直接补助与税率优惠、税收返还等相结合促进企业绿色创新投入；对黄河流域上游企业继续实施税收优惠政策，对于下游企业继续实施政府补助和税收优惠政策相结合，对于中游企业创新拓展其他激励途径和方式方法，精准施策提高黄河流域企业绿色技术创新的积极性。

在企业层面，（1）合理使用政府补助资金。秉持专款专用原则，企业设立绿色技术创新专项账户，企业制订资金使用计划，将专项资金用于环保技术研发、环保设备的购置、环保设施升级、生产工艺改进等方面，促进企业绿色转型升级或产品、服务的生态化。（2）转变发展理念，提升环保意识。企业树立起绿色发展理念，发挥自身优势条件开展绿色创新活动，企业在提升综合效益最大化的同时与政府建立良好的互动关系，在环保领域形成良好的互补合作关系，实现政企优势叠加。（3）树立战略意识，制订长期战略规划。要想实现黄河流域生态环境质量总体改善，仅靠国家有限的财政支撑是远远不够的。企业进行绿色创新体现了生态文明建设的价值取向，企业在环保方面应做好顶层设计、机制构建和战略规划，逐步建立并完善环保投入与产出的协同机制，将企业发展战略与“和谐社会、以人为本、共同富裕”等有机结合起来，为实现黄河流域生态保护和经济高质量发展贡献力量。

第5章

政府补助与税收优惠对企业绿色技术创新影响的对比分析

近年来，我国高度重视科技创新能力，国家提出要完善对基础研究和原创性研究的长期稳定支持机制，建设国家重大科技基础设施和技术创新中心，打造科技资源开放共享平台。深入实施《中国制造2025》以来，我国加快大数据、云计算、物联网应用，以新技术、新业态、新模式推动传统产业生产、管理和营销模式变革，明确指出坚持创新引领发展，改革创新科技研发和产业化应用机制；加快培育壮大新兴产业，全面提升质量水平，完善激励机制，培育众多“中国工匠”，打造更多享誉世界的“中国品牌”，推动中国经济高质量发展。因此，在我国经济发展压力持续增大的新常态背景下，大力提升企业技术创新不仅是提升产业核心竞争力与推进产业结构转型与升级的必然措施，更是提高我国综合国力与建设创新型国家的根本要求。

5.1 文献述评

改革开放40多年来，中央和地方政府实施了一系列财税优惠政策，旨在进一步提升企业的技术创新能力和市场竞争力（邓子基和杨志宏，2011）。创新是企业提升竞争力、实现生存和可持续发展的重要手段

(Katila et al.，2002)。在引导企业开展技术创新的各项激励政策中，政府补助和税收优惠是最常用的两种激励措施（胡华夏等，2017)。政府相继出台了科技小额贷款保证保险贷款的利息补贴及风险补偿、创新贷利息补贴、发明专利定额资助等补助政策支持企业开展创新活动。自全面“营改增”以来，政府出台了一系列减税降费政策充分促进创新活力释放，对企业所得税、增值税、关税等实施加计扣除、降低税率、免征或减半征收税额等措施。

在政府补助与企业技术创新的关系方面，由于时间背景、制度背景、研究样本和方法不同，在政府补助对技术创新的影响研究方面未形成统一结论，有研究认为，政府补助能够对企业技术创新形成促进作用，主要是促进了技术创新投入、投资和融资（杨乐，2020；贾佳，2017；伍健等，2018；贾春香等，2019)；有研究认为获得政府补助的成本低于从其他渠道的融资成本，抑制了企业努力通过利用自身条件去实现技术创新，政府补助反而对企业技术创新产生了抑制作用（储德银等，2017；白旭云等，2019)。同样地，在税收优惠与企业技术创新的关系方面，近年来政府陆续出台了多项促进技术创新的税收政策。税收优惠政策是影响企业技术创新的重要手段，从长远来看，只有建立完整、长期、可持续的税收激励机制，才能促进企业自主创新（陈影，2016；Ming - chin chen et al.，2016；闫华红等，2019)；也有研究认为，税收优惠在某种程度上“挤出”了企业的研发投资，降低了企业的技术创新力度（郑春美和李佩，2015；涂文懋和刘树林，2019)。

在政府补助与税收优惠对企业技术创新影响效果的比较方面，实证研究表明，税收优惠和政府补助政策的激励效果存在明显差异，税收优惠和政府补助对不同生产部门和不同政策目标的激励效果也各不相同（杨乐，2020；柳光强，2016)。王彦超等（2019）实证检验结果表明，税收激励和补助支持可以刺激和改善创新投资，但不同行业、不同特点的公司的激励效果差异很大。陈红等（2019）探讨了政府补助和税收变动对创新型企业的激励效应，在企业不同的生命周期阶段，两种政策对其创新有不同的鼓励作用和影响。

本章以A股上市公司为研究对象，研究和检验政府补助和税收优惠对企业技术创新的影响效果，为促进企业创新转型升级和经济高质量发展提供一定的参考借鉴和经验证据。本章的研究意义具体体现在：（1）在财政政策与企业技术创新之间搭桥建梁，将政府补助、税收优惠与企业技术创新置于同一研究体系与分析框架，研究政府补助和税收优惠对企业技术创新的影响效果及调节效应，既有利于丰富技术创新理论，为现有研究提供一个新的研究方向；同时，检验不同财政政策对不同类型企业技术创新影响的差异性，为技术创新的现有研究提供进一步的学理支撑。（2）为推进财政制度革故鼎新、优化政府宏观调控职能提供一定的经验证据，也为企业整合和利用创新资源、科学规划资金配置，努力提高技术创新能力进而增强企业核心竞争力和价值创造力，提供一定的实证依据和微观证据。

5.2　相关概念阐释

政府补助是以直接或间接方式将资源无偿转移给符合条件的企业，企业通过法律程序申请政府补助时，应当按照政府有关规定使用相关资源和资金。作为政府宏观调控经济的手段，政府补助常常用于支持重点项目、重点业务单位和重大核心技术等研发，以克服经济或行业部门的周期性弱点，更好地实现调控经济发展、促进资源配置的目的（关勇军等，2012）。

税收优惠是指减轻或免除某些特定企业和征税对象的税收负担的一种举措，具有约束与激励、融资与补偿等功能。我国的税收优惠政策包括但不限于收入优惠、所得优惠、税率优惠、税额优惠、扣除优惠等。所得税优惠是税收优惠政策中最常用的调节手段，根据我国税法相关规定，企业所得税的优惠方式包括免税、减税、加计扣除、加速折旧、减计收入、税额抵免等。

“创新”最初的含义是指企业运用新的技术将生产要素和资源等进行

全新组合以生产所需要的特定产品。技术创新既包含对新技术的研发创新即原始创新或一次创新，也包括对现有技术进行改造和提升的二次改革创新。目前，技术创新已不再单单是企业的输出，还包括政府机构通过相关政策和补贴，间接作用于企业创新资源、促进企业技术创新的活动。企业进行技术创新需要大量的资源投入，投入研发的资源数量是衡量企业技术创新的重要指标，除研发投入指标外，研发产出也是衡量企业技术创新的常用指标。

实施政府补助和税收优惠的主要目的是向企业提供技术创新的资金支持，给企业营造良好的创新环境及其条件，弱化创新业务活动中不确定性的风险因素，促进企业尽可能优化资源配置。政府补助和税收优惠对企业技术创新的作用机理如图 5 –1 所示。

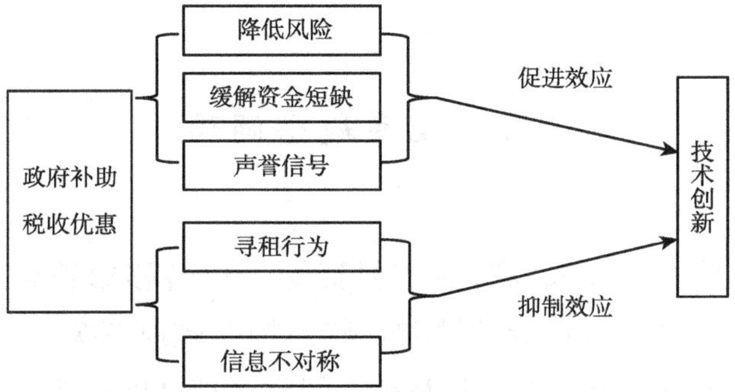

图 5 –1　政府补助和税收优惠对企业技术创新的作用机理

首先，政府补助和税收优惠可以降低企业技术创新面临的风险。由于技术研发方向和研发时长的不确定性以及研发投入的大量人力、物力和财力，会对研发成果产生不同程度的影响，因此，在研发过程中和研发成果形成后企业都可能面临技术难题以及成果保护等方面的风险，通过享受和获得政府补助或税收优惠来弱化风险带来的实际损失和潜在损失，从而为企业开展技术创新提供保障。

其次，政府补助和税收优惠政策能够缓解企业面临的资金短缺问题。企业开展技术创新除了要面临不确定性和风险外，还有可能会因为资金短缺问题影响技术创新活动的正常进行。根据“市场失灵”理论，社会资源无法完全依靠市场机制进行最优化配置。虽然研发的重要性与保密性是企业获得创新成果和收益的重要条件，但研发信息的泄露与扩散会带来“市场失灵”，弱化企业开展研发活动的资源配置。例如，当竞争对手窃取了技术成果时，不仅给企业带来巨大损失，也对企业继续进行技术创新形成了阻力。因此，需要借助“政府之手”助力“市场之手”促进创新活动的持续进行。政府补助和税收优惠可以缓解企业资金困境，通过使用政府调控手段让渡的资金使得研发活动能持续进行。

再次，政府补助和税收优惠政策具有信号传递作用。当某家企业的技术创新活动获得了政府补助时，其他企业获得这一信号会积极趋同。企业获得的财政支持和资金可用来改善其偿债能力，并且获得政府助力的技术创新活动会增强社会各界对企业可持续发展的信心，进而缓解了企业外部融资困境，有利于缓解企业“融资难”“融资贵”问题，促进企业技术创新活动顺利开展且可持续。此外，政府和企业可能会以谋求自身利益最大化为目的，发生双向寻租行为，进而对企业技术创新造成“挤出”效应。企业为了获得更多的财政补贴，可能会将获得的资金持续用于维护政企关系而非研发活动，如此的寻租行为和资金循环反而对企业研发投入产生抑制效应，不利于企业的技术创新。

最后，政府与企业、投资者与企业之间的信息不对称也会对企业技术创新产生抑制效应。根据信息不对称理论，掌握信息越充分决策就越有利，信息充分的一方可以从经济交易中获得更大利益。政府与企业属于市场经济中信息不对称的双方，企业会有意或无意地规避或者钻营政府的某些规制政策和优惠政策，如隐瞒不报、虚假申报等以使企业更好地受益或获取政府支持，即，所谓“上有政策、下有对策”。对于技术创新活动而言，研发创新具有周期长、风险大、结果不确定的特点，结果难以预料，投资人更是难以准确评估企业创新活动的效益和价值，这种信息不对称使企业获得外部融资难度更大。要推动企业创新发展，就需要政府提供政策和资金支持，这意味着政府补助和税收优惠能助推企业技术创新。

5.3 实证研究设计

5.3.1 研究假设的提出

5.3.1.1 政府补助和税收优惠与企业技术创新正相关

政府对企业的扶持包括对企业的贷款、直接提供补贴资金、财政贴息、税收优惠等，为企业开展创新活动提供了资金支持。基于前面的相关概念阐释与机理分析，企业只有进行自主研发和技术创新，才能赢得持续稳定的发展，才能推动我国实体经济高质量发展，才能提升我国综合国力。但研发投入的成本大、周期长、风险高，并且研发成功之前其成本投入都将费用化，大大影响了企业的当期损益。研发是创新一项周期长且耗资巨大的投资活动，研发成功之前大量的资金投入费用化大大拉低了企业的利润水平，导致了对企业价值的负向影响，长期呈现的是“只见投入、不见产出”的“亏本”局面。随着研发资金的连年投入和时间的推移，研发活动逐渐显现成效，研发投入对企业价值的负向影响程度逐渐衰减，厚积而薄发的效应开始呈现，因此研发投入对企业价值的影响“由负转正”需要较长时间方能显现。

一是考虑产权性质，国有企业和非国有企业在政府补助和税收优惠方面存在差异化。非国有企业获得融资的来源相对较少、融资约束较多，而国有企业的技术创新活动使用资金的约束相对较小。相对而言，非国有企业比国有企业对政府补助和税收优惠有较强的敏感性。二是考虑行业属性，不同行业的研发能力以及对财税政策的敏感度均存在差异。例如，高新技术企业、制造企业，研发活动和研发投入较多，政府补助和税收优惠能缓解这些企业的研发成本和研发风险。已有研究发现财税补助政策对高新技术企业的激励效果大于非高新技术企业（陈远燕，2016），财税补助政策对制造企业研发创新的促进效果优于其他行业（王彦超等，2019）。三是考虑区域差异，我国不同地区整体经济发展水平、技术创新水平存在较大差异，企业的技术创新活动又是一个持续的、全过程的系统工程，技术创新需要较雄厚的科研实力和经济基础。对经济发达地区而言，企业资金实力较强且融资渠道较丰富，科研机构和高等院校创新人才较多，在研究开发方面的资本投入、人才、设施等可调配的资源也较充足，开展技术创新的基础较好，从而有利于加快研发进展和创新成果产出。

因此，考虑权属差异、行业差异和区域差异，本章提出假设 H5－1 及其子假设：

假设 H5－1：政府补助和税收优惠均能促进企业技术创新且政府补助的促进效果更加显著。

假设 H5－1a：政府补助和税收优惠对非国有企业的促进作用比对国有企业更加显著。

假设 H5－1b：政府补助和税收优惠对高新企业的促进作用比对非高新企业更加显著。

假设 H5－1c：政府补助和税收优惠对制造企业的促进作用比对非制造企业更加显著。

假设 H5－1d：相对于非东部地区，政府补助和税收优惠对东部地区企业技术创新的促进作用更加显著。

5.3.1.2 高管持股的正向调节作用

高管持股是“两权分离”后，现代企业中对管理者的激励方式。为了使股东和管理层拥有一致的利益目标，将一定比例的股权授予管理层，这样可以缓解代理冲突，使管理层拥有股东的身份，进行长远决策，分享利润同时承担风险。同时，高管持股作为一种公司内部治理机制，管理层获得了剩余索取权，其利益与股东趋于一致，使企业减少了监督成本和代理成本。根据委托—代理理论和利益趋同效应，在委托—代理关系中，企业管理层与股东的利益追求不同，股东会对管理层进行监督，使管理层按照股东意愿进行决策，而高管持股使管理层拥有了股东身份，与股东利益相符，可以缓解委托—代理问题，使管理层减少短视行为、认真经营，更加注重企业的长远发展和可持续发展。已有研究发现，高管持股比例对企业创新的促进起到了有效的调节作用，当公司的股权激励方式越成熟时，高管的持股比例越高，利益的趋同效应就越大（唐书林等，2016）。企业做好顶层设计和长远规划，将资金投入能带来倍增效益和长期价值的研发创新领域。因此，本章提出假设 H5 -2：

假设 H5 -2：高管持股比例进一步增强了政府补助和税收优惠对企业技术创新的促进作用。

5.3.1.3 寻租成本的负向调节作用

政府和企业可能会以谋求自身利益最大化为目的，发生双向寻租行为，进而对企业技术创新产生“挤出”效应。企业为了获得更多的财政补贴，可能会将获得的资金持续用于维护政企关系而非研发活动。Dosietal 等（2006）研究表明，在追求实现某种业务目标时，政府会充分发挥宏观调控职能利用各种财政政策，支持某些产业或特定企业快速发展，以期在短期内取得一些技术成果加以应用。这种方式会对有序的市场经济形成一定干扰，使企业采取一些非正常手段向政府寻租，如此的寻租行为会对企业研发资金产生“挤占”效应，不利于企业的技术创新。基于此，本章提出假设 H5 -3：

假设 H5 -3：寻租行为“挤占”企业研发投资，进一步削弱了政府补助和税收优惠对企业技术创新的促进作用。

5.3.2 数据来源及样本选取

本章选取 2012 ~2018 年沪深两市 A 股上市公司作为研究样本，为了确保研究的科学性和客观准确性，对样本数据做了以下筛选：对存在数据空缺、未连续披露数据及金融类的上市公司予以剔除；剔除实际研发投入金额、政府补助、税收优惠及其他相关数据小于 0 的样本；剔除上市年限小于 1 年的公司。经过上述处理，最终用于实证研究的样本值为 2247 个。

本章使用的原始财务数据和专利数据主要来自国泰安 CSMAR 数据库，部分数据是通过查阅深交所和上交所官方网站公布的上市公司年报，对数据进行手工收集和整理。数据的处理和计量分析均采用 STATA 15.0 软件。

5.3.3 变量定义及选取

（1）被解释变量。

研发投入（RD），以企业财务报表披露的研发费用来衡量。

创新产出（PATENT），以专利申请数对创新产出进行衡量。

本章的被解释变量是企业技术创新，专利数代表的是创新产出，创新产出具有一定的不确定性因而每年的数据并不直接连续，因此本章将研发投入金额作为衡量企业技术创新的主要变量，将专利数量主要用于稳健性检验。

（2）解释变量。

政府补助（SUB），以企业年报中每年收到的“政府补助”金额来衡量。

税收优惠（TAX），通过整理企业所得税优惠和收到的税费返还两项指标来衡量。由于行业内企业所得税的税率存在差异，故采用法定税率减去实际税率的差值来权衡所得税优惠。另外，由于部分企业收到的税费返还并不是连续每年都存在，因此本章将所得税优惠作为衡量税收优惠的主要变量，收到的税费返还主要用于稳健性检验。

（3）调节变量。

高管持股（SH），采用上市公司高层管理人员所持股份数与公司总股本的比值进行衡量。

寻租成本（RS），以管理费用与营业收入的比值进行衡量。

（4）控制变量。

企业年龄（AGE），采用企业上市年份至研究年份的差值作为企业年龄。

企业资产规模（SIZE），以资产总额的自然对数来衡量。一般来说，企业的风险承受能力与企业资产规模成正比。

企业偿债能力（LEV），以资产负债率来衡量，偿债能力越低的企业可能越倾向于较保守的投资。

企业盈利能力（ROE），以净资产收益率来衡量，企业盈利能力越强、获得的利润就越多，越有可能激发企业意愿将多余的资金用于技术创新。

企业经营能力（INCM），以总资产周转率来衡量。

企业发展能力（GRO），以总资产增长率来衡量。

企业权属性质（STATE），由于企业体制的不同，我国的国有企业多数从事于垄断行业，所拥有的市场垄断地位能带来源源不断的利润。国有企业与非国有企业在技术创新方面存在较大差异。因此，本章区分国有企业与非国有企业进行对比分析。

企业所属行业（TYPE），由于不同行业所享受的优惠政策有所差异，政府补助和税收优惠的力度也有所不同。因此，本章区分高新企业与非高新企业，制造业与非制造业进行对比分析。

企业所属地区（AREA），由于我国不同地区整体经济发展水平、技术创新水平存在较大差异，因此，本章区分东部地区与非东部地区企业进行对比分析。各变量定义及其说明具体如表 5 – 1 所示。

表 5 – 1　　变量定义及说明

变量类型	变量名称	变量符号	变量说明
被解释变量	研发投入	RD	研发投入金额的自然对数
	创新产出	PATENT	专利申请数加 1 取自然对数
核心解释变量	政府补助	SUB	政府补助的自然对数
	税收优惠	TAX	法定税率—实际税率 （实际税率 = 所得税费用/利润总额） 收到的税费返还
调节变量	高管持股比例	SH	高管持股数占总股本的比例
	寻租成本	RS	管理费用与营业收入的比例

续表

变量类型	变量名称	变量符号	变量说明
控制变量	企业年龄	AGE	观测年份—上市年份
	企业资产规模	SIZE	资产总额的自然对数
	企业偿债能力	LEV	资产负债率
	企业盈利能力	ROE	净资产收益率
	企业经营能力	INCM	总资产周转率
	企业发展能力	GRO	总资产增长率
	企业权属性质	STATE	国有企业 =1，非国有企业 =0
	企业所属行业	TYPE	高新企业 =1，非高新企业 =0 制造业 =1，非制造业 =0
	企业所属地区	AREA	东部地区 =1，非东部地区 =0

5.3.4 实证模型的构建

为了检验政府补助与税收优惠对企业技术创新的影响，即验证前面的研究假设 H5-1 及其子假设是否成立，本章构建模型：

$$RD_{it} = \alpha_0 + \alpha_1 SUB_{it} + \alpha_2 TAX_{it} + \alpha_3 Control_{it} + \sum STATE + \sum TYPE + \varepsilon_{it} \quad (5-1)$$

其中，i 表示企业，t 表示年份，Control 代表控制变量，STATE 和 TYPE 分别表示权属性质与所属行业，ε 表示随机干扰项。

为了检验政府补助和税收优惠对不同地区企业技术创新的影响效果并作对比分析，本章构建模型：

$$RD_{it} = \alpha_0 + \alpha_1 SUB_{it} + \alpha_2 TAX_{it} + \alpha_3 Control_{it} + \sum AREA + \varepsilon_{it} \quad (5-2)$$

根据调节效应的相关理论，如果自变量与因变量之间的关系被第三变量所影响，那么这个第三变量就是调节变量。本章基于调节变量与解释变量的交乘项来对调节效应进行验证。为了检验高管持股所发挥的调节效应，即验证前面的研究假设 H5-2 是否成立，本章构建模型：

$$RD_{it} = \alpha_0 + \alpha_1 SUB_{it} + \alpha_2 TAX_{it} + \alpha_3 SH_{it} \times SUB_{it} + \alpha_4 SH_{it} \times TAX_{it} + \alpha_5 Control_{it} + \varepsilon_{it} \quad (5-3)$$

在模型（5－3）中加入了高管持股比例与政府补助的交乘项（SH × SUB）或者高管持股比例与税收优惠的交乘项（SH × TAX），用于依次检验高管持股在政府补助与企业技术创新，或税收优惠与企业技术创新之间所起的调节效应。

为了检验寻租成本是否挤占了企业研发投入，分析寻租成本所发挥的调节作用，即验证前面的研究假设 H5－3 是否成立，本章构建模型：

$$RD_{it} = \alpha_0 + \alpha_1 SUB_{it} + \alpha_2 TAX_{it} + \alpha_3 RS_{it} \times SUB_{it} + \alpha_4 RS_{it} \times TAX_{it} + \alpha_5 Control_{it} + \varepsilon_{it} \quad (5-4)$$

模型（5－4）中加入了寻租成本与政府补助的交乘项（RS × SUB）或者寻租成本与税收优惠的交乘项（RS × TAX），用于依次检验寻租成本在政府补助与企业技术创新，或税收优惠与企业技术创新之间所起的调节效应。

5.4 实证结果分析

表 5－2 为本章主要变量的描述性统计结果。从表 5－2 可以看出，研发投入金额（RD）的均值为 22133.68 万元，标准差为 67994.14，可知样本公司的研发投入具有较大差异。从样本整体来看，企业所享受的政府补助（SUB）、税收优惠（TAX）均存在较大差异。

表 5－2　变量描述性统计

变量	N	sd	min	max	mean	p25	p50	p75
RD	2247	67994.14	23.23	1059000.00	22133.68	3496.22	7340.62	16491.31
SUB	2247	11929.13	0.10	4615.51	1394.10	1394.10	3765.07	
TAX	2247	0.11	0.00	4.07	0.12	0.09	0.11	0.14
SH	2247	0.16	0.00	1.15	0.10	0.00	0.01	0.16
RS	2247	0.07	0.01	0.68	0.11	0.07	0.10	0.14

续表

变量	N	sd	min	max	mean	p25	p50	p75
AGE	2247	5.57	6.00	26.00	11.43	7.00	9.00	15.00
SIZE	2247	90967.20	194.70	1862000.00	17581.04	1869.00	3712.00	8592.00
LEV	2247	0.17	0.01	0.85	0.34	0.20	0.32	0.46
ROE	2247	0.07	0.00	0.65	0.12	0.07	0.11	0.15
INCM	2247	0.36	0.03	3.23	0.67	0.45	0.60	0.80
GRO	2247	0.37	0.00	7.79	0.24	0.08	0.15	0.26

数据来源：根据Stata软件处理结果整理所得。

表5-3为主要变量的相关性检验，可以看到，政府补助（SUB）与创新投入（RD）之间呈现出显著的正相关性，并且通过了1%的显著性水平检验，表明政府补助对企业技术创新具有正向促进作用，初步验证了假设H5-1。同时可以看出，税收优惠（TAX）与创新投入（RD）的相关系数为0.077，虽为正相关但未通过显著性水平检验。我们需要进一步对变量之间的关系进行具体的回归分析。

表5-3　主要变量相关性分析

变量	RD	sub	tax	SH	RS	age	size	lev	roe	lncm	gro
RD	1										
sub	0.367***	1									
tax	0.077	0.052**	1								
SH	0.125***	-0.108***	0.019	1							
RS	-0.131***	-0.116***	0.179***	0.228***	1						
age	0.049**	0.124***	-0.073***	-0.394***	-0.221***	1					
size	0.852***	0.315***	-0.091***	-0.100***	-0.151***	0.009	1				
lev	0.357***	0.277***	-0.064***	-0.256***	-0.367***	0.271***	0.312***	1			
roe	0.118***	0.197***	-0.102***	-0.062***	-0.195***	0.168***	0.037*	0.090***	1		
lncm	0.108***	0.052**	-0.106***	-0.178***	-0.446***	0.244***	0.042**	0.324***	0.351***	1	
gro	0.036*	-0.023	0.007	0.148***	0.081***	-0.132***	-0.032	-0.044**	0.099***	-0.064***	1

注：相关系数通过Pearson相关性检验，且*、**、***分别表示在置信度为0.1、0.05和0.01时相关性是显著的。

高管持股比例（SH）与创新投入（RD）呈显著正相关，寻租成本（RS）

与创新投入（RD）呈显著负相关。从控制变量来看，企业年龄（AGE）、企业资产规模（SIZE）、企业负债水平（LEV）、企业盈利能力（ROE）和企业经营能力（INCM）均与研发投入（RD）呈现出显著的正相关性，并通过了1%的显著性水平检验。

5.4.1 政府补助和税收优惠对企业技术创新的回归分析

表5-4报告了政府补助和税收优惠对企业技术创新影响的回归结果，其中列（1）和列（3）为单变量回归结果，列（2）和列（4）为加入控制变量后的回归结果。从整体样本的回归结果可以看出，无论是否加入控制变量，税收优惠与企业技术创新均呈正相关关系但不显著，政府补助与企业技术创新均呈正相关且通过了1%的显著性水平检验。这说明政府补助和税收优惠均能促进企业技术创新且政府补助的促进效果更加显著，假设H5-1得到了验证。政府补助作为直接或间接向企业提供的一种无偿的转移，是一种事前激励，具有迅速、直接、明显的特点；而税收优惠作为减轻或免除某些特定企业和征税对象的税收负担的一种举措，是一种事后激励，其影响效应的发挥具有滞后性，享受税收优惠政策的申请和落实也需要过程和时间，因此税收优惠对企业技术创新的促进作用在当期难以直接呈现。

表5-4　政府补助和税收优惠对企业技术创新的影响

变量	（3）RD	（4）RD	（1）RD	（2）RD
sub	0.072*** （0.662）	0.046*** （0.570）		
tax			0.035 （0.60）	0.004 （0.07）
age		0.0088 （0.79）		0.0109 （0.96）
size		0.497*** （18.02）		0.503*** （17.59）

续表

变量	(3) RD	(4) RD	(1) RD	(2) RD
lev		-0.223* (-1.69)		-0.202 (-1.53)
roe		0.233 (0.96)		0.315 (1.27)
lncm		0.304*** (3.33)		0.282*** (3.01)
growth		-0.041 (-1.53)		-0.041 (-1.52)
Year	Yes	Yes	Yes	Yes
Industry	Yes	Yes	Yes	Yes
Observations	2247	2247	2247	2247
R - squared	0.306	0.580	0.323	0.609
Ajusted R^2	0.634	0.634	0.596	0.596

注：* 表示 $p<0.1$，** 表示 $p<0.05$，*** 表示 $p<0.01$ 使用聚类稳健标准误。

为进一步验证政府补助和税收优惠对不同企业技术创新的影响关系，根据研究样本的所属产权性质不同，划分为国有企业与非国有企业两大样本组分别进行回归分析。具体结果如表 5－5 所示。可以看到，无论是国有企业还是非国有企业，政府补助与企业技术创新均呈正相关关系且通过了 1% 的显著性水平检验，而税收优惠与企业技术创新虽呈正相关但不显著。这说明政府补助和税收优惠虽然都对企业技术创新具有一定的促进作用，但政府补助的促进效果更为显著。从回归系数的大小来看，政府补助对国有企业技术创新的促进作用比对非国有企业更为明显，与本章的假设 H5－1a 恰恰相反，假设 H5－1a 未得到验证。我国的国有企业与政府有着天然联系和发展背景，对国家的创新发展战略有更为积极主动的配合和支持。而我国的民营企业对社会的贡献素来有“56789”的说法，即在整个经济体系中，民营企业贡献了 50% 以上的税收，60% 以上的国内生产总值，70% 以上的技术创新成果，80% 以上的城镇劳动就业，90% 以上的企业数量。但民营企业的发展面临着“融资难”“融资贵”问题。虽然政府补助和税收优惠可以为破解民营资本困境、激发民营经济活力提供杠杆支持，但需要具体结合民营企业的自身特点，通过创造公平有序的营商环境，细化落地措施向民营科技型企业倾斜，强化民营科技型企业的吸引力与竞争力，才能更好地推进民营企业研发创新的广度和深度，让民营企业创新源泉充分涌流，让民营经济创造活力充分迸发，为民营企业持续进行研发创新提供保障机制。

表5－5　国有与非国有企业的回归结果

变量	RD	RD	RD	RD
	国有	非国有	国有	非国有
sub	0.171 *** (0.056)	0.122 *** (0.018)		
tax			0.736 (0.214)	0.428 (0.414)
size	0.389 *** (0.108)	0.762 *** (0.058)	0.552 *** (0.105)	0.842 *** (0.060)
lev	1.423 ** (0.598)	-0.343 (0.315)	1.374 ** (0.606)	-0.344 (0.323)
roe	1.586 (1.168)	1.358 * (0.690)	1.985 * (1.186)	1.796 *** (0.674)
lncm	0.135 (0.382)	0.349 (0.221)	0.235 (0.389)	0.335 (0.219)
growth	0.523 * (0.293)	-0.205 *** (0.039)	0.640 ** (0.310)	-0.220 *** (0.040)
Constant	5.616 ** (2.205)	-0.892 (1.200)	4.351 * (2.192)	-0.726 (1.251)
Year	Yes	Yes	Yes	Yes
Industry	Yes	Yes	Yes	Yes
Observations	641	1606	641	1606
R - squared	0.423	0.699	0.406	0.680
Ajusted R^2	0.696	0.696	0.678	0.678

注：* 表示 $p<0.1$，** 表示 $p<0.05$，*** 表示 $p<0.01$。

进一步地，根据研究样本的行业差异，划分高新企业与非高新企业、制造业与非制造业样本组依次进行回归分析。

表 5 - 6 列示的是高新企业与非高新企业样本组的回归结果。从表 5 - 6 的前两列可以看出，无论是高新企业还是非高新企业，政府补助与企业技术创新均呈正相关关系且通过了显著性水平检验，且高新企业样本组的回归系数和显著性水平都比非高新企业样本组高，说明政府补助对高新企业技术创新的促进作用比对非高新企业更为显著。从表 5 - 6 的后两列可以看到，无论是高新企业还是非高新企业，税收优惠与企业技术创新均呈正相关，但只有高新企业样本组通过了 5% 的显著性水平检验，说明税收优惠对高新企业技术创新的促进作用比对非高新企业更为显著。上述分析表明，相比较于非高新企业，政府补助和税收优惠对高新企业的促进作用更加显著，假设 H5 - 1b 得到了验证。

表 5 - 6　高新与非高新企业的回归结果

变量	RD	RD	RD	RD
	高新	非高新	高新	非高新
sub	0.158*** (0.025)	0.081* (0.041)		
tax			0.028** (0.817)	0.023 (0.227)
size	0.598*** (0.084)	0.592*** (0.105)	0.728*** (0.083)	0.647*** (0.107)
lev	0.209 (0.363)	-0.053 (0.442)	0.222 (0.360)	-0.0927 (0.455)
roe	0.918 (0.772)	2.357** (0.925)	1.305 (0.801)	2.644*** (0.878)
lncm	0.556 (0.356)	0.224 (0.246)	0.618* (0.360)	0.211 (0.244)
growth	-0.119** (0.050)	-0.157 (0.103)	-0.136*** (0.049)	-0.158 (0.105)
Constant	1.819 (1.629)	3.119 (2.237)	1.250 (1.639)	3.185 (2.181)

续表

变量	RD	RD	RD	RD
	高新	非高新	高新	非高新
Year	Yes	Yes	Yes	Yes
Industry	Yes	Yes	Yes	Yes
Observations	1324	923	1324	923
R - squared	0. 651	0. 496	0. 637	0. 490
Ajusted R^2	0. 490	0. 490	0. 483	0. 483

注：* 表示 p<0. 1，** 表示 p<0. 05，*** 表示 p<0. 01。

表 5 - 7 列示的是制造业与非制造业样本组的回归结果。从表 5 - 7 的前两列可以看出，无论是制造企业还是非制造企业，政府补助与企业技术创新均呈正相关关系且通过了 1% 显著性水平检验，制造企业样本组的回归系数比非制造企业样本组高，说明政府补助对制造企业技术创新的促进作用更为显著。从表 5 - 7 的后两列可以看出，在制造业样本组，税收优惠与企业技术创新呈正相关且通过了 10% 的显著性水平检验，而非制造企业样本组的回归系数虽为正但不显著，说明税收优惠也对制造企业技术创新的促进作用更为显著。上述分析整体表明，相比较于非制造企业，政府补助和税收优惠对制造企业的促进作用更为显著，假设 H5 - 1c 得到了验证。

表 5 - 7　　制造与非制造企业的回归结果

变量	RD	RD	RD	RD
	制造业	非制造业	制造业	非制造业
sub	0. 189 *** (0. 076)	0. 170 *** (0. 056)		
tax			0. 262 * (0. 553)	0. 116 (0. 338)
size	0. 771 *** (0. 0480)	0. 343 ** (0. 140)	0. 840 *** (0. 049)	0. 477 *** (0. 142)
lev	0. 393 (0. 298)	0. 439 (0. 688)	0. 428 (0. 300)	0. 365 (0. 709)

续表

变量	RD	RD	RD	RD
	制造业	非制造业	制造业	非制造业
roe	1.498 ** (0.587)	1.737 (1.664)	1.806 *** (0.591)	1.954 (1.628)
lncm	0.296 (0.196)	0.122 (0.383)	0.268 (0.194)	0.253 (0.393)
growth	-0.298 *** (0.044)	0.074 (0.095)	-0.294 *** (0.045)	0.044 (0.098)
Constant	-0.719 (0.993)	6.912 ** (2.916)	-0.854 (1.025)	6.328 ** (2.810)
Year	Yes	Yes	Yes	Yes
Industry	Yes	Yes	Yes	Yes
Observations	1678	569	1678	569
R - squared	0.756	0.363	0.748	0.344
Ajusted R^2	0.349	0.349	0.330	0.330

注：* 表示 $p<0.1$，** 表示 $p<0.05$，*** 表示 $p<0.01$。

为了剖析政府补助和税收优惠对不同地区企业技术创新的影响，依据地缘性我们将研究样本做了分组，由于中部、西部和东北地区的样本数量相对较少，将该三个地区合并为“非东部地区”样本组。表5-8列示的是东部地区与非东部地区样本组的回归结果。从表5-8的前两列可以看出，无论是东部地区还是非东部地区企业，政府补助与企业技术创新均呈正相关关系且通过了1%的显著性水平检验，且非东部地区样本组的回归系数0.202大于东部地区样本组的回归系数0.116，说明政府补助对非东部地区企业技术创新的促进作用更为显著。从表5-8的后两列可以看到，无论是东部地区还是非东部地区，税收优惠与企业技术创新的回归系数虽然都呈正相关但均不显著。这再次表明政府补助和税收优惠虽然都对企业技术创新具有一定的促进作用，但政府补助的促进效果更为显著。但从分样本的角度来看，相对于东部地区，政府补助对非东部地区企业技术创新的促进作用更为明显，与本章的假设H5-1d恰恰相反，假设H5-1d未得到验证。这可能与近年来政府大力推行“西部大开发、东北振兴、中部崛起”等一系列国家发展战略紧密相关，激发和点燃了非东部地区企业的创新热情和活力，来自政府的补助补贴更是犹如雪中送炭，呈现出边际效应递增，大大助推了非东部地区企业开展研发活动和技术创新，因此政府补助在非东部地区能够起到的边际效应远高于东部地区。

表5－8　　东部与非东部地区企业的回归结果

变量	RD	RD	RD	RD
	东部	非东部	东部	非东部
sub	0.116 *** (0.021)	0.202 *** (0.056)		
tax			0.614 (0.533)	0.448 (1.871)
size	0.658 *** (0.073)	0.326 *** (0.112)	0.745 *** (0.077)	0.453 *** (0.116)
lev	-0.248 (0.270)	1.308 * (0.665)	-0.280 (0.275)	1.340 * (0.679)
roe	1.795 *** (0.625)	0.382 (1.467)	2.201 *** (0.612)	1.121 (1.506)
lncm	0.183 (0.200)	0.667 (0.449)	0.177 (0.200)	0.649 (0.467)
growth	-0.180 *** (0.048)	-0.016 (0.094)	-0.199 *** (0.050)	0.010 (0.109)
Constant	1.509 (1.574)	6.226 *** (2.177)	1.387 (1.522)	6.590 *** (2.479)
Year	Yes	Yes	Yes	Yes
Industry	Yes	Yes	Yes	Yes
Observations	1659	588	1659	588
R - squared	0.654	0.449	0.642	0.401
Ajusted R^2	0.438	0.438	0.388	0.388

注：* 表示 $p<0.1$，** 表示 $p<0.05$，*** 表示 $p<0.01$。

5.4.2 高管持股的调节效应分析

为了验证高管持股产生的调节效应，在政府补助与企业技术创新的回归模型中，加入高管持股与政府补助的交乘项（SH × sub）进行回归分析。表5-9列示了具体的回归结果，列（1）为单变量回归结果，列（2）为加入交乘项的回归结果，列（3）为加入交乘项以及控制变量后的回归结果。首先，可以看到列（1）至列（3）政府补助与企业技术创新的回归系数依次为0.072、0.083和0.134，说明在依次加入交乘项和控制变量后，回归系数在逐渐变大，表明高管持股增强了政府补助对企业技术创新的促进作用。其次，高管持股与政府补助的交乘项（SH × sub）的回归系数均为正且依次通过了1%和5%的显著性水平检验，说明高管持股在政府补助与企业技术创新之间起到的是正向调节作用。最后，从R^2值可以发现，列（1）至列（3）的R^2值分别为0.306、0.314和0.568，说明在依次加入交乘项和控制变量后，拟合度也在不断变大。上述分析表明，高管持股比例进一步增强了政府补助对企业技术创新的促进作用，假设H5-2得到了验证。

表5-9　　高管持股调节效应的回归结果

变量	（1）RD	（2）RD	（3）RD
sub	0.072*** (0.662)	0.083*** (0.833)	0.134*** (0.231)
SH × sub		0.070*** (0.016)	0.071** (0.105)
size			0.585*** (0.066)
lev			0.177 (0.285)
roe			1.633*** (0.602)

续表

变量	(1) RD	(2) RD	(3) RD
lncm			0. 329 (0. 203)
growth			-0. 143 *** (0. 043)
Constant	11. 38 *** (0. 546)	11. 71 *** (0. 532)	2. 424 * (1. 348)
Year	Yes	Yes	Yes
Industry	Yes	Yes	Yes
Observations	2247	2247	2247
R - squared	0. 306	0. 314	0. 568

注：* 表示 p<0. 1，** 表示 p<0. 05，*** 表示 p<0. 01。

5.4.3 寻租成本的调节效应分析

同样地，为了验证寻租成本产生的调节效应，在政府补助与企业技术创新的回归模型中，加入寻租成本与政府补助的交乘项（RS × sub）进行回归分析。表5-10列示了具体的回归结果，列（1）为单变量回归结果，列（2）为加入交乘项的回归结果，列（3）为加入交乘项以及控制变量后的回归结果。

表5-10　　　　寻租成本调节效应的回归结果

变量	(1) RD	(2) RD	(3) RD
sub	0. 072 *** (0. 662)	0. 069 *** (0. 350)	0. 054 * (0. 201)
RS × sub		-0. 080 ** (0. 051)	-0. 075 *** (0. 038)
size			0. 710 *** (0. 061)
lev			0. 361 (0. 271)

续表

变量	(1) RD	(2) RD	(3) RD
roe			1.794*** (0.560)
lncm			0.696*** (0.225)
growth			-0.183*** (0.039)
Constant	11.38*** (0.546)	11.44*** (0.535)	2.903 (1.238)
Year	Yes	Yes	Yes
Industry	Yes	Yes	Yes
Observations	2247	2247	2247
R - squared	0.306	0.389	0.456

注：* 表示 $p<0.1$，** 表示 $p<0.05$，*** 表示 $p<0.01$。

首先，可以看到表 5-10 中列（1）至列（3）政府补助与企业技术创新的回归系数依次为 0.072、0.069 和 0.054，说明在依次加入交乘项和控制变量后，回归系数在逐渐变小，表明寻租成本弱化了政府补助对企业技术创新的促进作用。其次，寻租成本与政府补助的交乘项（RS × sub）的回归系数均为负且依次通过了 5% 和 1% 的显著性水平检验，说明寻租成本在政府补助与企业技术创新之间起到的是负向调节效应。最后，从 R^2 值可以发现，列（1）至列（3）的 R^2 值分别为 0.306、0.389 和 0.456，说明在依次加入交乘项和控制变量后，拟合度也在不断变大。上述分析表明，寻租行为进一步削弱了政府补助对企业技术创新的促进作用，假设 H5-3 得到了验证。

5.4.4 稳健性检验

为确保实证研究结果的稳健性与有效性，我们用企业的专利申请数量作为技术创新的衡量指标，从创新产出的角度来检验政府补助和税收优惠对企业技术创新的影响。前面的实证分析采用研发投入的金额衡量两种政策对创新投入的影响效果，此部分将采用专利申请数量，从创新产出的角度来检测两种政策对企业技术创新的影响效果。根据构建的模型，将专利数量作为被解释变量加入模型，沿用上述方法依次进行分样本检验分析，所得结论依然成立。我们又将税收优惠以税收返还金额进行替代，使用上述方法进行回归分析，所得结论与前面一致。所有假设检验除使用稳健标准误外，同时使用聚类稳健标准误进行了检验，所得结果依然稳健。

5.5 结论与政策启示

近年来，我国高度重视创新发展，继《中国制造 2025》战略制定实施以来，我国加快持续发展新技术、新业态、新模式推动传统产业变革升级。大力推动企业技术创新不仅是提升核心竞争力的必然措施，更是提高我国综合国力与建设创新型国家的根本要求。只有提高企业的自主创新能力，才能实现“中国制造”向“中国创造”的转变、“制造大国”向“制造强国”的转变。近年来，政府相继出台了利息补贴、风险补偿、定额资助等一系列补助政策引导和支持企业开展技术创新。同时又大力深化税费改革，自全面“营改增”以来，以减税降费为主基调出台了一系列税收优惠政策，充分促进了经济活力的释放，社会贡献日益凸显。如何有效发挥政府补助和税收优惠对企业技术创新的激励作用，是当前和今后深化财税体制改革、建设创新型国家的重点，也是实现经济发展由高增速阶段转向高质量阶段的重要一环。基于此，本章以 A 股上市公司为研究对象，研究和检验政府补助和税收优惠对企业技术创新的影响效果，以期为促进企业创新转型升级和经济高质量发展提供一定的参考借鉴和经验证据。所得结论如下：（1）政府补助和税收优惠均能促进企业技术创新，政府补助对企业技术创新的促进效应更为显著。（2）相对于非国有企业、非高新企业和非制造业，政府补助和税收优惠对国有企业、高新企业和制造企业技术创新的促进作用更为显著；相对于东部地区，政府补助对非东部地区企业技术创新的促进作用更为显著。(3) 高管持股起到了正向调节作用，进一步增强了政府补助对企业技术创新的促进效应；寻租成本起到了负向调节作用，进一步削弱了政府补助对企业技术创新的促进效应。

本章研究的政策启示和优化对策是：(1) 完善相关补助政策，优化政府补助的方式与形式。在发放补助资金前应充分考察调研被补助企业的研发情况，合理确定对企业的补助方式和力度，如将一次大额拨款改为多次小额分发，确保财政补贴资金落到实处；同时完善政府补助资金的信用体系、绩效评价体系建设，建立明确的资金使用规范，制订企业技术创新绩效目标、绩效监控和绩效评价，使财政资金花到实处、实现资金效益最大化。(2) 合理使用税收优惠政策，完善税收优惠政策体系。综合多种税收优惠政策，提高税收优惠效果，例如，完善企业资本性支出的事前减税标准，加计扣除研发费用、减半征收产品税率、减免研发人员个税等，多维度降低企业研发活动成本；再如，将企业所得税优惠和税收返还政策相结合，将税收奖励和税收惩罚相结合等。(3) 对不同产权性质、不同行业、不同地区的企业实施差异化政策。例如，专门制订针对非国有企业等中小民营企业的补助和优惠政策，给予非国有企业更多财政支持，打造民营企业技术创新的样本企业，起到引领和示范作用；对制造业与非制造业、高新与非高新企业、东部与非东部企业实施多元化的补助和优惠政策，直接补助与税率优惠、税收返还等相结合，事前直接现金流量补偿和事后期望收益激励相结合，科学引导和精准施策提高企业技术创新的积极性。(4) 企业内部形成稳定的创新基金，为企业开展技术创新提供稳定的资金支持。企业可每年从营业收入中提取固定比例的资金作为技术创新基金，将专项基金用于技术研发、设备购置、生产工艺和流程改进等方面。同时注重创新人才的培养引进，一方面不断完善内部人才管理制度，对科研人员建立与创新绩效相符合的激励机制；另一方面不断提高人才培养建设梯队，加强与科研院所、高校研究院等合作，有针对性、有目的地培养人才。(5) 建立健全股权激励机制、企业内部控制和风险管理体系。高管持股能够进一步强化政府补助和税收优惠对企业技术创新的促进效应，通过建立健全股权激励政策，可以缓解委托—代理关系，使各方利益与股东财富最大化、企业价值最大化以及企业长远发展不断实现利益趋同，从而降低企业风险。研发创新活动具有较大的不确定性和风险性，新技术或新产品如果研发失败，将会给企业带来不可估量的损失，构建和完善内部控制流程和风险管理体系的重要性不言而喻。通过建立健全内部控制制度，针对可能发生的内外部环境变化做好应急或防范预案，以合理方法和有效策略应对和化解企业内外部的各种风险，才能从根本上提高企业技术创新能力、核心竞争力和价值创造力，增强企业发展后劲，助推实现创新驱动发展和国民经济高质量发展。

第6章

黄河流域资源型企业绿色创新责任影响经济高质量发展的机制研究

2019年9月，习近平总书记在郑州主持召开黄河流域生态保护和高质量发展座谈会上强调“黄河流域是我国重要的生态屏障和经济地带，是打赢脱贫攻坚战的重要区域，在我国经济社会发展和生态安全方面具有十分重要的地位，保护黄河事关中华民族伟大复兴和永续发展的千秋大计”。黄河流域是我国重要的水源补给区、生态功能区、粮食以及能源生产区，其上市公司中资源型企业数量约占50%，主要由有色金属、石油开采等产业构成，在国家经济发展体系中占据重要地位。但其“高污染、高耗能、高排放”的工业发展模式严重制约了流域生态经济绿色协调发展。伴随着“生态文明”和“美丽中国”建设总目标的提出，我国愈加重视环境治理，尤其是产业结构的绿色循环发展及生态责任的履行。黄河流域企业绿色创新责任履行和经济协调发展是推动黄河流域生态保护和高质量发展的重要支撑，坚决贯彻“黄河流域生态保护和高质量发展”战略是提高流域生态环境协调度的唯一途径。本章以流域内资源型企业为研究对象，从企业绿色创新责任视域剖析其与经济价值协调发展的关系，以期为政府和企业在落实黄河流域高质量发展过程中提供有益的决策参考。

资源型企业依托资源优势在国民经济发展中发挥着不可替代的作用。企业无法模仿和复制竞争者所拥有的特殊资源，它们之间的运行效率差异将会一直存在。一般而言，企业价值越高，可以动用的资源越丰富，将闲散的资本投入生态保护、社会公益和慈善等责任活动中获取社会信任，可形成同行业其他竞争者所无法模仿的优势壁垒和良性循环。生态责任在资源型企业发展过程中扮演着举足轻重的角色，生态责任比经济责任范畴更广，它要求企业缩减废弃物排放量和资源浪费量并合理利用资源。然而，绿色创新责任的承担会导致附加成本的产生，这与其利益最大化本质不符。因此，绿色创新责任的核心是最大限度地触发企业对社会负责任的行为偏好，同时最大限度地抑制企业违背绿色创新责任的行为倾向。美国商业圆桌会议组织（Business Roundtable）在 1981 年号召企业“既为私有利润也为公共利益服务”，实际上就隐含了企业既是追求股东利润的经济组织，又是服务公共利益的社会组织，需要平衡两者之间的关系。企业主动履责有利于获得消费者青睐，增加公司绩效与抗风险能力，实现绿色创新责任与经济价值的协调、健康发展。黄河流域高质量发展已成为国内学术研究热点，资源的高强度开发使流域环境长期处于高负载状态，其原因在于农业发展历史悠久，土地、水、金属等资源开发时间长、强度大，导致其陷入巨大压力中。黄河流域近 5 年各省地区 GDP 份额、资源数量占比变化数据显示，黄河流域经济布局与资源环境不匹配，导致其经济社会可持续发展刚性约束严重凸显。企业绿色创新责任履行包括环境责任、经济责任和社会责任三重底线。若资源型企业责任意识淡薄，忽视生态保护等问题，将会使全社会付出高昂的环境成本；但若主动履责则会产生积极效应，规范企业生存活动时所承担的环境和经济权利并且交互跨期地对企业财务绩效产生积极影响，而且有效披露生态环境相关责任信息，可显著提高责任质量水平。黄河流域各资源型企业作为流域利益相关者，在实现利润最大化的同时还应积极履行合理排污等环境责任。经济责任的履行过程就是企业与不同社会主体合作创造综合经济价值，实现与利益相关方、社会共享价值的目标。企业不仅要积极践行节能减排和保护生态的环境责任，也要履行提高经济效率收获利润和实现长期生存发展的经济责任。资源型企业与其他类型企业相比较而言，其占有更多的社会资源，理应在责任方面起引领作用。纵观我国对资源型企业责任的研究，经实证检验发现无论对国企还是非国企，承担绿色创新责任均能有效降低企业风险。责任履行越好，公司抗风险能力和组织韧性越强，表现出的业绩波动越小。企业想提高市场占有率、获取核心竞争优势，积极履责是其最优战略选择，也是隐形道德追求。企业在追逐经济利润时，不仅要对股东负责，还应兼顾其他利益方，承担起创新发展与经济价值协调发展的责任。针对两者的协调发展，企业须立足当前、兼顾长远，主动履责，积极运用协同思想实现两者的有机融合。

"黄河宁，天下平"，黄河作为中华民族的母亲河，自古以来，黄河治理都是执政者"固本安邦"的重要举措。黄河流域具备得天独厚的地域、能源、经济优势，企业可通过整合流域资源，实现生态、经济、社会效益的统一。随着国家生态文明建设有序开展以及习近平总书记有关黄河流域生态保护和高质量发展重大国家战略的提出，黄河流域已成为我国重要的生态环境保护与经济社会协调发展的重点区域，其经济增长也由规模扩张转为全面的可持续发展。虽然黄河流域资源型企业在发展中有独特资源优势作为支撑，但其经济特性以及履责边际成本与边际收益不匹配问题的存在，会加重企业的成本负担、降低经济价值，导致企业绿色创新责任意识淡薄的现象较为突出，资源优势逐渐丧失。脆弱的生态系统及粗放型的经济增长模式，导致黄河流域绿色创新责任与经济价值的区域协调发展面临巨大挑战与威胁。

6.1 理论分析与研究假设

传统的企业价值最大化理论认为企业应秉持"股东至上"原则，以股东利益为重，企业绿色创新责任的履行会导致资源的浪费、成本支出的增加和经济价值的减少。但利益相关者理论指出，企业不应仅局限于股东价值最大化，还应满足债权人、客户、消费者等利益相关者的诉求，实现利益相关者价值最大化，进而有助于获得他们的信任和支持，从而获取人力资本、商誉等核心竞争力，提高企业的经济价值。在实践中，随着人们对资源环境、员工权利、经济发展和社会协调的不断关注，企业履责行为逐渐被公众普遍接受，更多的企业将其融入经济协调发展的目标中，是否履行绿色创新责任也成为社会各界衡量企业优劣的判断标准。

在经济发展新常态下，我国有关绿色创新责任的理论分析与实践研究日益增加。企业承担绿色创新责任既为利益相关者带来价值，也推动整个社会经济的发展，主要体现在以下3个方面：（1）企业从“股东至上”过渡到综合考虑债权人、员工、社会等利益相关者需求，赢得信赖的同时实现财务公平（利益均衡），构成了企业独特的经营优势。（2）企业积极践行履责活动，不仅提高了企业信息透明度，向外界传递企业关注长期发展的利好消息，同时有效缓解负面信息对企业价值的冲击。虽增加当期的经营成本，但长远来看，可提高企业社会信誉，实现价值增值，企业绿色创新责任与经济价值会呈现正向促进关系。（3）培养企业责任管理战略思维有助于提高内部管理能力和风险应对能力，进而有效地减少各种损坏企业经济价值的不利行为。但是不同类型企业通过绿色创新责任履行的经济后果会有不同，通过对中小型企业研究发现中小型企业责任的履行对经济价值有负效应。

短期来说，企业履行绿色创新责任会消耗其所拥有的资源、加重成本负担，其所收获的声誉提高、投资机会增多等良好效益也不能立即兑现。一旦发生失误，企业利益相关者会降低对企业的投资，最终导致更高的成本甚至丧失盈利机会。但长期来看，承担绿色创新责任的行为赢得了股东、客户等利益相关者的信任，不仅维护良好社会关系，降低企业未来不确定性，还可帮助企业形成和谐的外部环境与内部凝聚力，实现企业价值最大化。基于此，提出以下假设：

H6-1：企业绿色创新责任对经济高质量发展具有促进作用。

我国资源型企业以国企为主，企业履行绿色创新责任主要有两大目标：一方面是经济层面，通过履行绿色创新责任塑造良好形象，获取稳定、持续的经济收益；另一方面是社会层面，顺应国家政策和相关法律法规去实现社会利益。由于国企自身特殊的性质，在追求经济目标实现的同时也会更加注重承担较多的非经营性社会职能或政府职能。对非国有企业而言，不具备国有企业得天独厚的优势条件，面临的市场竞争环境也较为激烈，因此非国有企业较为注重的是企业的生存发展与价值增值。在国家营商环境持续优化的现实情形下，民营企业享受到税收优惠、人才吸纳、行政审批等政策红利，同时与政府之间构建更加清朗的政企关系以取得政府的信任与支持，降低了经营风险，提高了自身的发展韧性。越来越多的民营企业进入经济利益与绿色创新责任并重的发展轨道上来。因此，相较于国有企业，非国企履行绿色创新责任带来的价值增长空间更大。基于此，提出以下假设：

H6－1a：非国有企业履行绿色创新责任对经济高质量发展的影响比国有企业效果更显著。

从流域范围来看，上游地区作为重要水源涵养区，生态环境维持较好，但经济发展水平较为落后；中游地区具备丰富的能源储量，但由于传统工业的发展模式，导致工业污染较为严重；下游地区经济发展水平高，但存在资源的约束及利用率低等问题。由此可知，相比上、下游地区，中游地区更加具备资源优势与发展潜力，若切实履行绿色创新责任，将其资源优势发挥到最大，将充分带动地区经济增长。基于此，提出以下假设：

H6－1b：黄河流域中游资源型企业履行绿色创新责任对经济发展的影响比上、下游资源型企业效果更显著。

股东作为企业的出资者，与企业存在委托—代理关系，且拥有最终决策权。企业合理利用股东资金，在保障股东资本保值、增值的基础上，制订有效的利润分配政策实现其合理化收益，可切实履行股东责任。当企业面临重大项目的立项、规模扩建等关键决议时，更易获得股东信任与资金支持，同时，也有利于企业在资本市场收获良好声誉，提高市价和融资能力。基于此，提出以下假设：

H6－2：股东责任的履行对经济价值具有促进作用。

员工作为企业的主体，人员频繁流动、雇佣报酬上升等因素导致人力成本占企业总成本的比重较大，不利于企业持续稳定发展。企业积极承担对员工的责任易使员工获得归属感，同时确保企业目标与员工目标一致，才能提高工作积极性、减少人员流动，提升员工的满意度与忠诚度，减少员工卸责行为，为企业节约成本，在实现价值共创的同时还能为企业吸纳更多高素质员工以获得可持续竞争优势。基于此，提出以下假设：

H6-3：员工责任的履行对经济价值具有促进作用。

企业在不断发展过程中，主动参与社会公益、慈善捐赠、依法纳税等实际行动回报社会，在增加政府税收收入的同时提升了企业形象和声誉，从而获得更多、更稳定的顾客群体以及社会公众的认可度。政府利用税收不断完善基础设施，优化公共服务水平，改善企业竞争环境，并为其创造良好的外部经营条件。此外，企业的能力往往是有限的，在解决某些复杂重大、原始创新、突破发现的问题上在一定程度上还需要依赖政府支持。企业对政府的责任履行越好，便可以获得越多的政府支持，在一定程度上会给企业带来经济效益的增加与企业价值的提升。基于此，提出以下假设：

H6-4：政府责任的履行对经济价值具有促进作用。

6.2 样本选取、数据来源、模型构建

6.2.1 样本选取

黄河作为我国仅次于长江的第二大江河，自西向东流经青海省、四川省、甘肃省、宁夏回族自治区、内蒙古自治区、陕西省、山西省、河南省、山东省9省区，全长5464公里，是我国矿产资源富集区，拥有丰富的煤炭、石油等黑色能源。如表6-1所示，截至2019年黄河流域共有621家上市公司，其中资源型企业233家。山东、四川、河南作为人口大省，资源型企业数量分别为78家、41家、30家，居9省前三名。上中游的青海、宁夏等省区资源型企业数量较少。总体来说，呈现区域分布不均趋势。

表6-1　2019年黄河流域9个省区资源型企业数量统计　单位：家

省级行政区	青海省	四川省	甘肃省	宁夏回族自治区	内蒙古自治区	陕西省	山西省	河南省	山东省	合计
资源型企业数量	6	41	11	9	15	19	24	30	78	233
非资源型企业数量	6	92	22	6	11	37	15	54	145	388
合计数量	12	133	33	15	26	56	39	84	223	621

据RESSET数据库2019年最新统计的上市公司名单，选取黄河流域9个省区中属于资源型企业的233家上市公司为初始研究对象，以2010～2019年连续10年的面板数据作为初始样本，同时结合和讯网CSR评级数据和润灵环球社会责任报告评分进行手工筛选。为确保数据的可靠性和完整性，进行以下筛选：（1）剔除上市年限不满5年的企业；（2）剔除未连续披露社会责任报告评级数据的企业；（3）剔除相关财务数据异常且所涉及指标存在空缺的企业。经过筛选，最终确定215家企业，共获得2150个样本，数据处理和计量分析均采用STATA 15.0。

6.2.2　数据来源

首先，根据《证监会行业分类2012年版》手工整理筛选出黄河流域资源型企业名单；其次，使用的企业绿色创新责任评级数据从和讯网上进行手工整理获得；最后，从RESSET数据库获取财务报表数据和国泰安CSMAR数据库中根据企业年报计算相关财务指标，为经济价值的衡量提供基础。

6.2.3　模型设计

6.2.3.1　变量定义

企业的经济价值的测量一般采用会计指标（ROA、ROE、EPS）、托宾Q(TQ）来作为被解释变量的代理指标，他们均能较好地反映企业的盈利能力。本章使用托宾Q(TQ）值作为被解释变量衡量企业经济价值的指标，使用ROA指标进行稳健性检验。由于企业绿色创新责任概念的不统一性、量化方式的多样性、数据的完整性，解释变量将采用绿色创新责任总得分(CSCORE)来衡量绿色创新责任的整体履行水平。并在此基础上，选取股东责任（CSRSTO）、员工责任（CSREMP）和政府责任（CSRSCO）衡量绿色创新责任的具体表现。控制变量参考相关学者研究，选取股权性质、行业类型、流域范围等13个指标作为控制变量。各变量指标如表6－2所示。

表6－2　　变量定义

变量	变量名称	符号	单位	定义
被解释变量	托宾Q	TQ	—	(权益的市场价值＋总负债账面价值)/总资产的账面价值
经济价值	净资产收益率	ROE	%	税后利润/所有者权益
	总资产报酬率	ROA	%	(利润总额＋利息支出)/平均资产总额
	每股收益	EPS	元/股	(净利润－优先股股利)/流通在外普通股加权平均数
解释变量	绿色创新责任总得分	CSCORE	分	均根据和讯网查询的绿色创新责任各得分定义
绿色创新责任	员工责任	CSREMP	分	
	政府责任	CSRSCO	分	
	股东责任	CSRSTO	分	
控制变量	股权性质	Nature	—	国有企业为1，否则为0
	流域范围	Zone	—	黄河流域上游为1，中游为2，下游为3
	公司规模	Size	对数	期末资产自然对数
	现金持有量	Cash	%	货币资金/总资产
	流动比率	CR	%	流动资产/流动负债
	速动比率	QR	%	速动资产/流动负债
	营业成本率	TOR	%	营业成本/营业收入
	还本能力	ALR	%	总负债/总资产
	付息能力	ICR	倍	息税前利润/利息支出（利息保障倍数）
	应收账款周转率	RTR	%	赊销净收入/平均应收账款
	股东权益比率	ER	%	股东权益总额/资产总额
	年度变量	Year	—	2010～2019年其他变量

6.2.3.2 模型构建

根据表6-2中变量，构建以下模型：其中，a、λ、μ、β为模型的常数项，i代表样本公司，t代表年度，σ代表随机扰动项。

根据假设H6-1企业绿色创新责任对经济高质量发展具有促进作用，构建模型：

$$Value_{it} = a_0 + a_1 CSCORE_{it} + a_2 Nature_{it} + a_3 \mathrm{Zone}_{it} + a_4 Size_{it} + a_5 Cash_{it} + a_6 CR_{it} + a_7 QR_{it} + a_8 TOR_{it} + a_9 ALR_{it} + a_{10} ICR_{it} + a_{11} RTR_{it} + a_{12} ER_{it} + a_{13} Year_{it} + \sigma \tag{6-1}$$

根据假设H6-2股东责任的履行对经济价值具有促进作用，构建模型：

$$Value_{it} = \lambda_0 + \lambda_1 CSRSTO_{it} + \lambda_2 Nature_{it} + \lambda_3 Zone_{it} + \lambda_4 Size_{it} + \lambda_5 Cash_{it} + \lambda_6 CR_{it} + \lambda_7 QR_{it} + \lambda_8 TOR_{it} + \lambda_9 ALR_{it} + \lambda_{10} TCR_{it} + \lambda_{11} RTR_{it} + \lambda_{12} ER_{it} + \lambda_{13} Year_{it} + \rho \tag{6-2}$$

根据假设H6-3员工责任的履行对经济价值具有促进作用，构建模型：

$$Value_{it} = \mu_0 + \mu_1 CSREMP_{it} + \mu_2 Nature_{it} + \mu_3 \mathrm{Zone}_{it} + \mu_4 Size_{it} + \mu_5 Cash_{it} + \mu_6 CR_{it} + \mu_7 QR_{it} + \mu_8 TOR_{it} + \mu_9 ALR_{it} + \mu_{10} ICR_{it} + \mu_{11} RTR_{it} + \mu_{12} ER_{it} + \mu_{13} Year_{it} + \zeta \tag{6-3}$$

根据假设H6-4政府责任的履行对经济价值具有促进作用，构建模型：

$$Value_{it} = \beta_0 + \beta_1 CSRSCO_{it} + \beta_2 Nature_{it} + \beta_3 \mathrm{Zone}_{it} + \beta_4 Size_{it} + \beta_5 Cash_{it} + \beta_6 CR_{it} + \beta_7 QR_{it} + \beta_8 TOR_{it} + \beta_9 ALR_{it} + \beta_{10} ICR_{it} + \beta_{11} RTR_{it} + \beta_{12} ER_{it} + \beta_{13} Year_{it} + \rho \tag{6-4}$$

6.3 结果与分析

6.3.1 变量描述性统计分析

从对各个变量进行描述性统计（见表6-3）可知，本章共选取2150个样本。从经济价值角度来看，托宾Q（TQ）均值为1.90，最大值为

64.84，最小值为 0，标准差为 2.52，25 分位与 50 分位分别为 0.70 和 1.30，可见资源型企业的经济成长价值差异较大；净资产收益率（ROE）标准差为0.66，最小值为14.71%，最大值为21.35%，可见各企业合理分配利用资源创造价值的能力差异大；总资产报酬率（ROA）标准差为0.08，最大值0.74%与最小值－0.96%相差不大，可以发现各企业获利水平较为均衡；每股收益（EPS）最小值为－16.75 元/股，最大值为4.87 元/股，标准差为0.75，可知各企业股权资本价值极差较大。整体而言，不同资源型上市企业之间经济价值总体表现差异较大。

表6－3　　　　样本变量描述性统计

变量	样本量	标准差	最小值	最大值	均值	p25	p50
TQ	2150	2.52	0.00	64.84	1.90	0.70	1.30
ROE	2150	0.66	－14.71	21.35	0.05	0.02	0.06
ROA	2150	0.08	－0.96	0.74	0.03	0.01	0.03
EPS	2150	0.75	－16.75	4.87	0.28	0.03	0.21
CSRSTO	2150	6.83	－10.23	27.28	11.92	7.86	12.83
CSREMP	2150	3.34	0.00	15.00	2.76	0.76	1.58
CSRSCO	2150	4.89	－15.00	17.00	2.98	1.79	3.07
CSCORE	2150	18.18	－17.22	85.77	21.26	12.54	19.51
Size	2150	1.42	16.70	26.95	22.33	21.29	22.14
Cash	2150	0.12	0.00	0.86	0.12	0.04	0.09
CR	2150	1.44	0.00	25.28	1.67	0.73	1.29
QR	2150	1.29	0.00	21.43	1.33	0.53	0.95
TOR	2150	0.97	0.00	33.23	1.01	0.88	0.94
ALR	2150	0.27	0.00	4.39	0.47	0.29	0.47
ICR	2150	0.56	－21.37	6.69	0.08	0.00	0.03
RTR	2150	0.40	0.00	5.51	0.21	0.04	0.08
ER	2150	0.25	－1.99	0.98	0.51	0.36	0.52

从绿色创新责任角度来看，股东责任（CSRSTO）的最大值为27.28分，最小值为－10.23分，标准差6.83，而且其25分位和50分位分别为7.86和12.83，相差较大，说明不同资源型企业之间股东责任履行水平差

异大；且与员工责任（CSREMP）最大值15.00分和政府责任（CSRSCO）最大值17.00分相比，其远远高于两者责任得分，从侧面反映出股东责任在社会各具体责任表现中较为优异；绿色创新责任总得分（CSCORE）最大值为85.77分，最小值为-17.22分，说明绿色创新责任履行水平整体差异较大。从控制变量角度来看，企业规模（Size）均值为22.33，标准差为1.42，且25分位和50分位分别为21.29和22.14，整体规模相差不大；现金持有量（Cash）、还本能力（ALR）、应收账款周转率（RTR）和股东权益比率（ER）极差都较小，呈均衡状态。流动比率（CR）、速动比率（QR）、营业成本率（TOR）和付息能力（ICR）极差较大，相差20%左右，说明企业偿债能力与付息能力差异大。

6.3.2 相关性分析

通过相关性分析初步探究各变量之间关系，表6-4结果显示，绿色创新责任总得分（CSCORE）与总资产报酬率（ROA）在1%的显著性水平上呈正相关关系，且其相关系数为0.161，整体来说，绿色创新责任履行对经济价值具有显著促进作用。

股东责任（CSRSTO）与总资产报酬率（ROA）的相关系数为0.171，且在1%水平上呈显著正相关，说明股东责任的履行对经济价值具有促进作用。员工责任（CSREMP）与托宾Q呈正相关，但相关性极弱。而与总资产报酬率的相关系数为-0.032，呈负相关，说明员工责任的履行对经济价值具有削弱作用，但其相关性极弱。政府责任（CSRSCO）与总资产报酬率在1%水平上呈显著正相关，相关系数为0.199，相比股东责任和员工责任其影响度较高，反映出政府责任的履行对经济价值具有一定促进作用。

就控制变量而言，企业规模（Size）与总资产报酬率的相关系数为-0.053，显著性较强，说明企业规模对经济价值具有一定的影响。现金持有量（Cash）、应收账款周转率（RTR）、股东权益比率（ER）对经济价值和绿色创新责任均具有促进作用，且显著性很强，表明企业的现金持有水平、应收账款的周转速度与管理效率、股本收益水平会强化企业绿色创新责任对经济价值的促进作用，且影响力较大。营业成本率（TOR）与绿色创新责任和净资产收益率分别在5%和1%显著性水平上呈负相关，相关系数为-0.043和-0.110，反映出营业成本的高低会削弱绿色创新责任对经济价值的促进作用。当绿色创新责任成本越少时，经济价值就会越高，反之则结果相反。

表6-4　　　　相关性分析

变量	TQ	ROA	Size	Cash	TOR	RTR	ER	CSRSTO	CSREMP	CSRSCO
ROA	0.194***	1								
Size	-0.504***	-0.053**	1							
Cash	0.084***	0.079***	-0.154***	1						
TOR	0.047**	-0.154***	-0.093***	0.009	1					
RTR	-0.096***	-0.009	0.183***	-0.037*	-0.019	1				
ER	0.01	0.293***	-0.218***	0.304***	-0.084***	-0.059***	1			
CSRSTO	-0.017	0.171***	0.072***	0.069***	-0.079***	0.037*	0.095***	1		
CSREMP	0.028	-0.032	0.101***	0.087***	0.105***	0.048**	-0.053**	0.094***	1	
CSRSCO	-0.056***	0.199***	0.143***	0.044**	-0.097***	0.051**	0.160***	0.178***	0.066***	1
CSCORE	-0.02	0.161***	0.133***	0.088***	-0.043**	0.067***	0.116***	0.256***	0.321***	0.321***

注：相关系数通过Pearson相关性检验，且*、**、***分别表示在置信度为0.1、0.05和0.01时相关性显著。

6.3.3　回归分析

6.3.3.1　企业绿色创新责任对经济价值的回归分析

根据以上分析，首先针对假设H6-1、假设H6-1a、假设H6-1b从企业股权性质和流域范围两个角度展开实证分析。

从表6-5全样本检验结果可知，企业绿色创新责任（CSCORE）与托宾Q(TQ）在1%显著性水平上呈正相关，相关系数为0.0398，说明绿色创新责任的履行会促进经济价值的增加，这与假设H6-1相符。从资源基础理论视角来看，企业绿色创新责任资源具有节约交易成本、构建不完全竞争市场和获取经济租金的战略功能，并能带来持续竞争优势。即企业提高履责水平，利于营造良好的内外部竞争环境，不断提高企业效率并可以持续有效推动经济价值的提升。

表 6－5　　企业绿色创新责任对经济价值的回归分析

变量	全样本 TQ	企业股权性质		流域范围		
		国有 TQ	非国有 TQ	上游 TQ	中游 TQ	下游 TQ
CSCORE	0.0398*** (3.03)	0.0205 (1.24)	0.0586*** (2.83)	0.0051 (1.14)	0.0134** (1.93)	0.0075* (1.95)
Size	-0.9515*** (-5.97)	-0.8508*** (-4.23)	-0.9476*** (-4.84)	-0.7456*** (-4.30)	-1.0778*** (-4.47)	-0.9246*** (-3.39)
Cash	-0.0607 (-0.11)	0.6433 (0.77)	-1.2671* (-1.82)	0.3010 (0.27)	0.3940 (0.34)	-1.0065* (-1.70)
CR	0.1275 (0.67)	0.3651 (0.78)	-0.0795 (-0.44)	0.4645 (1.27)	-0.4267 (-0.87)	0.2346 (0.92)
QR	0.1366 (0.58)	0.1513 (0.27)	0.1499 (0.68)	-0.2771 (-0.65)	0.9356* (1.83)	-0.1347 (-0.42)
TOR	-0.0172 (-0.26)	-0.0528** (-2.60)	0.1617 (1.09)	0.0279 (0.46)	0.3623 (0.57)	-0.6831 (-1.09)
ALR	2.5777 (1.22)	3.5821 (1.58)	-0.2559 (-0.32)	-0.5713 (-0.61)	6.7415** (2.20)	0.8449 (0.65)
ICR	0.2625 (1.27)	1.8609 (1.66)	0.1147* (1.76)	0.8709 (1.47)	1.0841 (1.39)	-0.1716 (-1.08)
RTR	0.0783 (0.89)	0.0753 (0.44)	0.1222 (1.19)	0.0332 (0.18)	0.1854 (0.22)	0.1909 (1.49)
ER	0.2381 (0.23)	-0.0824 (-0.07)	-0.6524 (-1.54)	-1.1994*** (-2.84)	3.4940 (1.05)	0.1253 (0.26)
N	2150	1030	1120	710	480	960
r2_a	0.3686	0.4145	0.4028	0.3752	0.4598	0.4198
F	25.3133	18.4728	25.4733	30.2365	21.0374	21.4166

注：*、**、*** 分别表示 10%、5% 和 1% 的显著水平。

表6-5中企业股权性质角度分析显示，非国企绿色创新责任（CSCORE）与托宾Q(TQ）在1%显著性水平上呈正相关，系数为0.0586；而国有企业绿色创新责任（CSCORE）与托宾Q(TQ）之间的关系并不显著。由此可知，非国企履行绿色创新责任对经济价值的影响比国企更显著，与假设H6-1a一致。这表明非国有企业为弥补其资源劣势，会借助履责渠道以求获得政府庇护，提高企业声誉，间接获取经济收益。

表6-5中从流域范围角度分析显示，黄河流域上、中、下游资源型企业绿色创新责任（CSCORE）与经济价值的关系中，流域中游、下游资源型企业绿色创新责任分别在5%和10%水平上呈正相关，相关系数分别为0.0134和0.0075，上游地区不显著。中游地区实证结果的显著性水平更高，说明黄河流域中游区域资源型企业绿色创新责任的履行对经济价值的影响比上、下游更显著，假设H6-1b得到验证。即中游地区依靠丰富的能源与得天独厚的地理位置，形成独特资源优势与地理优势，相较于上游经济落后、下游经济发达但资源匮乏等现状，更具备协调发展潜力。

6.3.3.2 股东责任对经济价值的回归分析

在假设H6-1成立的基础上，本章再次拓展到绿色创新责任下的各个具体责任对经济价值的作用。

首先是股东责任对经济价值的检验，如表6-6全样本回归结果所示。股东责任（CSRSTO）与托宾Q(TQ）的相关系数为0.0013，且在1%水平上显著正相关，本章的假设H6-2得到验证，即企业切实履行股东责任，利于赢得股东认可与资金持续性投入，提高融资能力和市场价值。

表6-6企业股权性质角度分析显示，非国有企业与国有企业的股东责任（CSRSTO）与托宾Q(TQ）都呈正相关，但相较于非国有企业，国有企业在1%水平上显著性更强。由此可知，国企股东责任的履行对经济价值的积极效应比非国企更显著。

表 6－6　　　　股东责任对经济价值的回归分析

变量	全样本 TQ	企业股权性质		流域范围		
		国有 TQ	非国有 TQ	上游 TQ	中游 TQ	下游 TQ
CSRSTO	0.0013 *** (3.54)	0.0009 *** (3.49)	0.0015 ** (2.02)	0.0331 ** (2.21)	0.0650 ** (2.65)	0.0562 *** (5.68)
Size	0.0182 (1.48)	-0.0053 (-0.32)	0.0428 *** (2.99)	-0.7739 *** (-4.27)	-1.1025 *** (-4.55)	-0.9476 *** (-3.66)
Cash	-0.1910 (-1.37)	-0.1679 (-1.06)	-0.2189 (-0.98)	0.1105 (0.10)	0.2065 (0.17)	-1.2011 ** (-2.00)
CR	-0.0127 (-0.70)	-0.0375 (-1.01)	0.0001 (0.01)	0.5101 (1.38)	-0.4299 (-0.87)	0.1938 (0.78)
QR	0.0106 (0.60)	0.0385 (1.05)	-0.0109 (-0.57)	-0.3258 (-0.76)	0.8686 * (1.76)	-0.0869 (-0.27)
TOR	-0.0596 (-1.17)	-0.0218 ** (-2.00)	-0.1604 (-1.12)	0.0383 (0.61)	0.5541 (0.82)	-0.2887 (-0.52)
ALR	0.0166 (0.13)	0.0949 (0.70)	-0.2164 (-0.82)	-0.6573 (-0.71)	6.7484 ** (2.19)	0.2702 (0.22)
ICR	0.0048 (0.19)	0.1094 * (1.70)	-0.0451 (-0.92)	0.7149 (1.24)	0.9386 (1.29)	-0.0764 (-0.50)
RTR	-0.0264 (-1.45)	-0.0549 (-1.30)	-0.0051 (-0.31)	0.0840 (0.47)	0.0155 (0.02)	0.1913 (1.44)
ER	0.3225 ** (2.38)	0.2042 * (1.79)	0.4112 * (1.79)	-1.5730 *** (-3.33)	3.3106 (0.98)	-0.9935 ** (-2.22)
N	2150	1030	1120	710	480	960
r2_a	0.0269	0.0059	0.1100	0.3813	0.4664	0.4369
F	2.8851	3.4891	3.8294	29.2268	28.9785	23.1784

注：*、**、*** 分别表示 10%、5% 和 1% 的显著水平。

表 6－6 中从流域范围角度分析，黄河流域上、中、下游资源型企业股东责任（CSRSTO）与托宾 Q(TQ) 都呈显著正相关，相比较而言，下游地区资源型企业在 1% 水平上显著性更强，说明黄河流域下游地区资源型企业绿色创新责任的履行对经济价值的影响比上、中游资源型企业更显著，原假设未得到验证。其差异原因可能受流域内的省区经济总量、人口质量

以及文化环境等因素的影响。

6.3.3.3 员工责任对经济价值的回归分析

其次是员工责任对经济价值的检验，如表6-7的全样本所示，员工责任（CSREMP）与托宾Q(TQ）的相关系数为0.0008，在10%水平上呈正相关，验证了本章的假设H6-3，即企业切实履行员工责任，有利于增加企业高素质员工数量，提高员工的工作效率，进而增加经济价值。

表6-7中企业股权性质角度分析显示，非国有企业员工责任（CSREMP）与托宾Q(TQ）在5%显著性水平上呈正相关，但国有企业呈负相关，相关系数为-0.0003，这与原假设有所偏差，可能是由于我国人口众多、员工流动性强导致的。整体而言，非国企员工责任的履行对经济价值的积极效应更显著。

表6-7 员工责任对经济价值的回归分析

变量	全样本TQ	企业股权性质		流域范围		
		国有TQ	非国有TQ	上游TQ	中游TQ	下游TQ
CSREMP	0.0008* (1.71)	-0.0003 (-0.65)	0.0021** (2.14)	0.0327 (1.37)	0.0178 (0.41)	0.0409 (0.91)
Size	-0.9413*** (-5.99)	-0.8463*** (-4.21)	-0.9468*** (-5.09)	-0.7407*** (-4.27)	-1.0537*** (-4.40)	-0.9233*** (-3.17)
Cash	-0.1162 (-0.20)	0.7975 (0.93)	-1.3233* (-1.90)	0.2794 (0.25)	0.3988 (0.35)	-1.0657* (-1.67)
CR	0.1421 (0.74)	0.3226 (0.67)	-0.0673 (-0.38)	0.4631 (1.26)	-0.4288 (-0.86)	0.2296 (0.93)
QR	0.1238 (0.52)	0.1874 (0.32)	0.1418 (0.65)	-0.2785 (-0.65)	0.9614* (1.82)	-0.1267 (-0.41)
TOR	-0.0361 (-0.55)	-0.0527** (-2.35)	0.0953 (0.59)	0.0222 (0.37)	0.3596 (0.59)	-0.7531 (-1.12)
ALR	2.6022 (1.22)	3.6966 (1.62)	-0.2420 (-0.32)	-0.5615 (-0.60)	6.8497** (2.21)	0.9424 (0.73)
ICR	0.2589 (1.23)	1.8790* (1.68)	0.0988 (1.61)	0.8909 (1.51)	1.0459 (1.32)	-0.1880 (-1.10)

续表

变量	全样本 TQ	企业股权性质		流域范围		
		国有 TQ	非国有 TQ	上游 TQ	中游 TQ	下游 TQ
RTR	0.0823 (0.95)	0.1024 (0.61)	0.1214 (1.37)	0.0191 (0.11)	0.4043 (0.46)	0.1903 (1.55)
ER	0.3734 (0.35)	0.0772 (0.07)	-0.5391 (-1.26)	-1.1167** (-2.62)	3.7206 (1.10)	0.3004 (0.63)
N	2150	1030	1120	710	480	960
r2_a	0.3678	0.4139	0.4140	0.3761	0.4553	0.4201
F	25.0154	18.0577	23.7987	29.0963	23.8670	20.4159

注：*、**、*** 分别表示 10%、5% 和 1% 的显著水平。

表6-7中从流域范围角度分析，黄河流域上、中、下游企业员工责任（CSREMP）与托宾 Q(TQ) 呈正相关，但显著性极弱。相关系数分别为 0.0327、0.0178 和 0.0409，相比较而言，下游地区表现较好，其次是上游与中游地区，这与本章假设不同，原因可能在于员工雇佣成本以及环境污染的治理成本，不利于中游经济产业发展，削弱其资源优势，或由于下游地区经济发展水平远高于上游与中游，导致资源型企业的盈利能力较强。

6.3.3.4 政府责任对经济价值的回归分析

最后是政府责任对经济价值的检验，如表6-8全样本所示，政府责任（CSRSCO）与托宾 Q(TQ) 在 1% 水平上呈正相关，相关系数为 0.0016，本章的假设 H6-4 得到验证，即企业切实履行政府责任，有利于企业提高声誉，获得政策扶持，从而推动经济发展。

表6-8　　　　政府责任对经济价值的回归分析

变量	全样本 TQ	企业股权性质		流域范围		
		国有 TQ	非国有 TQ	上游 TQ	中游 TQ	下游 TQ
CSRSCO	0.0016*** (4.90)	0.0017*** (3.51)	0.0014*** (3.59)	0.0016*** (3.09)	0.0022*** (5.06)	0.0009 (1.65)
Size	0.0011 (0.44)	0.0011 (0.27)	0.0026 (1.17)	0.0085** (2.29)	-0.0041 (-0.91)	-0.0015 (-0.74)

续表

变量	全样本 TQ	企业股权性质		流域范围		
		国有 TQ	非国有 TQ	上游 TQ	中游 TQ	下游 TQ
Cash	-0.0092 (-0.40)	-0.0085 (-0.19)	-0.0149 (-0.94)	-0.0343 (-0.71)	0.0659 (1.26)	-0.0460** (-2.41)
CR	0.0025 (0.61)	-0.0085 (-0.84)	0.0066 (1.64)	0.0014 (0.12)	-0.0006 (-0.09)	0.0041 (0.91)
QR	0.0015 (0.34)	0.0146 (1.19)	-0.0031 (-0.77)	0.0015 (0.12)	0.0052 (0.69)	-0.0015 (-0.31)
TOR	-0.0087 (-1.10)	-0.0126 (-1.50)	0.0027 (0.12)	-0.0029 (-0.41)	-0.0346 (-1.57)	-0.0971*** (-2.68)
ALR	0.0339 (0.84)	0.0757 (1.49)	-0.0482*** (-2.78)	0.0592 (0.73)	0.0443 (1.23)	0.0518 (1.36)
ICR	0.0121 (1.33)	0.0501* (1.93)	0.0109 (1.20)	0.0733 (1.58)	0.0388*** (2.69)	-0.0267*** (-3.55)
RTR	-0.0012 (-0.25)	-0.0194 (-1.55)	0.0076** (2.03)	-0.0169 (-1.62)	0.0391* (1.73)	0.0071* (1.73)
ER	0.1090*** (2.60)	0.1596** (2.38)	0.0334 (1.48)	0.1953** (2.03)	0.0570 (0.87)	0.1265*** (3.88)
N	2150	1030	1120	710	480	960
r2_a	0.1399	0.2138	0.1120	0.2136	0.2025	0.2927
F	8.7391	7.6441	8.2243	6.7874	15.8873	13.2899

注：*、**、*** 分别表示10%、5%和1%的显著水平。

表6-8中企业股权性质角度分析显示，国企与非国企的政府责任（CSRSCO）与托宾Q（TQ）在1%水平上都呈显著正相关。但国有企业相关系数更大，即在绿色创新责任对经济价值的积极效应方面国企显著于非国企，这与原假设不同，可能是由于政府对国企的政策扶持力度较大导致的。

表6-8中从流域范围角度分析，黄河流域上、中、下游企业政府责任（CSRSCO）与托宾Q（TQ）都呈正相关，上、中游在1%显著性水平上相关系数分别为0.0016和0.0022，相比较而言，中游地区表现最好，表明上、中游绿色创新责任的履行对经济价值的影响更显著，与本章原假设一

致。黄河流域上、中游是我国重要的水源补给区、生态功能区，近年来国家大力开展生态文明建设更加注重政府责任的履行。

6.3.4 稳健性检验

为提高实证分析结论的可靠性，用总资产报酬率（ROA）代替托宾Q(TQ) 经济价值衡量指标。依据前面检验顺序，首先，检验绿色创新责任与经济价值的关系，以及从股权性质、流域范围两个角度验证；其次，将绿色创新责任分为股东、员工、政府三大责任，检验股东、员工、政府责任与经济价值关系，检验结果和前面结论一致；最后，本研究除使用稳健标准误外，还使用聚类稳健标准误进行检验，其结果依然稳健。

6.4 结论与政策启示

6.4.1 结论

黄河流域作为区域协调发展的战略要地，其资源型企业绿色创新责任与经济价值的协调发展，在促进国家生态安全和经济社会发展中扮演着不可忽视的角色，实证结果表明：(1) 绿色创新责任的履行对经济价值具有促进作用。承担绿色创新责任的行为既能够赢得股东、客户等利益相关者的信任，还能维护良好社会关系，降低企业未来不确定性，帮助企业形成和谐的外部环境与内部凝聚力，实现企业价值最大化。(2) 从股权性质和流域范围两个视角深入探究发现，非国有资源型企业履责的积极效应比国有资源型企业更显著；黄河流域下游资源型企业比上、中游资源型企业更显著。(3) 将绿色创新责任细化，从股东责任、员工责任、政府责任三个方面分析发现，股东责任、员工责任和政府责任的履行都与经济价值呈正相关。(4) 股东责任方面，黄河流域国有资源型企业显著于非国有资源型企业、黄河流域中游资源型企业较其上下游资源型企业更为显著；员工责任方面，则呈现出黄河流域下游资源型企业显著于上中游资源型企业；政府责任方面，黄河流域国有资源型企业显著于非国有，其他都一致。这可能是员工流动性、政府政策扶持力度等因素，导致结果有所偏差。

6.4.2 政策启示

资源型企业长期形成的“三高三低”粗放式发展模式，即“高投入、高消耗、高污染、低产出、低效益、低质量”，与可持续的新发展理念严重违背。企业应顺应时代发展潮流，实现资源节约与环境友好的和谐发展，构建绿色产业结构体系，发挥绿色技术创新与可持续发展的双重驱动作用，带动区域经济的绿色发展。黄河流域资源型企业股权性质、行业类型、流域范围的不同导致绿色创新责任对经济价值的效应不尽相同，应从“企业—社会—政府”（ESG）三方面协同治理，耦合发展。通过本章的研究，得到启示如下：一是政府科学治理加强有效监管，积极发挥政府职能，不断完善相关法律法规，界定并深化绿色创新责任。实施责任奖惩和监督机制，加大对其履行过程和完成情况的考核管理，实现责任的法制化和规范化。不仅注重企业的财务业绩，还应更加关注环境保护、社会道德、公共利益等非财务方面实现状况，引导规范企业自觉履责。二是加强“双碳”目标引领，流域内的资源型企业应不断贯彻绿色发展理念，将碳中和与碳达峰作为企业的战略发展目标，严格限制污染物排放量，倒逼资源型企业加快绿色技术创新升级，妥善解决好资源过度开发使用与生态保护之间的矛盾。上、中、下游资源型企业在结合自身流域特征的同时，还应注重三区之间优势要素的耦合互促协同发展。

第7章

黄河流域企业绿色技术创新的评价与高质量发展路径

7.1 引　　言

7.1.1 研究背景及意义

2020年9月，中国国家主席习近平在第七十五届联合国大会上宣布，中国将力争在2030年前使二氧化碳排放达到峰值，并争取在2060年实现碳中和目标。这个“双碳”目标的设定不仅表明了中国将在未来的几十年里采取积极措施来实现这些目标，例如，加大主要排放行业的环保力度，鼓励绿色产业的发展，推广可再生能源、低碳技术和清洁能源技术，优化能源结构，提高能效等。同时，中国也将积极与其他国家和国际组织合作，共同努力把减排和应对气候变化的行动落到实处。这样，中国将为全球应对气候变化做出更大的贡献，并为实现可持续发展作出更大的贡献。

2021年2月，国务院印发的《关于加快建立健全绿色低碳循环发展经济体系的指导意见》指出，建立市场导向的绿色技术创新体系，推动绿色低碳技术研发。“十四五”时期是我国经济和社会发展中非常关键的转型阶段，党中央针对目前国内外环境的变化做出的重要战略抉择是构建双循环新发展格局。在这种情况下，绿色技术创新既是推动实现“双碳”目标的重要驱动力，也是促进国内国际双循环的内在要求。随着我国绿色低碳循环经济发展的逐步完善，绿色技术创新正日益成为推动我国经济实现绿色转型发展的重要力量。同时，我国在绿色低碳循环经济方面的制度和政策保障也在不断完善。要在短时间内实现碳达峰和碳中和的变革，更需要不断完善“双碳”目标下的绿色技术创新政策，以新的范式和创新思维来顺应这个变革，推动绿色技术更广泛的应用和落地。因此，只有持续创新、积极实践，才能推动我国绿色经济能力的提升，促进经济可持续发展。

黄河流域是中华民族的母亲河，也是中华文明诞生的摇篮，有着全国约 30% 的人口，经济总量约占全国的 26. 5%。在历史的过往中，从几千年前文明的兴起，到文化的延续，朝代的更迭，乃至如今国家和民族的复兴，黄河在其中都承载着厚重的历史底蕴，扮演着推动中华民族不断向前发展的重要角色。黄河流域是我国生态屏障、经济地带和脱贫攻坚的重要地区，我国高度重视黄河流域的发展，黄河流域的诸多省市和地区也承担着改革与发展的重要任务。在社会主义经济和文化不断繁荣的今天，黄河流域的发展关乎我国在经济转型格局下时刻保持发展活力的能力，也是进一步实现健康、可持续发展的关键。

在通往绿色经济的道路上，传统技术往往存在一些缺陷，难以在经济效益和环境保护方面协调发展。因此，许多企业开始探索绿色技术创新的道路。绿色技术创新有助于减少生产过程中对资源的依赖，同时减少对环境的污染物排放，使经济从单纯的以增长为导向，转向为环境友好型。绿色技术创新是黄河流域企业发展和竞争中最重要的问题，其评价体系直接决定了技术创新投资的可行性。因此，深入研究黄河流域企业的绿色技术创新能力，对于提高我国的绿色技术创新水平、实现“双碳”目标是至关重要的。

（1）理论意义。构建企业绿色技术创新评价体系可以促进黄河流域生态环境的保护和修复。在保护和修复黄河流域生态环境的过程中，企业绿色技术创新起着重要的作用。通过构建企业绿色技术创新评价体系，可以鼓励企业增加环保投入，推动企业在黄河流域生态环境保护中发挥积极作用，进而促进黄河流域生态环境的保护和修复。构建企业绿色技术创新评价体系可以为其他地区和行业的企业提供借鉴和参考，为全球环境可持续发展做出贡献。

（2）现实意义。首先，黄河流域企业绿色技术创新评价体系构建能够推动企业可持续发展。随着社会对环境保护和可持续发展要求的提高，绿色技术创新已经成为企业向可持续发展转型的重要途径。通过绿色技术创新评价体系，企业可以根据环境影响程度和技术创新能力等方面的考察，确定自身的绿色技术创新方向，进一步推动企业的可持续发展。其次，黄河流域企业绿色技术创新评价体系构建有助于促进环境保护。对于黄河流域等重点区域，环境保护和治理始终是一个紧迫的问题。通过建立企业绿色技术创新评价体系，可以促使企业高度重视环保事业，积极开展环保技术创新，减少有害废弃物的排放，从而提高整个黄河流域的生态环境质量。

7.1.2 国内外研究现状

7.1.2.1 国外研究现状

（1）技术创新。

国际上对技术创新的研究始于熊彼特的“创新理论”，并逐渐发展成为一门更为完善的科学。在熊彼特之后，他的追随者在技术和制度创新方面继续并发展了他的理论，如技术扩散的影响、技术创新和新进入者的情况、技术创新的类型、技术创新的模式和政府在技术创新中的作用等。

鉴于技术创新对企业的重要性，企业的技术创新能力一直是研究的重点。尽管学者对企业技术创新的具体表述不同，但内容大致相似，他们几乎都认为企业创新能力是由多个要素组成的综合能力体系，是企业技术创新行为诸多内在条件的总和。由于各自分析的角度不同，定义技术创新能力要素的方式也不同。Burgelman 等（1996）从组织行为学的角度分析，认为一个企业的技术创新是多种能力的结合体现，包括可用的资源及其分配、公司的组织结构和文化背景、理解和预测行业发展的能力、管理创新战略的能力、学习竞争的能力和理解技术发展的能力等。该定义是从战略管理的角度来分析构成企业技术创新能力的具体要素，而 Barton（1992）根据企业的技术创新行为，认为技术创新是由技术人员的专业知识、技术系统的能力、管理系统的能力和价值观等组成，其核心是掌握专业知识的人、技术系统、管理系统的能力和企业的价值观。

（2）绿色技术创新。

Brawn 和 Wield（1994）最早提出绿色技术的概念，他们认为绿色技术主要包括清洁工艺、清洁能源和清洁成果等。与一般形式的创新相比，绿色技术创新的主要矛盾在于其双重外部性，一方面，绿色技术创新产生溢出效应，给其他企业带来积极的知识和技术外部性，但不能产生全部或大部分的创新投资回报，因此缺乏企业进行创新的激励；另一方面，在没有可靠的污染物排放和温室气体排放定价机制的情况下，绿色技术创新对环境没有影响。企业排污的社会成本超过了内部成本，导致污染的负外部性，并且其并没有对污染成本进行补偿（Rennings，2000）。Kemp（2002）认为绿色技术创新主要是指企业或相关机构为了降低环境污染对现有的工艺进行改良，他还认为企业绿色技术创新需要管理创新、制度创新的支持，而这一概念也得到了不少学者的认可。

7.1.2.2 国内研究现状

（1）绿色技术创新。

绿色技术创新可以理解为“绿色技术”的“创新”。绿色创新是广义的环境创新，可以同时促进环境效益和经济效益（王慧等，2015），同时以保护环境为目标，旨在实现经济、生态和社会的可持续发展（肖仁桥和徐梅，2017）。与传统的技术创新相比，绿色技术创新具有显著的双重外部性，即它不仅能够缓解日益增加的环境监管压力，还能通过提高自然资源的利用效率来提升企业的整体效益（汪明月等，2019）。与传统技术相比，“绿色”是绿色技术的一个基本特征。通过将绿色技术分为末端治理技术、绿色产品和清洁工艺，使彼此之间的相互配合能够对环境产生更有利的影响（杨发明，1997）。此外，绿色技术创新也被称为生态技术创新，是技术创新的一种类型，是将资源损失和污染最小化的技术、产品和工艺的总称。由于采用了绿色生产管理的最佳做法，绿色技术创新可以有效地减少对生态系统的负面影响，同时提高公司的竞争力，实现环境效益和经济效益“双丰收”（武力超等，2022）。

（2）双碳背景下绿色技术创新。

绿色技术创新（也称为生态技术创新）是技术创新的一种形式，旨在最大限度地减少不可持续的资源使用和污染。它涵盖了一系列基于实施绿色生产管理理念的技术、产品和工艺。通过应用绿色生产管理的有效实践，绿色技术创新可以减少对生态环境的负面影响，同时提高企业的竞争力，实现经济效益和环境效益的统一（高婷，2022）。绿色技术创新是推动碳达峰、碳中和的重要驱动力，旨在促进经济发展和环境保护、节约资源和能源、逐步减少污染物排放、实现长期可持续发展。它是经济高质量发展的支撑，也是新技术革命的重要思路。在碳达峰、碳中和的目标下，减污降碳和协同增效成为“十四五”时期的重点工作，企业需要降低污染排放，同时保证再生产和扩大再生产能力。这不仅是企业绿色创新责任的要求，也是企业可持续发展的需要（王瑜和王京，2022）。目前，我国经济和发展面临着巨大的压力，实现“双碳”目标需要通过绿色技术创新推动经济和社会发展（王波等，2022）。为了推进绿色低碳技术体系构建，需要从两个方面入手：一是自上而下构建绿色低碳技术体系长期发展的理论支撑；二是自下而上构建绿色低碳技术体系思路，并以不同发展需求构建绿色低碳技术体系（刘仁厚等，2022）。

（3）黄河流域的绿色技术创新。

近年来，黄河流域在经济和社会方面取得了显著的进展，但是仍然存在一些问题。例如，整个流域的创新能力较低，产业结构滞后（沙德春和王茂林，2022）。此外，黄河流域的城市之间缺乏对绿色技术创新的启发和学习，增加绿色技术创新只会对当地的绿色技术生产力产生积极影响，对周边地区的绿色技术发展不会有明显的促进作用（李治国和杨雅涵，2022）。因此，未来黄河流域的发展需要加强技术创新的应用和转化，以强化创新为绿色发展提供驱动力，并积极推动技术创新促进生态、经济和社会的绿色化（曾刚和胡森林，2021），不仅如此，构建有利于碳达峰、碳中和的政策体系对我国如期实现“双碳”目标同样至关重要

（谭显春等，2022）。

（4）企业技术创新的评价指标。

①基于技术创新的评估指标体系。这种类型的指标体系将公司的技术创新视为一个系统概念，为了建立一个良好的评估指标体系，必须考虑到影响公司技术创新体系的所有方面。赵晗和赵晓梅（2021）将科技创新企业的评价因素划分为四个主要类别，包括概念框架、技术创新、商业模式和团队实力，并将每个类别进一步细分为二级指标和三级指标；李楠博和孙弘远（2021）基于企业绿色技术创新环境成熟度视角，构建了企业绿色技术创新成熟度的四个维度的评估指标体系，包括政治环境、经济环境、社会环境和创新环境；种孟楠（2015）在确定了影响绿色技术创新的因素后，确定了四个一级指标，包括绿色技术创新投入能力、绿色技术创新研发能力、绿色技术创新支撑能力和绿色技术创新产出能力，并为每个能力选取了最具代表性的指标，建立评估绿色技术创新能力的指标体系；杨亚威（2016）通过对产业技术创新战略联盟绩效的影响因素的分析，选取了社会支持、联盟组建、要素投入、联盟运行、联盟效应 5 个一级指标，并进一步细化为 18 个二级指标，以此构建产业技术创新战略联盟绩效评价体系。

②基于技术创新过程的评价指标体系。这类指标体系是基于这样的假设：企业的技术创新是一个由多个环节组成的整体过程，这些环节之间相互联系、相互影响，通过合理分解过程，评估每个环节，最终可以得到企业的整体技术创新能力。陆薇薇（2019）从技术创新投入、技术创新生产和技术创新产出这一创新过程的角度构建了一套包含研发人员数量占比、大专以上人员数量占比、研发强度、机器设备装备率、机器设备更新率、有效专利数量、利润增长率、劳动生产率 8 项指标在内的技术创新能力评价体系；周霞和何健文（2011）基于民营科技企业的特点和技术创新的概念，从创新环境、投入资源、创新研发、创新绩效、市场营销和创新管理六个维度构建了民营科技企业技术创新能力指数体系；秦睿霖（2020）根据高新技术企业技术创新的特点，建立了创新能力评估体系的六个参数，包括资源投入、创新效率、研究开发、市场销售、创新保障和外部资源，

并以六个一级指标为基础，建立了大连市高新技术企业的创新能力评估体系，其中包括19个二级指标。

7.1.2.3　研究评述

从过去仅关注环境污染治理的技术，到如今强调生产理念和生产过程的全面绿色化，国内外对于绿色技术的内涵已经有了更贴近时代背景的理解。黄河流域企业在我国经济中占据着重要地位，对于我国的经济持续快速增长发挥着至关重要的作用。近年来，绿色技术创新已经成为学术界的一个热门研究领域。许多学者从影响因素、创新机制、能力建设等不同角度进行研究，试图为提高企业的绿色技术创新能力提供有效的建议和指导，但对企业绿色技术创新能力的评估研究相对缺乏。尽管一些研究已经建立了评估绿色技术创新能力的指标，但大多数都是针对特定行业或仅从企业主体的角度设计的，并不具有普遍适用性。

本章通过研读关于技术创新能力评价相关的文献资料，了解技术创新的概念及其起源，分析技术创新的过程和方法，并研究影响企业技术创新的主要因素，再结合研究黄河流域企业绿色技术创新的情况，旨在为黄河流域企业提供一套较为完整的绿色技术创新的评价体系，为相关企业提供参考价值。

7.2　概念界定与理论基础

7.2.1　概念界定

7.2.1.1　技术创新

技术创新是指通过对技术进行改进、革新或者集成等方式，推动新的技术产生并得到广泛应用的过程。技术创新是科技进步的重要组成部分，是社会经济发展的重要推动力源。

技术创新不仅是产品研发的必要条件，同时还具有深远的经济和社会意义。在经济方面，技术创新是实现经济增长、提高产业竞争力的重要因素，能够推动技术进步，降低生产成本，提高产品质量和效率，从而增加企业的利润和市场份额。在社会方面，技术创新也能够推动社会进步、改善人民生活质量。例如，通过智慧城市建设、新自能源技术的应用等，能够改善城市环境、减轻污染，从而提高居民的生活质量。

技术创新的实现要依靠完善的科技创新体系。科技创新体系由国家、企业、科研机构和高等院校等科技创新主体构建，政府也扮演重要角色，在资金、政策等方面推动技术创新。同时，技术创新还要提高技术创新人员的创新能力和创新意识，营造良好的技术创新环境和氛围，推动技术创新的快速发展。

7.2.1.2 绿色技术创新

绿色技术创新是一种寻找并实践新的科技方法，以减少对环境的影响和促进环境保护为目的的技术创新。它通过战略性地应用科技，为环境和可持续发展的利益创造切实可行的方案，推动人类向更加绿色、低碳和可持续的未来转变。

进入21世纪以来，公众环保意识取得了不断提升，对环境的责任和义务不断加强，这也推动了绿色技术创新的发展。绿色技术创新可以从两个方面理解：一是在已有的技术基础上进行转化和革新，以满足环境保护的需要；二是研发新的技术，以满足未来需求的环境友好的产品和服务。

在绿色技术创新的实践过程中，涌现了大量有影响力的技术创新领域，如清洁能源、环保材料、可循环利用工艺、生态农业、可持续城市、智能交通等领域。这些领域的创新，使环境保护和可持续发展成为现实，并逐渐嵌入我们的生活和社会结构当中。绿色技术的发展不仅有助于生态环境的保护和治理，也能够推动经济发展。它可以促进资源的节约和循环利用，提高企业的绿色生产效率，降低能源成本，创造就业机会等。同时，绿色技术还能够为企业带来强劲的市场竞争力，提高品牌形象和社会声誉，实现企业的可持续发展。

总之，绿色技术创新是一种不断进步和发展的科技方法，它能够为环境保护和可持续发展提供切实有效的解决方案，以达到人类赖以生存和发展的根本利益。

7.2.2　理论基础

7.2.2.1　可持续发展理论

可持续发展理论是指在经济、社会和环境等领域内，通过合理使用资源和保护环境等手段，在满足当代人类需求的基础上，又不损害后代人类满足其需求的能力，实现可持续发展的理论。它将社会、经济和环境的相互关系放在一个整体框架下考虑，强调人类发展必须从更长期、更全局的角度思考，进而寻求人类生存不可割裂的良性循环发展之路。同时，可持续发展理论还强调了国际合作和全球合作的重要性，提出了共同但有区别的责任和合作原则，鼓励各国从发展合作的角度出发，合作推进全球可持续发展。

可持续发展理论强调人类应该以一种“生态学”思想来考虑社会与生态之间的相互作用。即环境不再是问题的产生地，而是与经济增长的商机和生产过程的优化相联系的一个重要方面，将环境保护和可持续发展与经济的增长和社会的发展结合起来，以达到经济、社会和环境的协调发展，实现长期的持续发展。

可持续发展的实现需要在政府、企业、社会和公众之间建立紧密的合作关系。政府需要制定相关的政策和法规以推动可持续发展，企业需要在生产经营中考虑环保，并积极开发和应用绿色技术，社会需要做好环保宣传和教育工作，公众需要充分意识到环境问题的严重性，并积极支持环境保护活动。

7.2.2.2　外部性理论

外部性是指生产或消费活动对于社会资源所产生的影响未反映在市场

价格中，从而导致市场发生“失灵”的情况。外部性理论是经济学中一个关于对外部性问题的研究，涉及市场产生的成本或利益的分配问题。

外部性包括两种类型：正外部性和负外部性。正外部性是指一种经济活动产生了正面效应，这种效应会对尚未参与的其他个体产生积极的影响。例如，教育、医疗等行业的发展，能够使更多人获得知识和健康，从而有利于整个社会的发展。负外部性是指一种经济活动产生了负面效应，这种效应会对尚未参与的其他个体产生消极的影响。例如，生产工厂所产生的污染、噪音等，会危害到整个社会的环境和健康。

当市场价格不能反映外部性的成本时，经济参与者不会考虑社会成本，从而可能导致经济效率低下。解决外部性问题的主要途径是政府干预，如征收环境税、制定环保法规等。当政府可以正确评估外部性成本的程度并实施有效的政策时，就可以实现私有成本与社会成本的内部化，从而促进经济效率。

7.3 黄河流域企业绿色技术创新的现状分析

7.3.1 绿色技术创新投入的现状分析

本章选取人力投入和财力投入来衡量黄河流域企业绿色技术创新的投入水平。

（1）人力投入。

本章选取了能够代表黄河流域企业绿色技术创新人力投入情况的 R&D 人员折合全时当量，具体数据见表 7－1。由表 7－1 可知，黄河流域企业的 R&D 人员折合全时当量不断增长，从 2016 年的 55.96 万人增长到 2021 年的 73.46 万人，年平均增长率为 4.64%。总体来看，黄河流域大部分地区的企业都呈现不断增长状态。其中，黄河流域上游宁夏企业的增长率最高，达到 11.51%；中上游内蒙古企业的年增长率最低，为－10.55%。R&D 人员相对变动量较大，与企业所在地区的发展、当地政府的人才引进与扶持政策有关。从青海、甘肃、内蒙古企业的 R&D 人员折合全时当量呈现负增长的现象可以得出，企业所在地的政府实施的创新政策以及科技资源的分配可能存在不均，导致企业的研发投入受到限制。此外，企业所处的行业竞争压力较大，也可能导致企业在研发方面的投入减少，从而导致人员折合全时当量的负增长。

表7-1　　黄河流域各省区企业2016~2021年R&D人员折合全时当量

单位：万人年

年份	2016	2017	2018	2019	2020	2021	年增长率
青海	0.18	0.18	0.12	0.24	0.16	0.16	-1.22%
四川	6.01	7.20	7.78	7.83	9.01	9.57	8.04%
甘肃	1.26	1.01	0.80	0.85	0.86	1.25	-0.08%
宁夏	0.57	0.64	0.71	0.81	0.83	1.09	11.51%
内蒙古	3.01	2.32	1.58	1.50	1.84	1.54	-10.55%
陕西	4.54	4.47	3.93	4.30	4.88	5.10	1.97%
山西	2.95	3.18	2.72	2.75	3.25	3.55	3.15%
河南	13.27	12.36	12.81	14.04	14.55	16.26	3.44%
山东	24.18	23.92	23.65	19.82	25.53	34.94	6.33%
黄河流域	55.96	55.27	54.10	52.13	60.91	73.46	4.64%
全国总值	270.25	273.62	298.12	315.18	346.04	382.67	5.97%
占比	0.21	0.20	0.18	0.17	0.18	0.19	

数据来源：《中国统计年鉴》。

（2）财力投入。

本章选取了2016~2021年黄河流域企业R&D经费支出的数据，如表7-2所示。由表7-2可知，黄河流域企业R&D经费支出在2017~2019年呈下降趋势，自2019年后不断增加。从整体来看，宁夏企业的年增长率最高，达到13.69%；其次是山西，年增长率为11.37%；位于下游的山东企业年增长率最低，为1.70%。从2021年的数据可得，下游山东企业的R&D经费支出远高于其他省份企业，为1565.34亿元，位列第一；青海最低，为13.85亿元，存在较大差异。从整体来看，黄河流域企业的绿色技术自主创新意识逐渐增强，创新环境氛围也在增强，越来越多的企业开始重视绿色技术的研究和开发，加大环保和可持续发展方面的投入。这有助于推进相关地区的绿色转型和可持续发展。但因为R&D经费支出中大部分资金都来源于企业本身，所以企业的创新投入和绿色技术自主创新仍然面临一定的资金限制，这会造成企业经济压力较大的负面影响。

表7-2　黄河流域各省区企业2016~2021年R&D经费支出　单位：亿元

年份	2016	2017	2018	2019	2020	2021	年增长率
青海	7.79	8.33	6.77	9.37	10.37	13.85	10.05%
四川	257.26	301.08	342.39	387.86	427.64	480.17	10.96%
甘肃	50.92	46.69	47.62	50.55	52.13	64.29	3.96%
宁夏	23.96	29.11	36.99	41.57	45.35	51.76	13.69%
内蒙古	127.99	108.26	103.36	118.36	129.37	154.77	3.22%
陕西	184.42	196.37	216.56	240.80	268.40	319.69	9.60%
山西	97.63	112.23	131.25	138.08	156.18	186.24	11.37%
河南	409.70	472.25	528.93	608.72	685.58	764.01	10.94%
山东	1415.00	1563.68	1418.50	1210.95	1365.62	1565.34	1.70%
黄河流域	2574.67	2838.01	2832.36	2806.27	3140.64	3600.13	5.75%
全国总值	10944.66	12012.96	12954.83	13971.10	15271.29	17514.25	8.15%
占比	23.52%	23.62%	21.86%	20.09%	20.57%	20.56%	

数据来源：《中国统计年鉴》。

7.3.2 绿色技术创新产出的现状分析

绿色技术创新的产出可以划分为科技产出、经济产出、环境产出。科技产出代表了企业在科学技术研究和探索中获得的成果，其中包括新的技术、方法和理论，反映了企业在绿色技术创新方面的实力和水平；经济产出是企业在研发、生产和营销过程中带来的价值，反映了企业在绿色发展方面的经济水平；环境产出则是企业运行过程中对产生的能够影响自然环境的物质所做的处理能力，反映了企业在绿色发展方面的环境影响和责任感。

（1）科技产出。

绿色专利是指以绿色低碳技术为发明主题的专利，与现有技术相比，应当具有降低碳排放的技术效果，这一指标能够衡量企业绿色技术创新的科技产出水平。表7-3描述了2016~2021年黄河流域各省区企业绿色专利授权数的变化情况。如表7-3所示，黄河流域企业在这六年间的绿色专利授权数呈逐年上升趋势，从2016年的2.32万件增长至2021年的6.24万件，年平均增长率高达27.81%。黄河流域各个区域企业的绿色专利授权数也呈现持续增加状态，其中陕西省企业的年增长率最高，为69.83%，位于上游的四川省企业的年增长率最低，为10.66%。2021年，下游山东省企业的绿色专利授权数明显高于其他区域企业，达到了2.28万件；而青海地区企业的绿色专利授权数相对较少，仅有0.06万件，差异相对较大。黄河流域企业的绿色专利授权数年平均增长率显著增加从侧面上说明了企业在绿色技术创新方面的投入和意识不断加强，对于绿色技术的发展越来越重视和关注。同时也说明黄河流域各地区政府加大了绿色技术创新方面的支持力度，采取了一系列措施，这些措施为企业进行绿色技术创新提供了重要的支撑和保障。

表7-3　黄河流域各省区企业2016~2021年绿色专利授权数　单位：万件

年份	2016	2017	2018	2019	2020	2021	年增长率
青海	0.02	0.02	0.04	0.04	0.06	0.06	23.98%
四川	0.55	0.57	0.85	0.77	1.15	1.01	10.66%
甘肃	0.07	0.09	0.14	0.14	0.22	0.19	17.29%
宁夏	0.04	0.05	0.07	0.08	0.11	0.13	22.81%
内蒙古	0.07	0.08	0.14	0.15	0.25	0.23	23.13%
陕西	0.03	0.30	0.43	0.43	0.73	0.70	69.83%
山西	0.12	0.13	0.18	0.19	0.35	0.60	31.00%
河南	0.42	0.48	0.81	0.83	1.26	1.05	16.64%
山东	1.02	1.05	1.37	1.44	2.55	2.28	14.42%
黄河流域	2.32	2.77	4.04	4.07	6.68	6.24	27.81%

数据来源：中国研究数据服务平台。

（2）经济产出。

绿色新产品是指符合环保要求，采用环保技术生产制造的新产品，这些产品能够有效降低环境污染和资源浪费，并且具有节能、减排等优点。绿色新产品销售收入能够衡量企业绿色技术创新的经济产出水平。表7－4描述了2016～2021年黄河流域企业绿色新产品销售收入的变化情况。如表7－4所示，黄河流域企业的绿色新产品销售收入2017～2019年呈下降趋势，但在2019年以后持续上涨，年增长率为10.28%，高于全国年增长率。从各个区域企业分别来看，在这六年间，黄河流域大部分区域企业的绿色新产品销售收入有增有减，但总体仍为增长，而山西省企业呈现持续上涨状态。绿色新产品销售收入年增长率排名第一的是青海省企业，为28.58%，位于中下游的河南省企业年增长率最低，为6.31%。这在一定程度上反映出黄河流域企业对绿色产品的市场调查和市场预测工作做得较好，市场运营机制和运营模式适合市场要求，市场开拓能力强。但是，不同区域企业在绿色新产品销售收入方面表现差异较大。可能的原因是部分企业研发经费支出没有有效利用，致使研发与生产经营出现脱节现象；还有企业过分注重技术引进，但忽略了技术的消化吸收，从而导致绿色新产品销售收入回报减少。

表7－4　黄河流域各省企业2016～2021年绿色新产品销售收入　单位：亿元

年份	2016	2017	2018	2019	2020	2021	年增长率
青海	7.59	20.54	24.65	123.39	41.89	34.29	28.58%
四川	608.95	736.61	715.27	842.37	993.98	1227.75	12.40%
甘肃	60.62	69.22	55.03	110.54	115.61	153.25	16.72%
宁夏	40.54	67.05	96.53	89.54	91.84	108.01	17.74%
内蒙古	155.92	224.89	205.65	225.49	248.49	331.10	13.37%
陕西	247.30	342.98	406.67	513.21	498.84	762.27	20.64%
山西	217.00	308.70	388.26	397.85	462.22	588.12	18.08%
河南	1223.08	1419.18	1537.64	1357.67	1581.50	1765.16	6.31%
山东	3262.68	3625.28	3049.30	2696.02	3416.22	5508.06	9.12%
黄河流域	5823.68	6814.44	6479.01	6356.07	7450.59	10478.02	10.28%
全国总值	34920.83	38313.74	39418.81	42412.05	47614.73	59113.34	9.17%
占比	16.68%	17.79%	16.44%	14.99%	15.65%	17.73%	

数据来源：《中国科技统计年鉴》。

（3）环境产出。

企业在技术创新的生产、加工、处理等运行过程中会产生烟尘、刺激性气体、有毒水、灰渣等破坏自然的物质，有效处理工业废水、废气，利用固体废物是企业进行绿色技术创新的重要过程。本章以黄河流域企业工业“三废”的处理及利用能力作为环境产出指标来分析其绿色技术创新产出的现状。图7－1描绘了2016～2020年黄河流域企业工业废水和废气的处理能力、工业固体废物综合利用量；由于工业废气处理能力缺失2020年的数据，因此只描绘了2016～2019年的工业废气处理能力。数据来自《中国环境统计年鉴》。

如图7－1所示，工业废气处理能力2016～2019年呈现波动上升的趋势，从2016年的20.2122亿立方米/时增长到2019年的288.2246亿立方米/时，年增长率达到47.91%，只在2018年有所下降。这表明黄河流域企业采取了有效的空气污染治理措施，在很大程度上减少了工业废气的排放；“十三五”期间，大气治理目标大幅提高，环保部门也提高了大气污染物特别排放限值，工业废气污染防治成为大气治理新的重点领域，推动了各地企业对工业废气处理的加快发展。

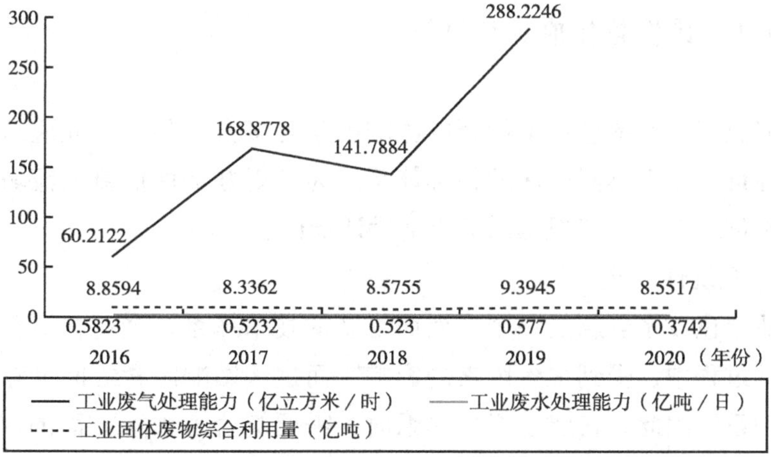

图7－1　2016～2020年黄河流域企业工业“三废”处理能力

2017年，黄河流域企业工业固体废物综合利用量略有下降，2018年呈现出提升的状态，但提升幅度相对不大，2019～2020年，黄河流域企业工业固体废物综合利用量有所下降，甚至低于2016年的8.8594亿吨，为8.5517亿吨。其主要原因在于原有的工业固体废物综合利用技术水平的支持力度不足；同时，受疫情影响，黄河流域部分企业出现业务量下降甚至停工的现象，因此，所产生的工业固体废物减少，相应的固体废物综合利用量也就减少。

工业废水处理能力2016～2018年逐年下降，2019年小幅提升后，在2020年出现大幅下降，为0.3742亿吨/日，年增长率为－8.46%。不同于生活污水，工业废水处理工艺较为复杂，用到的设备多，且建设和运行成本较高，造成企业对废水处理设施的投入减少，没有运用正确的方法和手段来处理工业废水；部分刚刚兴起和运用的新方法、新手段没有实现有效推广，政府对于企业的工业废水排放的监管也有所不足。

7.4 黄河流域企业绿色技术创新的评价指标设计与体系构建

7.4.1 评价指标的设计原则

黄河流域企业绿色技术创新的影响因素是多方面的，因此应从不同角度进行评价，建立不同层次的指标体系。为了更好地评估黄河流域企业的绿色技术创新能力，应根据以下原则设计指标。

（1）系统性原则。

企业绿色技术创新是一个全面而复杂的技术体系，企业在绿色技术创新活动的过程中，受到很多因素的影响，而这些影响因素之间又存在不同的逻辑关系。因此，在建立指标体系时，需要综合考虑各方面的因素，并且还需要注意指标之间的相互影响关系。这就需要在重要方面进行指标的选择和构建，从而形成不同层次的指标体系，全面系统地反映黄河流域企业的绿色技术创新水平。

（2）客观性原则。

为了对黄河流域企业绿色技术创新进行客观、准确的评价，指标的制定应以客观上影响企业绿色技术创新的因素为基础，指标数据的采集也应以事实为依据。只有在指标的选择上能够客观地反映企业的真实情况，指标体系才能评估出黄河流域企业绿色技术创新的真实能力。

（3）代表性原则。

影响黄河流域企业绿色技术创新活动的因素很多，但指标体系的建立应尽可能简洁、贴切。所有选取的指标都应是反映黄河流域企业在绿色技术创新中的重要指标，并且具有较高的影响力，这样才能保证结果的有效性。

（4）可操作性原则。

建立指标体系时需要考虑一系列可操作性问题。首先，需要根据实际需要，选取易于获取的指标；其次，由于评价指标往往具有不同的量纲，需要对其进行量化处理，以方便进行后续的能力评价。同时，本章的研究针对的是黄河流域企业绿色技术创新，因此指标的建立也需要确保不同区域企业之间可以进行比较。

7.4.2 评价指标体系的内容设计

本章将黄河流域企业绿色技术创新的评价指标分为以下四个构成部分。

（1）企业绿色技术创新的投入。

绿色技术创新的投入反映了绿色技术创新主要动力被调动的程度。要使绿色技术理念成功应用于生产过程，并转化为企业的创收产品和服务，就需要绿色技术创新主体投入足够的创新要素，因此，绿色技术创新投入是黄河流域企业绿色技术创新建设的重要保障。在本章中，衡量黄河流域企业绿色技术创新投入能力实力的标准是对绿色技术创新的人力和财政投资。

（2）企业绿色技术创新的转化。

绿色技术创新转化能力是绿色技术创新最核心的能力。企业绿色技术创新的转化是指企业引进国内外的绿色技术，通过进一步的加工和利用，转化为符合企业本身的新技术和新专利。这就要求绿色技术创新主体在有足够的创新要素投入的情况下，实际调动创新资源，建立绿色技术创新能力。

（3）企业绿色技术创新的支撑。

企业绿色技术创新的支撑是指在绿色技术创新的发展过程中，支持和促进绿色技术创新的各种因素和资源的能力和实力。除了企业自身的投入和研发能力外，影响绿色技术创新的因素还有很多方面，仅仅考虑企业自身的研发能力并不能全面反映企业的绿色技术创新能力。企业绿色技术创新支撑能力是指在创新过程中，内部和外部手段对企业绿色技术创新活动的驱动和支持程度，以及企业中能够实施绿色技术创新的机构和员工数量。

（4）企业绿色技术创新的产出。

绿色技术的产出是绿色技术创新能力最显著的外在表现，它包括资源配置带来的效益和创新绿色技术带来的盈利成果，以及对工业废水、废气和固体废弃物的恰当处理。此外，绿色技术创新产出能力也在一定程度上反映了被评估企业本身的绿色技术创新的潜力。因此，本章从工业“三废”的处理和绿色技术创新成果两个方面来评估黄河流域企业绿色技术创新产出能力。

7.4.3 企业绿色技术创新评价体系的构建

7.4.3.1 构建各层次的详细指标

（1）绿色技术创新投入能力指标。

R&D 人员折合全时当量是创新能力的重要表现之一。引进高素质的 R&D 人才能够提升研发的效率和质量，加速新技术、新产品的研发推广，对企业整体绿色技术创新具有重要作用。R&D 经费的充足与否直接影响企业技术创新得以开展和成果的质量和效益。同时，R&D 经费的投入也反映了企业对绿色技术创新的战略重视程度。绿色新产品开发投入会直接影响绿色产品的质量和企业的经济效益。通过绿色新产品的开发研制，可以带动企业绿色发展的持续推进。因此，本章选取了 R&D 人员折合全时当量、R&D 经费支出、绿色新产品开发经费支出三个指标作为黄河流域企业进行绿色技术创新的投入指标。

（2）企业绿色技术转化能力指标。

技术创新转化是企业发展的重要组成部分，通过对国内外技术的应用、模仿、吸收、创造，来促进企业的产业结构转型，节约资金的投入，提高技术和创新水平。由于企业在内部进行绿色技术创新和研究的成本高、速度慢、风险大，企业可以将绿色技术创新转向外源，运用技术收购或者产学研合作等方式进行绿色技术创新。由于这些方法都能有效促进绿色技术创新，因此，绿色技术创新外源及合作程度是衡量企业绿色技术创新转化能力的一个重要指标。本章选取了四个指标作为衡量企业绿色技术创新转化指标：引进国外技术经费支出、购买国内技术经费支出、绿色技术创新的外源及合作程度。

（3）企业绿色技术支撑能力指标。

本章首先选取了研究与开发机构数、研究与开发机构从业人员以及研究与开发机构经费支出三个指标来评价黄河流域企业绿色技术创新的产出能力，这是因为绿色技术的创新离不开研发机构的支持，研究与开发机构是推动绿色技术创新的关键组成部分，上述指标可以反映企业的研发机构状况。其次选取了政府对企业绿色技术创新的支持，绿色技术的创新需要高投入和高风险，因此国家会提供政策支持以推动企业进行绿色技术创新，这一指标可以说明当地政府对企业绿色技术创新的支持程度。

（4）企业绿色技术创新产出能力指标。

工业废水处理能力、工业废气处理能力和工业固体废物综合利用量是企业在绿色技术创新中面临的环境问题的集中体现。通过掌握企业的这些处理能力指标，可以评价企业对环境问题的重视程度和对环境保护的实际贡献。绿色专利授权数是企业在绿色技术领域中的核心竞争力的重要表现。这些专利的授权数量可以体现企业在绿色技术方面的创新能力和技术创新成果的质量和数量。绿色新产品销售收入在一定程度上可以反映企业绿色技术创新的市场认可度和实用性。因此，本章选取企业工业废水处理能力、工业废气处理能力和工业固体废物综合利用量、绿色新产品销售收入、绿色专利授权数作为企业绿色技术创新产出指标，可以全面反映企业在绿色技术创新过程中的产出成果。

表7-5　黄河流域企业绿色技术创新的指标

目标层	一级指标	二级指标
黄河流域企业绿色技术创新	企业绿色技术投入能力	R&D 人员折合当时全量
		R&D 经费支出
		绿色新产品开发经费支出
	企业绿色技术转化能力	引进国外技术经费支出
		购买国内技术经费支出
		绿色技术创新的外源及合作程度
	企业绿色技术支撑能力	研究与开发机构数
		研究与开发机构从业人员
		研究与开发机构经费支出
		政府对企业绿色技术创新的支持
	企业绿色技术产出能力	工业废水处理能力
		工业废气处理能力
		工业固体废物综合利用量
		绿色新产品销售收入
		绿色专利授权数

7.4.3.2　确定各指标的权重

关于指标权重的确定。由于指标体系中定性指标与定量指标并存，造成指标体系复杂而多属性，不同指标之间存在不同量纲、不同数量级，数据之间不可直接进行数学运算，本章采取熵值法来确定权重。记$x_{ij}(i=1,2,\cdots,n;j=1,2,\cdots,m)$为第i个研究对象的第j个指标的数值。

正效指标：

$$x_{ij}=\frac{x_{ij}-m_j}{M_j-m_j}(i=1,2,\cdots,n;j=1,2,\cdots,m) \tag{7-1}$$

负效指标：

$$x_{ij}=\frac{M_j-x_{ij}}{M_j-m_j}(i=1,2,\cdots,n;j=1,2,\cdots,m) \tag{7-2}$$

$M_j=\max_i\{x_{ij}\}$；$m_j=\min_i\{x_{ij}\}$。

计算第j个指标值在所有评价指标上的比值：

$$P_{ij}=\frac{x_{ij}}{\sum_{i=1}^{n}x_{ij}} \tag{7-3}$$

计算第j个评价指标的熵值：

$$e_j=-\frac{1}{\ln n}\sum_{i=1}^{n}P_{ij}\ln(P_{ij}) \tag{7-4}$$

其中，$0\leqslant e_j\leqslant 1$。

计算信息效用值：

$$g_j=1-e_j \tag{7-5}$$

确定各指标的权重：

$$w_j=\frac{g_j}{\sum_{j=1}^{m}g_j} \tag{7-6}$$

7.4.3.3 构建评价体系

本章运用2016～2020年的数据，运用式（7-1）到式（7-6），得到黄河流域企业绿色技术创新的指标权重，构建了完整的黄河流域企业绿色技术创新评价体系，如表7-6所示。

表7-6 黄河流域企业绿色技术创新的指标体系

目标层	一级指标	二级指标	权重（%）
黄河流域企业绿色技术创新	企业绿色技术投入能力	R&D人员折合全时当量（X_1）	5.66
		R&D经费支出（X_2）	6.36
		绿色新产品开发经费支出（X_3）	6.57
	企业绿色技术转化能力	引进国外技术经费支出（X_4）	6.36
		购买国内技术经费支出（X_5）	17.86
		绿色技术创新的外源及合作程度（X_6）	3.43

续表

目标层	一级指标	二级指标	权重（%）
黄河流域企业绿色技术创新	企业绿色技术支撑能力	研究与开发机构数（X_7）	6.5
		研究与开发机构从业人员（X_8）	5.47
		研究与开发机构经费支出（X_9）	7.2
		政府对企业绿色技术创新的支持（X_{10}）	5.84
	企业绿色技术产出能力	工业废水处理能力（X_{11}）	3.55
		工业废气处理能力（X_{12}）	10.01
		工业固体废物综合利用量（X_{13}）	3.25
		绿色新产品销售收入（X_{15}）	6.5
		绿色专利授权数（X_{14}）	5.44

数据来源：《中国统计年鉴》《中国科技统计年鉴》《中国环境统计年鉴》以及中国研究数据服务平台。

7.5 基于评价体系的黄河流域企业绿色技术创新的对比分析

7.5.1 黄河流域不同区域企业绿色技术创新的对比分析

本章以黄河流域的9个省区的企业为研究区域，包括青海、四川、甘肃、宁夏、内蒙古、陕西、山西、河南、山东。由于《中国科技统计年鉴》《中国环境统计年鉴》目前只更新到2021年，故本章评估的是2016～2020年黄河流域企业绿色技术创新能力。为确保研究结果真实有效，数据均来源于《中国统计年鉴》《中国科技统计年鉴》《中国环境统计年鉴》和中国研究数据服务平台（CNRDS）。

确定指标体系后，可以计算黄河流域企业绿色技术创新的综合得分及各子项目得分，得分函数：

$$F_1 = 8.8\% X_1 + 8.9\% X_2 + 8.86\% X_3 \tag{7-7}$$

$$F_2 = 7.95\% X_4 + 0.08\% X_5 + 6.22\% X_6 \tag{7-8}$$

$$F_3 = 8.82\% X_7 + 8.87\% X_8 + 8.91\% X_9 + 2.83\% X_{10} \tag{7-9}$$

$$F_4 = 7.16\% X_{11} + 3.82\% X_{12} + 1.47\% X_{13} + 8.86\% X_{14} + 8.45\% X_{15} \quad (7-10)$$

由此，可以得到2016～2020年黄河流域各省区企业绿色技术创新的综合得分及子项目得分，得分情况如表7－7至表7－11所示。

表7－7　黄河流域各省区企业2016年绿色技术创新的综合得分及子项目得分

年份	省区	绿色技术创新投入能力 F_1	绿色技术创新转化能力 F_2	绿色技术创新支撑能力 F_3	绿色技术创新产出能力 F_4	综合得分
2016	青海	0.91	0.20	3.61	0.62	5.33
	四川	33.28	3.80	91.53	40.08	168.69
	甘肃	5.92	1.71	19.67	4.21	31.52
	宁夏	2.88	1.58	12.89	2.81	20.16
	内蒙古	13.09	1.57	21.82	11.17	47.65
	陕西	24.46	3.01	58.66	16.57	102.69
	山西	10.91	2.14	24.99	15.29	53.33
	河南	48.95	4.20	163.94	80.51	297.59
	山东	173.63	12.72	352.45	213.75	752.56

表7－8　黄河流域各省区企业2017年绿色技术创新的综合得分及子项目得分

年份	省区	绿色技术创新投入能力 F_1	绿色技术创新转化能力 F_2	绿色技术创新支撑能力 F_3	绿色技术创新产出能力 F_4	综合得分
2017	青海	1.12	0.27	3.92	1.51	6.82
	四川	21.60	4.37	107.38	48.88	182.23
	甘肃	5.45	1.37	17.75	4.85	29.43
	宁夏	3.08	1.25	14.31	4.61	23.25
	内蒙古	11.44	1.20	17.40	15.76	45.79
	陕西	26.16	2.22	61.93	22.84	113.16
	山西	13.20	2.35	28.53	29.65	73.73
	河南	56.90	4.63	176.06	93.42	331.01
	山东	191.68	14.37	413.48	238.77	858.29

表 7-9　黄河流域各省区企业 2018 年绿色技术创新的综合得分及子项目得分

年份	省区	绿色技术创新投入能力 F_1	绿色技术创新转化能力 F_2	绿色技术创新支撑能力 F_3	绿色技术创新产出能力 F_4	综合得分
2018	青海	1.01	0.11	3.63	1.77	6.52
	四川	48.05	4.89	123.33	48.48	224.74
	甘肃	6.07	1.57	16.06	3.92	27.63
	宁夏	3.93	1.62	13.33	6.58	25.45
	内蒙古	11.33	1.22	13.67	14.52	40.74
	陕西	29.44	2.53	55.93	27.13	115.03
	山西	17.40	2.37	31.90	32.19	83.87
	河南	63.81	6.38	141.88	101.02	313.09
	山东	167.82	16.42	323.59	200.24	708.08

表 7-10　黄河流域各省区企业 2019 年绿色技术创新的综合得分及子项目得分

年份	省区	绿色技术创新投入能力 F_1	绿色技术创新转化能力 F_2	绿色技术创新支撑能力 F_3	绿色技术创新产出能力 F_4	综合得分
2019	青海	1.21	0.25	3.84	8.18	13.49
	四川	51.59	5.98	133.84	55.94	247.36
	甘肃	6.27	3.31	16.47	7.59	33.64
	宁夏	4.73	1.45	20.01	6.14	32.34
	内蒙古	13.69	1.16	12.76	18.86	46.47
	陕西	33.00	2.42	63.78	34.05	133.24
	山西	18.16	2.70	39.56	41.58	102.00
	河南	72.23	5.34	163.27	92.66	333.51
	山东	147.56	14.31	304.26	177.54	643.68

表7-11 黄河流域各省区企业2020年绿色技术创新的综合得分及子项目得分

年份	省区	绿色技术创新投入能力 F_1	绿色技术创新转化能力 F_2	绿色技术创新支撑能力 F_3	绿色技术创新产出能力 F_4	综合得分
2020	青海	1.48	0.25	5.11	2.75	9.58
	四川	59.73	5.15	161.56	64.69	291.14
	甘肃	6.23	1.83	17.06	7.54	32.66
	宁夏	5.61	1.49	17.82	5.99	30.90
	内蒙古	14.96	1.70	15.24	16.21	48.10
	陕西	37.47	70.31	71.45	32.49	211.72
	山西	19.85	3.24	82.82	30.12	136.02
	河南	79.00	4.45	171.15	102.90	357.51
	山东	170.95	10.77	426.05	222.26	830.03

为了更加直观地了解2016～2020年黄河流域企业绿色技术创新能力的情况，将评分绘制为图7-2。

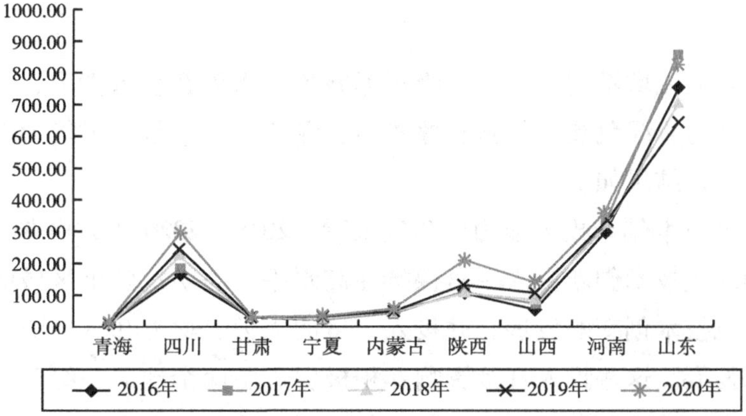

图7-2 2016～2020年黄河流域各省区企业绿色技术创新的综合得分

由表7-7至表7-11和图7-2可知，2016～2020年黄河流域不同区域企业的绿色技术创新能力水平差异明显。五年来，山东企业的绿色技术创新水平稳居第一位，其变化差距很大。2017年，山东企业绿色技术创新水平是五年来黄河流域的最高水平，2019年绿色技术创新水平最低，与其他年份相差较大。河南企业的绿色技术创新水平在2016~2020年内稳居第二名，2020年的绿色技术创新能力是五年来的最高水平。四川企业的绿色技术创新水平的变化差距较大，排名第三。其余地区，如青海、甘肃、宁夏、内蒙古、陕西、山西的企业的绿色技术创新水平远低于山东和河南的企业。黄河流域企业绿色技术创新能力的第四名为陕西的企业，2016~2020年持续增长。山西企业绿色技术创新能力紧随陕西，排名第五，五年间呈持续增长趋势。内蒙古的企业绿色技术创新水平在黄河流域省区中排名第六，变化幅度较小。黄河流域企业绿色技术创新能力的第7~8名由甘肃企业和宁夏企业轮流胜任，宁夏企业的变化幅度比甘肃企业的变化幅度更大。宁夏的企业绿色技术创新水平在2018年达到最高，而甘肃企业恰好相反，在2018年的绿色技术创新水平最低，在2020年达到最高。青海企业绿色技术创新水平一直处于黄河流域的低等水平中，2016~2020年一直为最后一名，与其余省区相差较大，虽然变化幅度不大，但仍处于逐年增长的状态。综合来看，2016~2020年黄河流域不同区域企业绿色技术创新能力差距较明显，同一区域企业绿色技术创新能力在五年里的变化差距有大有小。

根据黄河流域不同区域在一级指标绿色技术创新投入能力、绿色技术创新转化能力、绿色技术创新支撑能力、绿色技术创新产出能力五个方面的指标分析，结果如下。

从绿色技术创新投入能力的角度来看，2016~2020年，山东企业和河南企业的绿色技术创新投入一直保持在高水平，表明这两个区域的企业更加关注绿色技术创新的发展，并投入大量的人力、财力和其他资源来促进该领域的发展。这些投入直接影响并积极促进了两个地区的绿色技术创新能力。其余区域在此方面表现一般，如四川、陕西、山西企业的绿色技术创新投入相对较少，五年来稳定处于中等水平。而甘肃企业、宁夏企业、青海企业在绿色技术创新投入方面能力表现最低，五年来一直处于低等水平。从总体上看，2016~2020年，在绿色技术创新投入能力方面，黄河流域各区域企业的绿色技术创新水平基本处于高、中、低三类的均衡状态，五年间没有大幅变化。

从绿色技术创新转化能力的角度来看，2016～2020年，山东企业的绿色技术创新转化能力虽然处于持续下降趋势，但一直处于高等水平，在黄河流域中远超其他区域，体现了山东企业在消化吸收国内外新技术方面的高效率。五年来绿色技术创新转化能力发展均衡的区域如河南、四川的企业，一直处于中等水平。还有甘肃、内蒙古、青海、宁夏，这四个区域企业的创新吸收能力一直处于低等水平。四川、宁夏、山西企业的增长幅度较大。综合来看，在绿色技术创新转化能力方面，处于高等水平的企业不多，大部分区域企业的转化能力发展较为稳定。

从绿色技术创新支撑能力的角度来看，2016～2020年，山东企业的支撑能力一直保持在高水平。这说明政府为山东企业提供了充分的政策支持，同时也说明山东区域企业的研发机构体系相对完善，有利于绿色技术创新的发展。其他区域，如河南、陕西、四川企业在这五年里的支撑能力都处于中等水平。山西企业的绿色技术创新支撑能力虽然在2016年处于低等水平，但在2020年已经增长到处于中等水平，增长幅度较大。内蒙古、宁夏、甘肃、青海企业的绿色技术创新支撑能力则处于低等水平。综合来看，五年里，黄河流域各个区域企业的绿色技术创新支撑能力差距明显，但大多都在不断增长。

从绿色技术创新产出能力方面来看，2016～2020年，山东企业绿色技术创新能力仍一直处于高等水平，说明山东企业的绿色技术创新成果也突出，在高投入高吸收的情况下保证了高成果。2016～2020年，河南和四川企业的绿色技术创新产出能力也不错。陕西、山西、内蒙古企业的绿色技术创新产出能力稳定处于中等水平；甘肃、宁夏、青海企业的绿色技术创新产出能力则稳定处于低等水平。综合来看，五年来，各个区域的产出能力比较均衡，与绿色技术创新投入、绿色技术创新转化能力成正比。

综合以上分析可知，2016～2020年，黄河流域大部分地区企业的绿色技术创新水平总体上保持稳定，变化幅度不大。下游的绿色技术创新水平普遍较高，发展幅度较大；除四川企业外，中上游企业的绿色技术创新水平一般处于中等偏低水平。从一级指标绿色技术创新投入能力、绿色技术创新转化能力、绿色技术创新支撑能力、绿色技术创新产出能力方面观察，仍存在明显的差异。

7.5.2 黄河流域企业绿色技术创新的综合对比分析

为具体了解黄河流域企业绿色技术创新的变化，本章从绿色技术创新投入能力、绿色技术创新转化能力、绿色技术创新支撑能力、绿色技术创新产出能力四个方面指标来进行黄河流域企业绿色技术创新的综合分析，综合得分及子项目得分如表 7 – 12 和图 7 – 3 所示。

表 7 – 12 黄河流域 2016 ~ 2020 年企业绿色技术创新的综合得分及子项目得分

年份	绿色技术创新投入能力 F_1	绿色技术创新转化能力 F_2	绿色技术创新支撑能力 F_3	绿色技术创新产出能力 F_4	综合得分
2016	314.04	30.93	749.56	385.00	1479.53
2017	330.63	32.04	840.77	460.28	1663.72
2018	348.85	37.11	723.32	435.85	1545.14
2019	348.44	36.92	757.80	442.54	1585.71
2020	395.27	99.19	968.26	484.94	1947.66

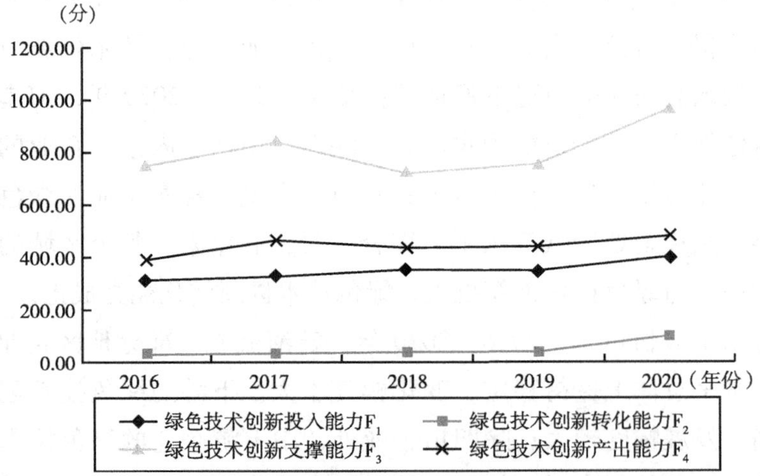

图 7 – 3 2016 ~ 2020 年黄河流域企业绿色技术创新的子项目得分

从表7－12和图7－3综合得分来看，黄河流域企业绿色技术创新水平在2016年最低，2017～2019年呈下降趋势，但仍高于2016年的得分，之后在2020年达到五年间的最高值。

从绿色技术创新投入能力方面来看，黄河流域企业的绿色技术创新投入能力2016～2018年持续增加，在2019年短暂降低后又迅速提高。其主要原因在于随着社会意识的提高，企业越来越重视环保和绿色创新责任，因此加大绿色技术创新的投入，以满足社会和市场的需要。

从绿色技术创新转化能力方面来看，2016～2018年黄河流域企业绿色技术创新转化能力逐年增加，但在2019年有下降趋势，2020年显著增加。其主要原因在于随着环保意识和绿色创新责任意识的逐渐加强，越来越多的企业意识到绿色技术对其业务的重要性，因此积极开展绿色技术的创新和改造。而在2019年出现下降的趋势，可能是受到疫情等不可抗因素的影响，导致企业生产经营受到限制，无法继续投入绿色技术创新转化方面的资金和精力。

从绿色技术创新支撑能力方面来看，黄河流域企业绿色技术支撑能力2016～2020年处于增长趋势，但波动起伏较大。这可能是由于黄河流域企业在绿色技术创新方面的人才储备相对薄弱，对绿色技术创新的支持和促进不够，政府支持绿色技术创新的公共政策和措施不足。

从绿色技术创新产出能力方面来看，黄河流域企业绿色技术产出能力在2016年最低，2017年较2016年有所增长，2017～2019年持续下降后，在2020年达到五年间的最大值。其主要原因在于环保理念日益普及，社会对环保问题的关注度逐渐提高，市场对绿色产品的需求逐年增长，这也促进了黄河流域企业加大绿色技术的研发和产出的力度。

7.5.3 存在的问题及其原因分析

根据对比分析结果，可以发现黄河流域企业绿色技术创新存在一定问题：

第一，黄河流域不同区域企业的绿色技术创新能力差距比较明显。山东企业的绿色技术创新水平一直很高，而甘肃、宁夏和青海的企业绿色技术创新水平大多很低。首先，黄河流域企业的绿色技术创新水平因地理位置不同而存在差异。下游企业普遍处于较高的绿色技术创新水平，发展相对稳定。中游企业的绿色技术创新能力普遍处于一般水平，而上游企业的绿色技术创新水平最差，发展最不平衡，大多处于低水平。该问题与我国区域发展不平衡有关，不同地区企业人才储备和流动情况不同，导致其绿色技术创新能力的发展不同。一些高科技产业相对集中的城市，人才资源更加丰富，能够更容易地吸引和留住高水平的人才，从而更有可能进行高水平的绿色技术创新。而在人才流动性较低的地区，企业的人才储备相对较少，这会限制企业的绿色技术创新能力。其次，地区经济产业结构的不同会导致各地企业创新需求和应用方向的不同。一些地区的工业传统发展模式依然存在，如重化工、重工业等长期存在的模式，导致企业对绿色技术创新的需求较低。而一些企业停留在传统模式下，将绿色技术创新运用不足，效益也难以提高。另外，政府的绿色技术创新政策也会导致企业在绿色技术创新方面存在差距。一些地区的政府在绿色技术创新领域出台了一系列支持政策，如调控、强制性绿色标准的实施、绿色能源、环保补贴等。这些政策鼓励企业进行绿色技术创新，并提供了相应的保障和支持。而在另一些地区，政府对绿色技术创新的关注度不高，政策缺乏完善性，企业加强绿色技术研发和应用的积极性会受到抑制。

第二，黄河流域部分企业绿色技术创新水平在这五年里的变化差距不大，个别企业存在下降趋势。技术进步迟缓及创新效率较低是影响黄河流域企业绿色技术创新水平提升的主要因素。一方面，在绿色技术创新高速发展的背景下，科技创新成果转化速度过慢或创新产出数量过少均会导致绿色技术创新水平降低，从而抑制区域整体的绿色技术创新效率的提高。科技创新的成果转化是一个可能需要几年或几十年的过程。在绿色技术领域，由于需要消耗大量的时间与资金重新构造技术体系和建立必要的生产环节等，因此技术成果的转化速度非常缓慢。此外，由于绿色技术可能涉及政策法规、经济支持、对比研究、行业和社会参与等多方面的问题，也使技术成果的转化速度更为缓慢。绿色技术的创新产出数量过少，可能是由于创新技术的复杂性和高昂的成本造成的。绿色技术创新项目研发通常涉及更多的人力和更多的资金，因此在创新项目开发过程中，失败的可能性很高，在成功的项目与失败的项目之间存在明显的信息差。只有在企业风险投资、政府经费和组织支持等方面得到大量投入，才能尽可能地产生大量创新数量。另一方面，绿色技术创新资源投入与配置不合理，不足或过量的绿色技术创新资源影响同样会制约区域整体绿色技术创新水平的提高。一些地区可能由于财政、技术或人力等原因，无法为绿色技术创新提供充足的资源。在这种情况下，绿色技术的开发和应用缺乏必要的资金、技术支持、人力资源等条件，可能会导致绿色技术创新受到限制，无法发挥其推动可持续发展的潜力。部分虽然有一定的绿色技术创新资源投入，但配置不合理，如研发机构过多而其成果无法有效转化，在资金上投入过多，而技术、人才和制度上却缺乏对应投入。在这种情况下，绿色技术创新的投入无法实现最大化的效益。

第三，2016～2020年黄河流域企业在一级指标绿色技术创新投入、绿色技术创新转化、绿色技术创新支撑、绿色技术产出能力评价上存在明显差异。绿色技术创新能力综合评价处于较高水平的区域，存在一级指标处于一般水平的现象。黄河流域的市场机制对绿色技术创新的引导作用还没有得到充分发挥，导致绿色技术供需不平衡，绿色技术市场普遍“失灵”，对于许多企业而言，它们普遍缺乏后续技术研发能力、产品开发能力，难以进行自主研发、创新生产。这样既限制了企业的发展，同时也不利于绿色技术的推广与实施。市场主体普遍较弱以至于没有能够引领黄河流域进行绿色技术创新的龙头企业，也限制了黄河流域的绿色技术市场的发展。同时，由于绿色技术应用和生产改造的成本较高，企业在生产经营活动时往往会面临着较大的短期经济压力。这种压力的存在使企业倾向于采用具有短期经济回报的方案以满足当下的生产需要，使企业对长远发展的顾虑和投资变得相对较少。在这种情况下，企业不愿意承担大量的资金压力和时间压力来推广绿色技术的发展，导致了企业对于绿色技术的应用和生产改造的积极性不高。

7.6 黄河流域企业绿色技术创新与高质量发展路径

7.6.1 加强实施引领性政策体系

黄河流域绿色技术创新的发展由企业主导，然而在宏观政策和高度发展的战略方面，企业很难做出正确的选择。因此，企业需要依靠政府的指导和支持来完成国家经济发展的需要，并有效地避免风险，实现高效成长。

第一，政府应积极为绿色技术的创新确立正确的指导思想，并提供适当的发展战略，重点强调当前需要发展的领域。第二，政府不应过度干预或主导企业的绿色技术发展，而是应通过强有力的宏观政策引导、规范和约束企业，以把握整体发展大势为主要目标。第三，政府需要进一步完善相关政策，为黄河流域企业绿色技术创新提供政策上的支持。政策可以包括完善绿色采购和消费政策、创造绿色市场、加强绿色产业和监管政策、强调绿色理念，引导企业推进绿色技术创新。此外，政府应继续完善绿色技术的知识产权保护机制。随着市场竞争的日益激烈，企业之间经常出现侵权行为。这不仅窃取了企业开发绿色技术创新的智力成果，也降低了中小企业对绿色技术创新的兴趣。知识产权不仅是创新与市场之间的桥梁，也是国家之间创新合作的纽带。通过改进知识产权政策提供法律保护，不仅可以保护已经实现绿色技术创新的企业，还可以鼓励更多的企业从事绿色技术创新，进而增加对国外企业的吸引力，保证创新道路的长期发展，促进人类文明的全面进步。第四，落实政策的实施。政府应在政策层面与市场、政府机构和企业合作，落实政策，为绿色技术创新铺平道路，加快黄河流域企业绿色技术创新的可持续发展。

7.6.2 推进绿色技术创新市场导向

绿色技术创新的主要目标是满足公众对环境友好型产品和环境的需求，而市场是将这种潜在需求转化为有效需求并刺激企业进行绿色技术创新的主要机制。市场法则和监管机制影响着绿色技术创新的全过程，因此，以市场为导向的监管政策可以提供更多的创新机会，鼓励企业参与绿色技术创新。市场是高效绿色技术创新的主要机制，企业是绿色技术创新的主要推动者，它们基于自身发展和需求而推动的绿色技术创新，不仅可以满足消费者对环境的需求，还可以解决制约环境发展的问题。推进绿色技术创新，必须遵循市场导向，让市场在决定绿色技术创新方向、技术路径和资源配置中发挥决定性作用，强化企业在绿色技术研发、成果转化、示范应用和产业化中的主体地位。因此，应进一步强化市场的作用，加强对绿色标准的引领和指导，为绿色技术创新创造良好的环境，激发黄河流域企业对绿色技术创新的积极性。可以通过建立一批国家绿色技术交易平台，完善绿色技术交易平台管理制度，健全绿色技术推广机制，制定绿色技术推广目录，在国家绿色技术交易平台和产业知识产权运营中心推广绿色技术，组织绿色技术交流会等方式，来加快绿色技术的推广和应用。此外，要加强创新主体的合作与融合，形成优势互补、利益共享、风险共担的“产学研资”合作机制，更好地发挥绿色技术融资合作中心、绿色技术创新协会等机构的协同作用，充分激发各类创新主体的活力，强化市场在资源配置、连接各类创新主体的功能，提高绿色技术创新合作效率，形成各环节相互衔接、相互融合的创新体系。同时，企业也需要加强对市场需求的调研，了解目标市场的需求和趋势，挖掘潜在的市场机会。

7.6.3 优化企业绿色技术创新投资结构和方向

要优化企业绿色技术创新投资结构和方向，可以从以下几个方面入手：第一，了解市场需求。企业需要了解市场的需求和取向，选择适合自己的绿色技术创新方向，避免将投资集中在市场需求较弱或过于单一的技术领域。此外，企业还应加强与相关行业和领域的交流和合作，深入了解市场的需求和趋势，掌握最新的技术和产品信息，优化自己的研发和投资方向，实现技术提升和创新转化。同时，企业还应注意保护知识产权，防止知识产权纠纷和技术泄露，从而为自己的绿色技术创新投资提供保障。第二，企业需要根据自身的技术实力和市场需求，选择适合自己的投资方向。绿色技术创新涉及多个领域，包括能源、环保、节能等，不同的企业有着不同的专业领域和优势。因此，在进行投资方向的选择时，企业需要根据自身情况，选择适合自己的领域进行投资，避免盲目跟风。第三，企业需要积极寻求政府和社会的支持，共同推进绿色技术的创新和发展。绿色技术创新需要政府和社会的支持，政府可以通过政策和资金的扶持，来促进绿色技术的发展。此外，企业也需要积极承担绿色创新责任，推行环保经营理念，采取绿色生产方式，切实减少对环境的污染和破坏，为可持续发展作出贡献。

7.6.4 改善企业经营，提升经济效益

从第 5 章的分析可以看出，黄河流域的文旅上市公司在企业经营方面存在的问题还是很多的，根据对所选指标的分析对比，总结主要有以下突出问题：

（1）资产利用效率不高。普遍存在的问题是货币资金的账户余额过高，闲置资金未能得到有效利用，流动资产周转率较低。尽管充足的货币资金可以增强企业抵抗风险和应对突发事件的能力，但是过多的货币资金则会使企业的机会成本增加，丧失许多的投资盈利机会。而流动资产周转率很低则表明企业对流动资产的管理水平有待提高。

（2）债务资本的比例较低。债务资本的比例过低，对应的权益资本比例会很高，这样会增加公司的资本成本，加重企业经营的负担。

（3）盈利水平较低。11 家公司中的大部分的营业净利率、净利润增长率、基本每股收益都处于较低水平，而且并没有随时间变化而得到明显

改善。

针对以上问题，企业可以采取以下方法，以实现高质量发展：

（1）巩固现有的主营业务，提高主营业务的发展质量，提升经营效益。充分调动企业现有的各种资源，在提升发展质量和增强发展效益上下功夫。提高资产的利用效率和利用水平。

（2）加大债务资本融资规模。一般认为，资产负债比率在40%～60%是适宜的，11家公司里，大部分企业的债务资本不足40%，部分公司甚至不足20%。一方面，因为债务融资的费用可以在企业所得税之前扣除，而权益资本的融资费用则是在计算所得税之后进行分配，所以提升债务资本比例可以降低企业用资成本；另一方面，提升债务资本融资规模可以适度降低企业自由现金流，提高资金使用效率，发挥财务杠杆的作用。

（3）积极推动文旅融合发展。旅游业与文化业相结合，依托各地的地方文化特色，发掘沿黄地区的历史文化底蕴，做好黄河流域历史文化的研究工作和旅游景区的开发保护工作。

（4）加快供给侧结构性改革，使服务质量得到提升，同时提高旅游产品的文化内涵，提高盈利水平。深入进行市场调研，了解市场需求，提高供给对消费者需求变化的适应性和灵活性，以市场需求为导向，提升企业在行业内的竞争力。

（5）提高创新能力，实现创新发展，以提高企业的抗风险能力。主动适应市场环境的变化，为了应对疫情对文旅产业的冲击，就要求企业更加注重创新。不仅是经营方式的创新，更要有管理方式的创新，同时要有财务管理水平的提高。在经营方式上，企业要习惯线上模式的经营，在管理方式上，要更加灵活，以随时应对发生的突发情况，在财务管理上，要力保现金流，

7.6.5 增强责任担当，提升社会效益

仅从社会积累率和社会贡献率来看，黄河流域文旅上市公司的绿色创新责任履行水平并不高。主要存在两个问题：首先，它们的社会贡献率和

社会积累率并没有随着企业的发展而有明显的提高，而是在低水平波动；其次，使用这两个指标衡量企业绿色创新责任，其本身就有很大的局限性，因为这两个指标主要反映企业对员工的责任和对国家财政的贡献，并不能反映企业其他方面绿色创新责任的履行情况。例如，环保责任和对社会民生的直接贡献，无法得到有效的反映，而且其数据都是从财务报表得到的，会受到与指标计算没有直接关系的其他报表项目的影响。

针对这两个问题，企业可以从以下方面改进：

（1）加大对社会贡献率和社会积累率这两个指标相关数据披露的深度和广度。例如，将应付职工薪酬的分配结构做出详细披露，将公司管理层的薪酬总额和普通员工的薪酬总额进行披露，主动接受监督，公开企业在促进收入分配公平方面所做的努力。

（2）守法经营，依法纳税，杜绝恶意的税务筹划。

（3）积极履行其他绿色创新责任。如今，我国已经全面建成小康社会，贫困县全部“摘帽”，接下来就要巩固脱贫成果，文旅企业在旅游扶贫方面大有可为。对于一些为了保护自然环境而失去发展机会的地区，文旅企业在生态补偿方面也应走在各行各业的前面。

（4）发挥文旅企业在自然景区保护、人文遗迹保护、文化遗产发掘、文化影响力传播等方面的独特优势。

参考文献

[1] 金凤君. 黄河流域生态保护与高质量发展的协调推进策略 [J]. 改革, 2019 (11): 33-39.

[2] 郭晗, 任保平. 黄河流域高质量发展的空间治理: 机理诠释与现实策略 [J]. 改革, 2020 (4): 74-85.

[3] 杨丹, 常歌, 赵建吉. 黄河流域经济高质量发展面临难题与推进路径 [J]. 中州学刊, 2020 (7): 28-33.

[4] 卢硕, 张文忠, 李佳洺. 资源禀赋视角下环境规制对黄河流域资源型城市产业转型的影响 [J]. 中国科学院院刊, 2020 (1): 73-85.

[5] 李伟阳, 肖红军. 企业社会责任概念探究 [J]. 经济管理, 2008 (Z2): 177-185.

[6] 白平则. 论公司的环境责任 [J]. 中国环境管理干部学院报, 2004 (2): 70-74.

[7] 邹武平. 资源型企业生态责任培育研究——基于财务的视角 [J]. 资源开发与市场, 2009 (11): 997-999.

[8] 武林. 企业环境责任研究 [D]. 中国海洋大学, 2010.

[9] 张弛, 张兆国, 包莉丽. 企业环境责任与财务绩效的交互跨期影响及其作用机理研究 [J]. 管理评论, 2020 (2): 76-89.

[10] 佟孟华, 许东彦, 郑添文. 企业环境信息披露与权益资本成本——基于信息透明度和社会责任的中介效应分析 [J]. 财经问题研究, 2020 (2): 63-71.

[11] 李明艳. 产业集聚对资源型企业绿色技术创新的影响研究 [D]. 内蒙古大学, 2020.

[12] 肖红军，程俊杰，黄速建．社会责任规制会抑制企业对外直接投资吗？[J]．南京大学学报，2018（3）：20－29＋157－158.

[13] 齐乐．资源型企业社会责任履行状况分析——基于河南省数据的定量分析 [J]．商业会计，2016（5）：63－65.

[14] 叶奕，王烈炎．青海资源型企业社会责任构建研究 [J]．前沿，2014（Z6）：92－94.

[15] 冯丽艳，肖翔，张靖．企业社会责任影响债务违约风险的内在机制——基于经营能力和经营风险的中介传导效应分析 [J]．华东经济管理，2016（4）：140－148.

[16] 许正良，李哲非，郭雯君．企业社会责任担当动态平衡问题研究 [J]．吉林大学社会科学学报，2017（4）：96－104＋205－206.

[17] 陶宇，冷婉薇．矿产资源型企业社会责任评价研究——以兖州煤业为例 [J]．西南师范大学学报（自然科学版），2018（12）：108－114.

[18] 张磊．企业如何兼顾经济价值与社会责任 [J]．人民论坛，2018（17）：96－97.

[19] 聂亦慧，赵泽．资源型企业社会责任评价指标体系构建 [J]．西安石油大学学报（社会科学版），2019（3）：58－64.

[20] 薛建兰，王娟．民营企业环保责任税收激励法律问题研究——以资源综合利用企业所得税优惠为例 [J]．经济问题，2020（2）：50－57.

[21] 王松，刘新民，李芳．生态文明视角下资源型企业经营绩效评价问题研究 [J]．中国煤炭，2014（06）：26－30.

[22] 周方召，金远培，贺志芳．企业社会责任对公司绩效和风险的影响效应——来自中国A股上市公司的证据 [J]．技术经济，2020（08）：119－129.

[23] 李哲非．关键利益相关者组合视角下企业社会责任投资策略的研究 [D]．吉林大学，2019.

[24] 沈艺峰，沈洪涛．论公司社会责任与相关利益者理论的全面结合趋势 [J]．中国经济问题，2003（02）：51－60.

[25] 肖红军，李平．平台型企业社会责任的生态化治理 [J]．管理世界，2019（04）：120－144＋196.

[26] 邵翠丽. 企业社会责任对财务绩效的影响研究——以造纸业上市公司为例 [J]. 会计之友, 2016 (24): 75 - 79.

[27] 李国平, 韦晓茜. 企业社会责任内涵、度量与经济后果——基于国外企业社会责任理论的研究综述 [J]. 会计研究, 2014 (08): 33 - 40 + 96.

[28] 杨皖苏, 杨善林. 中国情境下企业社会责任与财务绩效关系的实证研究——基于大、中小型上市公司的对比分析 [J]. 中国管理科学, 2016, 24 (01): 143 - 150.

[29] 唐伟, 沈田田. 基于产权性质的企业社会责任与财务绩效关系 [J]. 同济大学学报 (自然科学版), 2017, 45 (07): 1083 - 1090.

[30] 单蒙蒙, 林玉婷, 程芳利. 企业社会责任与财务绩效的非线性关系研究 [J]. 会计之友, 2019 (11): 45 - 51.

[31] 张纹瑞, 郑洁. 企业社会责任与企业社会资本——基于市场化程度与行业竞争地位的调节效应 [J]. 会计之友, 2020 (02): 13 - 19.

[32] 韩金红. 生态文明视角下企业社会责任与企业价值关系研究——基于新疆上市企业的经验证据 [J]. 新疆大学学报 (哲学・人文社会科学版), 2015, 43 (04): 7 - 13.

[33] 杨乐, 上官绪红, 崔颖超, 褚钰. 融资约束、企业环保投资与财务绩效 [J]. 征信, 2020, 38 (10): 69 - 78.

[34] 陈良华, 张莉, 王惠庆. 政府补助对新能源企业绿色创新的影响研究 [J]. 会计之友, 2022 (11): 150 - 157.

[35] 朱于珂, 高红贵, 肖甜. 工业企业绿色技术创新、产业结构优化与经济高质量发展 [J]. 统计与决策, 2021, 37 (19): 111 - 115.

[36] 杨乐, 宋诗赟. 税收激励对企业技术创新的影响研究 [J]. 中国注册会计师, 2020 (07): 69 - 74.

[37] 张文卿, 陈宇科. 环境规制工具、研发补贴对绿色技术创新的影响研究 [J]. 生态经济, 2022, 38 (01): 36 - 46.

[38] 江飞涛, 陈强远, 王益敏, 李建成. 财政补贴与企业技术创新——来自医疗医药行业文本分析的证据 [J]. 经济管理, 2021, 43 (12): 62 - 78.

[39] 曲小瑜, 秦续天. 组态视角下制度和资源因素对城市绿色技术创新

的影响研究 [J/OL]. 资源开发与市场: 1 - 11

[40] 杨乐. 政府信任关系、企业社会责任与企业竞争力 [J]. 征信, 2021, 39 (05): 13 - 20.

[41] 张悦, 易玉杰. 基于灰色局势决策的企业环境投资优化研究——以河南省企业为例 [J]. 会计之友, 2021 (10): 136 - 143.

[42] 高涓, 乔桂明. 省级地方政府环境保护财政支出绩效评价——基于非期望产出的 Window - SBM 三阶段模型 [J]. 苏州大学学报 (哲学社会科学版), 2019, 40 (06): 103 - 111 + 200.

[43] 刘建设. 地方政府环境保护支出减排效应研究 [J]. 会计之友, 2018 (18): 33 - 39.

[44] 吕明晗, 徐光华, 朱薇. 政府补贴对企业环保投资的影响研究——"行之有效"还是"劳而无功"? [J]. 财会通讯, 2020 (18): 20 - 25.

[45] 梁晓源, 谭跃. 绿色税收能提高企业环保投资效率吗 [J]. 财会月刊, 2020 (16): 9 - 17.

[46] 何凌云, 黎姿, 梁宵, 祝婧然. 政府补贴、税收优惠还是低利率贷款? ——产业政策对环保产业绿色技术创新的作用比较 [J]. 中国地质大学学报 (社会科学版), 2020, 20 (06): 42 - 58.

[47] 孟望生, 邵芳琴. 黄河流域环境规制和产业结构对绿色经济增长效率的影响 [J]. 水资源保护, 2020, 36 (06): 24 - 30.

[48] 高志刚, 杨柳. 异质型环境规制与黄河流域高质量发展关系研究 [J]. 人民黄河, 2021, 43 (02): 6 - 12.

[49] 耿凤娟, 苗长虹, 胡志强. 黄河流域工业结构转型及其对空间集聚方式的响应 [J]. 经济地理, 2020, 40 (06): 30 - 36.

[50] 段鑫, 任群罗, 李明蕊. 社会资本对黄河流域经济高质量发展的影响研究 [J]. 人民黄河, 2021, 43 (01): 15 - 21 + 34.

[51] 李明, 赵恢林. 财政政策支持黄河流域生态保护和高质量发展的理论基础、作用机理与路径探析 [J]. 财会研究, 2020 (07): 5 - 9 + 14.

[52] 张婕, 倪存昊, 朱明明. 新安江流域生态补偿财政支出效率研究 [J]. 中国环境管理, 2020, 12 (04): 112 - 119.

[53] 张瑞，王格宜，孙夏令．财政分权、产业结构与黄河流域高质量发展［J］．经济问题，2020（09）：1－11.

[54] 王凤翔，陈柳钦．地方政府为本地竞争性企业提供财政补贴的理性思考［J］．经济研究参考，2006（33）：18－23＋44.

[55] 张悦，上官绪红，杨志鹏．公私合作和衷共济：PPP 模式发展格局及资本风险管理综述［J］．征信，2020，38（06）：71－78.

[56] 夏杰长，尚铁力．自主创新与税收政策：理论分析、实证研究与对策建议［J］．税务研究，2006（06）：6－10.

[57] 杨乐，宋诗赟．税收激励对企业技术创新的影响研究［J］．中国注册会计师，2020（07）：69－74.

[58] 唐国平，倪娟，何如桢．地区经济发展、企业环保投资与企业价值——以湖北省上市公司为例［J］．湖北社会科学，2018（06）：93－99.

[59] 张悦．西部地区企业环境投资优化研究——基于2009—2015 年的曲线估计［J］．生态经济，2017，33（04）：80－84.

[60] 褚钰，付景保，陈华君．区域生态环境与经济耦合高质量发展时空演变分析——以河南省为例［J］．生态经济，2022，38（05）：161－168.

[61] LIPPMAN S A，RUMELT R P. Uncertain Imitability：An Analysis of Inter－firm Differences in Efficiency under Competition［J］. Bell Journal of Economics，1982，13（2）：48－63.

[62] McGuire J，SUNDGEN A，SCHNEEWEI T. Corporate social responsibility and firm financial performance［J］. Academy of management Journal，1988，31（4）：54－62.

[63] ENDERLE G. Wealth Creation in China and Some Lessons for Development Ethics Corporate Responsibility and Sustainability［J］. Journal of Business Ethics，2012，41（1）：18－25.

[64] Krishnan R，Kozhikode R K. Status and Corporate Illegality：Illegal Loan Recovery Practices of Commercial Banks in India［J］. Academy of Management Journal，2015，58（5）：27－31.

[65] SAEIDI S P，Sofian S，SAEIDI P. How does corporate social responsibil-

ity contribute to firm financial performance? The mediating role of competitive advantage, reputation, and customer satisfaction [J]. Journal of Business Research, 2015, 68 (2): 41 -50.

[66] Song M, Wang S. Market competition, green technology progress and comparative advantages in China [J]. Management Decision, 2017, 56 (01): 188 -203.

[67] Yi M, Fang X, Wen L, Guang F, Zhang Y. The Heterogeneous Effects of Different Environmental Policy Instruments on Green Technology Innovation [J]. International journal of environmental research and public health, 2019, 16 (23): 321 -362.

[68] Dolphen, Dhurakit, Siswanto, Thiravetyan. Green Technology Innovation in a Developing Country [J]. AIP Conference Proceedings, 2017. 1908 (01). 1 -9.

[69] Claudia Ghisetti; Klaus Rennings. Environmental innovations and profitability: how does it pay to be green? An empirical analysis on the German innovation survey [J]. Journal of cleaner production, 2014. 75: 106 -117.

[70] Hu W Q, Jin T, LiuY. Effects of environmental regulation on the upgrading of Chinese manufacturing industry [J]. Environmental science and pollution research international. 2019. 26 (26). 27087 -27099

[71] Szalavetz, Andrea. Impact of greening on the upgrading of manufacturing subsidiaries' technological capabilities - A Hungarian perspective [J]. Journal for East EuropeanManagement Studies. 2018, 23 (03). 426 -446.

[72] Hewitt -Dundas N, Roper S. Output Additionality of Public Support for Innovation: Evidence for IrishManufacturing Plants [J]. European Planning Studies. 2010. 18 (1): 107 -122.

[73] Z. J. Lu, S. Shao. Impacts of government subsidies on pricing and performance level choice in EnergyPerformance Contracting: a two -step optimal decision model [J]. Applied Energy. 2016 (184): 1176 -1183.

[74] CZARNITZKID, BERND E, ANDREASF. The relationship between

R&Dcollaboration, subsidies and R&D performance: Empirical evidence from Finland and Germany [J]. Journal of Applied Econometrics. 2017. 22 (7): 536 - 553.

[75] BROEKEL T. Do Cooperative Research and Development (R&D) Subsidies Stimulate Regional Innovation Efficiency? Evidence from Germany [J]. Regional Studies. 2015. 49 (7).

[76] Y. H. Farzin, P. M. Kort. Pollution Abatement Investment When Environmental Regulation Is Uncertain [J]. Journal of Public Economic Theory, 2000, 2 (2): 183 - 212.

[77] Boris Lokshin, Pierre Mohnen. How effective are level - based R& D tax credits? Evidence from the Netherlands [J]. Applied Economics, 2012, 44 (12): 1527 - 1538.

[78] Li Z, Liao G, Wang z. Green Loan and Subsidy for Promoting Clean Production innovation [J]. Journal of Cleaner Production, 2018 (187): 421 - 431.

[79] Dominique Guellec, Bruno Van Pottelsberghe De La Potterie. The impact of public R&D expenditure on business R&D [J]. Economics of Innovation and New Technology, 2003, 12 (3): 225 - 243.

[80] Petre Caraiani, Adriana Dutescu, Răzvan Hoinaru, Georgiana Oana Stănilă. Production network structure and the impact of the monetary policy shocks: Evidence from the OECD [J]. Economics Letters, 2020, 193 (2): 103 - 129.

[81] Song M, Wang S. Market competition, green technology progress and comparative advantages in China [J]. Management Decision, 2017, 56 (01): 188 - 203.

[82] Yi M, Fang X, Wen L, Guang F, Zhang Y. The Heterogeneous Effects of Different Environmental Policy Instruments on Green Technology Innovation [J]. International journal of environmental research and public health, 2019, 16 (23): 4660 - 4660.

[83] Meltzer, Joshua. A carbon tax as a driver of green technology innovation and the implications for international trade [J]. Energy Law Journal, 2014, 45

(69): 45 –69.

[84] Treesubsuntorn, Dolphen, Dhurakit, Siswanto, Thiravetyan. Green Technology Innovation in a Developing Country [J]. AIP Conference Proceedings, 2017, 1908 (01): 1 –9.

[85] Claudia Ghisetti; Klaus Rennings. Environmental innovations and profitability: how does it pay to be green? An empirical analysis on the German innovation survey [J]. Journal of cleaner production, 2014, 75 (02): 106 –117.

[86] Hu WQ, Jin T, LiuY. Effects of environmental regulation on the upgrading of Chinese manufacturing industry [J]. Environmental science and pollution research international, 2019. 26 (26): 27087 –27099.

[87] Szalavetz, Andrea. Impact of greening on the upgrading of manufacturing subsidiaries' technological capabilities – A Hungarian perspective [J]. Journal for East EuropeanManagement Studies, 2018, 23 (03): 426 –446.

[88] Aziz Ghazala, Waheed Rida, Sarwar Suleman, et al. The Significance of Governance Indicators to Achieve Carbon Neutrality: A New Insight of Life Expectancy [J]. Sustainability, 2022, 15 (1): 148 –151.

[89] Ma Y, Li Y P, Huang G, Planning China' s non – deterministic energy system (2021 – 2060) to achieve carbon neutrality [J]. Applied Energy, 2023, 334 (18): 74 –79.

[90] Klaus Rennings. Redefining innovation—eco – innovation research and the contribution from ecological economics [J]. Ecological Economics, 2000, 32 (2): 319 –332.

[91] Lv P J, Li Z, Hong S. Research on the Optimal Path of Enterprise Green Technology Innovation [J]. E3S Web of Conferences, 2021, 252 (24): 47 –54.

[92] Du K, Li J L. Towards a green world: How do green technology innovations affect total – factor carbon productivity [J]. Energy Policy, 2019, 131 (04): 240 –250.

[93] Lau Chi Keung Marco, Yang J, Sun Y, et al. Role of Financial Development, Green Technology Innovation, and Macroeconomic Dynamics Toward Car-

bon Emissions in China: Analysis Based on Bootstrap ARDL Approach [J]. Frontiers in Environmental Science, 2022, 10 (29): 25-37.

[94] Elmawazini Khaled, Chkir Imed, Mrad Fatma, et al. Does green technology innovation matter to the cost of equity capital? [J]. Research in International Business and Finance, 2022, 62 (03): 148-156.

[95] Liu D, Shang Z, Lin T, et al. Balancing law, sustainability, and the economy in China's responsible mineral resource extraction path [J]. Resources Policy, 2024, 90.

[96] Dan S. The role of green technology and green utility performance in advancing energy utilities' commitment to sustainability [J]. Economic Change and Restructuring, 2024, 57 (2).